厦门大学百年校庆系列出版物 · 编委会

主　任：张　彦　张　荣
副主任：邓朝晖　李建发　叶世满　邱伟杰
委　员：（按姓氏笔画排序）

　　　　王瑞芳　邓朝晖　石慧霞　叶世满　白锡能　朱水涌
　　　　江云宝　孙　理　李建发　李智勇　杨　斌　吴立武
　　　　邱伟杰　张　荣　张　彦　张建霖　陈　光　陈支平
　　　　林　辉　郑文礼　钞晓鸿　洪峻峰　徐进功　蒋东明
　　　　韩家淮　赖虹凯　谭绍滨　黎永强　戴　岩

学术总协调人：陈支平

百年校史编纂组　组长：陈支平

百年院系史编纂组　组长：朱水涌

百年组织机构史编纂组　组长：白锡能

百年精神文化系列编纂组　组长：蒋东明

百年学术论著选刊编纂组　组长：洪峻峰

校史资料汇编（第十辑）与学生名录编纂组　组长：石慧霞

厦门大学百年校庆系列出版物
百年精神文化系列

林文庆传

严春宝 著

厦门大学出版社 国家一级出版社
XIAMEN UNIVERSITY PRESS 全国百佳图书出版单位

图书在版编目(CIP)数据

林文庆传/严春宝著.—厦门：厦门大学出版社，2021.4
（百年精神文化系列）
ISBN 978-7-5615-8161-2

Ⅰ.①林… Ⅱ.①严… Ⅲ.①林文庆—传记 Ⅳ.①K825.46

中国版本图书馆CIP数据核字(2021)第051756号

出 版 人	郑文礼
责任编辑	韩轲轲
封面设计	李嘉彬
技术编辑	朱 楷

出版发行　厦门大学出版社
社　　址　厦门市软件园二期望海路39号
邮政编码　361008
总　　机　0592-2181111　0592-2181406(传真)
营销中心　0592-2184458　0592-2181365
网　　址　http://www.xmupress.com
邮　　箱　xmup@xmupress.com
印　　刷　厦门集大印刷有限公司

开本　720 mm×1 000 mm　1/16
印张　24.75
插页　2
字数　351千字
版次　2021年4月第1版
印次　2021年4月第1次印刷
定价　88.00元

本书如有印装质量问题请直接寄承印厂调换

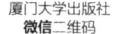

总　序

厦门大学 ｜ 党委书记　张　彦
　　　　　｜ 校　　长　张　荣

  2021年4月6日，厦门大学百年华诞。百载风雨，十秩辉煌，这是厦门大学发展的里程碑，继往开来的新起点。全校师生员工和海内外校友满怀深情地期盼这一荣耀时刻的到来。

  为迎接百年校庆，学校在三年前就启动了"百年校庆系列出版工程"的筹备工作，专门成立"厦门大学百年校庆系列出版物编委会"，加强领导，统一部署。各院系、部门通力合作，众多专家学者和相关单位的工作人员全身心地参与到这项工作之中。同志们满怀高度的责任感和紧迫感，以"提升质量，确保进度，打造精品"为目标，争分夺秒，全力以赴，使这项出版工程得以快速顺利地进行。在这个重要的历史时刻，总结厦大百年奋斗历史，阐扬百年厦大"四种精神"，抒写厦大为伟大祖国所做出的突出贡献，激发厦大人的自豪感和使命感，无疑是献给百岁厦大最好的生日礼物。

  "百年校庆系列出版工程"包括组织编撰百年校史、百年组织机构史、百年院系史、百年精神文化、百年学术论著选刊、校史资料与学生名录……有多个系列近150种图书将与广大读者见面。从图书规模、涉及领域、参编人员等角度看，此项出版工程极为浩大。这些出版物的问世，将为学校留下大量珍贵的历史资料，为学校深入开展校史教育提供丰富生动的素材，也将为弘扬厦门大学"自强不息，止于至善"校训精神注入时代的新鲜血液，帮助人们透过"中国最美大学校园"

的山海空间和历史回响，更加清晰地理解厦门大学在中国发展进程中发挥的独特作用、扮演的重要角色，领略"南方之强"的文化与精神魅力。

百年校庆系列出版物将多方呈现百年厦大的精彩历史画卷。这些凝聚全校师生员工心血的出版物，让我们感受到厦大人弦歌不辍的精神风貌。图文并茂的《厦门大学百年校史》，穿越历史长廊，带领我们聆听厦大不平凡百年岁月的历史足音。《为吾国放一异彩——厦门大学与伟大祖国》浓墨重彩地记述厦门大学与全国34个省级行政区以及福建省九市一区一县血浓于水的校地情缘，从中可以读出厦门大学在中华民族伟大复兴征程中留下的深深烙印。参与面最广的"厦门大学百年院系史系列"、《厦门大学百年组织机构史》，共有30多个学院和直属单位参与编写，通过对厦门大学各学院和组织机构发展脉络、演变轨迹的细致梳理，深入介绍厦门大学的党建工作、学科建设、人才培养、组织管理、社会服务等方面的发展历程，展示办学成就，彰显办学特色。《厦门大学校史资料选编（1992—2017）》和《南强之星——厦门大学学生名录（2010—2019）》，连同已经出版的同类史料，将较完整、翔实地展现学校发展轨迹，记录下每位厦大学子的荣耀。"厦门大学百年精神文化系列"涵盖人物传记和校园风采两大主题，其中《陈嘉庚传》在搜集大量史料的基础上，以时代精神和崭新视角，生动展现了校主陈嘉庚先生的丰功伟绩。此次推出《林文庆传》《萨本栋传》《汪德耀传》《王亚南传》四部厦门大学老校长传记，是对他们为厦大发展所做出的突出贡献的深切缅怀。厦大校友、红军会计制度创始人、中国共产党金融事业奠基人之一高捷成的传记《我的祖父高捷成》，则是首次全面地介绍这位为中国人民解放事业做出杰出贡献的烈士的事迹。新版《陈景润传》，把这位"最美奋斗者"、"感动中国人物"、令厦大人骄傲的杰出校友、世界著名数学家不平凡的人生再次展现在我们眼前。抒写校园风采的《厦门大学百年建筑》《厦门大学餐饮百年》《建南大舞台》《芙蓉园里尽芳菲》《我的厦大老师》（百年华诞纪念专辑）《创新创业厦大人2》、

《志愿之光》《让建南钟声传响大山深处》《我的厦大范儿》以及潘维廉的《我在厦大三十年》等，都从不同的角度，引领我们去品读厦门大学的真正内涵，感受厦门大学浓郁的人文精神和科学精神。

此次出版的"厦门大学百年学术论著选刊"，由专家学者精选，重刊一批厦大已故著名学者在校工作期间完成的、具有重要价值的学术论著（包括讲义、未刊印的论著稿本等），目的在于反映和宣传厦门大学百年来的学术成就和贡献，挖掘百年来厦门大学丰厚的历史积淀和传统资源，展示厦门大学的学术底蕴，重建"厦大学派"，为学校"双一流"建设提供学术传统的支撑。学校将把这项工作列入长期规划，在百年校庆时出版第一辑共40种，今后还将陆续出版。

"自强！自强！学海何洋洋！"100年前，陈嘉庚先生于民族危难之际，抱着"教育为立国之本，兴学乃国民天职"的信念，创办了厦门大学这所中国历史上第一所由华侨独资建设的大学。100年来，厦大人秉承"研究高深学术，养成专门人才，阐扬世界文化"的办学宗旨，在实现中华民族伟大复兴的征程上书写自己的精彩篇章。我们相信，当百年校庆的欢庆浪潮归于平静时，这些出版物将会是一串串熠熠生辉的耀眼珍珠，成为记录厦门大学百年奋斗之旅的永恒坐标，成为流淌在人们心中的美好记忆，并将不断激励我们不忘初心继承传统，牢记使命乘风破浪，向着中国特色世界一流大学目标奋勇前行！

张彦　张荣

2020年12月

大学是设教的最高学府,正所谓入德之门,从此便升堂入室而臻于至善之域。

——林文庆

由林文庆于1914年发起创立的新加坡南洋孔教会

为本书的研究和写作提供了特别支持

特此致谢

序言

厦门大学为庆祝建校百年，推出厦门大学"百年精神文化系列"丛书。严春宝教授的这部《林文庆传》，是该项目的成果之一。

严教授对林文庆的关注，始于其 2004 年博士论文《新加坡儒家文化传承研究》的研究与撰写。2007 年他到厦门大学做博士后，我是他的合作导师。在这期间，他在博士论文的基础上深入研究林文庆。2010 年他将博士后出站报告中的主体部分整理成专著《一生真伪有谁知：大学校长林文庆》，在福建教育出版社出版。该书出版后，即受到社会与学者的关注。《中华读书报》将此书列入当年"图书之 100 佳"推荐名单中。2012 年香港凤凰卫视中文台的"开卷八分钟"两次推介该书。在学术界，香港中文大学梁元生教授认为"该书资料翔实，立场中肯，是研究林文庆必读的传记"[①]。时任新加坡国立大学中文系主任的黄显强副教授在为该书撰写的"序二"中，从文献资料的运用，研究内容的阐述，学术观点的论证，雅俗共赏、寓论于述的撰写风格等诸方面，充分肯定该书对于林文庆研究的重要学术价值，指出这部在前人研究基础上深入拓展而成的专著"是至今最完整与最全面的林文庆传记"。在这之后，严教授将研究重点转向林文庆的儒学思想，先后出版《林文庆儒学文选译注》(中国社会科学出版社，2014 年)、中英双语版的 *Essays of Lim Boon Keng on Confucianism (with Chinese Translations)*(Singapore: World Scientific, 2014)、《他乡的圣人：林文庆的儒学思想》(广西师范大学出版

---

① 梁元生："序一"，严春宝：《他乡的圣人：林文庆的儒学思想》，广西师范大学出版社 2017 年版，第 1 页。

社，2017年）等。2020年，严教授又在广西师范大学出版社出版了新作《新加坡儒学史》，该书中有不少章节涉及林文庆的儒学思想研究。以上成果奠定了严春宝在中国学界林文庆研究的学术地位。

严教授的《林文庆传》入选厦门大学百年校庆系列出版物"百年精神文化系列"，在即将完稿之际，他嘱我为《林文庆传》撰写序言。为此我仔细阅读了他撰写的这部传记及其他相关的林文庆研究成果，思考厦大百年校庆之际纪念与研究林文庆的意义。

林文庆是19世纪上半叶南来马来半岛拓荒的中国闽南海澄三都移民的第三代、一位被称为"峇峇"的海峡土生华人。从1869年出生到1957年去世，其近九十年的人生里程历经19、20世纪，跨越新加坡、英国、中国三个地域。严教授这部《林文庆传》，在近现代新、英、中三地具体的时空脉络下，采用以时间为经、事件为纬的叙事与书写方式，以十六章的篇幅，向读者阐述了林文庆在西方文化与东方文化之间穿梭往返的生命历程。在19世纪，即林文庆三十岁之前，他是一个在学业、思想、政治忠诚、生活形态等方面都深受英文教育与西方文化影响的海峡华人精英。澳大利亚阿德莱得大学历史系颜清湟教授曾这样评价这一时期的林文庆："以教育与文化的观点来看，林文庆是西方文化的产物。他是一位杰出的西医、商界领袖、政治参与者、社会改革家与教育家。"[①]19世纪末之后，林文庆的生命之路开始转向，从原本一心效忠英国与英属海峡殖民地政府转而关注中国。他执着地认同儒家学说，进而皈依中华文化。他从1898年开始，不断卷入中国近现

[①] 颜清湟序，李元瑾：《东西文化撞击与新华知识分子的三种回应》，新加坡国立大学中文系、八方文化企业公司2001年版。

代的政治活动，先后与晚清政府、康梁维新党、孙中山领导的革命党以及国民党发生关系。而他中国之路最精彩的篇章，是他从1921年至1937年以主掌厦门大学十六年的成就，在中国现代高等教育发展史上留下浓墨重彩的一笔。而厦门大学也因此成为对祖国满怀赤子情怀的海峡土生华人林文庆实现其"教育救国"政治抱负与成就其作为现代教育家的舞台。

受制于20世纪30年代的国内外环境，1937年厦门大学结束其"私立"时代转为"国立"，林文庆也在这一年离开中国回到新加坡。时光飞逝，厦门大学将在2021年迎来建校百年，此时距林文庆离开厦大已过去八十四载。八十四年来世界与中国都已发生翻天覆地的变化，厦门大学亦历经时代风雨成为一所闻名中外的高等学府。值此百年校庆之际，纪念与研究林文庆，既为了饮水思源，亦可从中思考海外华侨华人与中国现代化历史进程的关系等重要课题。

就百年厦大的发展进程而言，来自南洋①的林文庆校长的贡献无疑是巨大的！

在厦门大学创立后的最初十六年里，林文庆校长领导中国唯一一所由南洋华侨创办的大学，使之进入现代中国高等教育体系。

学贯东西的林文庆校长，以其广阔的人文情怀，包容、兼容、融通东西文化以创造最新最完善之文化的办学理念与宏大的国际视野，不仅使地处中国东南一隅的厦门大学能开当时中国学术研究与高等教育之先风，亦使厦门大学在其初创期就成为一所跨越中国与南洋、面向世界的研究型综合性大学。

---

① 在第二次世界大战之前，今天的东南亚被称为"南洋"，这是一个约定俗成的历史地理概念。本文讨论的主要内容不涉及二战后，故将该区域以"南洋"称之。

作为中国国内第一所也是唯一一所由南洋华商与华侨知识精英创办的大学，在校主陈嘉庚与校长林文庆的领导下，厦门大学在其创办之初，即承担起为中华文化与中华民族精神在南洋华人社会的传承与发展培养人才的历史重任，因而奠定了厦门大学作为世界东南亚华人研究重镇的学术传统与地位！

上述厦门大学在林文庆校长主政下所取得的成就，不仅为未来厦门大学"南方之强"发展道路奠定重要基础，亦显示厦门大学在其初创期，即与南洋华人社会密切相连。厦门大学的这一特色，为从高等教育的视角具体考察20世纪上半叶的海外华侨华人如何参与中国现代化的历史进程，提供了一个绝佳的个案与场域。

第一，厦门大学的创办与南洋华侨精英"教育救国"的政治理想。

第一次世界大战前后南洋华侨经济的繁荣，尤其是树胶种植、加工与贸易发展为陈嘉庚创办厦门大学提供了坚实的经济基础。厦大校主陈嘉庚是那一时代南洋的"橡胶大王"，校长林文庆则是促进南洋树胶种植业兴起的有功之臣。在私立时代厦门大学的办学经费中，除了陈嘉庚先生认捐的数百万元开办费，有相当部分来自经营树胶业的南洋华商。一份统计数据显示，在1935年至1937年为厦大捐款1000元国币以上的54位南洋华商中，有22位从事树胶业[①]。

以陈嘉庚、林文庆为代表的南洋华商与知识精英为何要耗费巨资，甚至"毁家"在祖国兴办大学？这是因受到当时中国现状的感召。鸦片战争后的中国，在内忧外患中开始现代化的发展进程。海内外的中华儿女都在寻找救亡图强的道路，希望透过社会变革拯救国家。身在南洋的华商与华侨知识精英所提的救国方案之

---

① 叶钟灵：《新马华人对厦门大学的经济支援（1926—1937）》，李元瑾主编：《南大学人》，新加坡南洋理工大学中华语言文化中心2001年版，第215页。

一，是从教育入手来振兴积贫积弱的祖国。正如林文庆校长所言："他（陈嘉庚）为什么花心力赚大部分的金钱办教育？因为他相信中国之贫弱与被人轻视，就由于多数人民在无知的黑暗中。……办教育就当造就好公民。……我们的目的是要造成良善的公民，他们能实行古今中外的圣贤之遗教。于是中国人民可以安全地建设一个新国家，基于全体人民的意志，谋求全民族的安全、幸福与昌荣；而且不仅为我们的民族，我们还应当尽我们的能力，以改进全世界人类的命运。"①换言之，"教育救国"是具有民族情怀的南洋华侨精英创办厦门大学的基本动因。

关注并以各种方式参与挽救国家民族危亡和振兴中华之大业，是20世纪上半叶包括南洋在内的海外华侨华人与祖国关系的一个重要特点。例如，在国内全面抗战的艰难时期，以陈嘉庚先生为首的华社领袖领导"南侨筹赈总会"（全称为"南洋各属华侨筹赈祖国难民总会"），组织动员南洋各地筹措巨资与物品支持中国抗战。由三千多名南洋青年才俊组成的"南侨机工"在抗战最艰难的时刻来到中国战场，将青春与热血抛洒在滇缅公路上。他们的赤子之心与英雄壮举永昭日月！而南洋华侨创办厦门大学的壮举则显示，"兴办大学教育救国"，是海外华侨华人参与中国现代化进程的重要方式与途径之一。

第二，厦门大学的创办与南洋华侨知识精英关于中国现代化思想方向的提出与实践。

鸦片战争之后，中国社会与知识精英在寻求救亡图存与现代化发展道路上，始终面临如何对待中国文化、如何对待西方文化的艰难选择与挑战。在这一进程

---

① 林文庆：《陈嘉庚提倡教育的目的》，《厦门大学八周年纪念特刊》，1929年。

中,从魏源的"师夷长技以制夷"、洋务派的"中学为体、西学为用"到五四运动提出"打倒孔家店",全盘否定中国传统儒家文化,鼓吹自由、民主与科学的西方文明,伴随各项变革与政治运动,中国逐渐出现被哈佛燕京学社教授杜维明先生称之为"由中入西"的思想方向与文化传统。①

来自南洋的海峡土生华人林文庆与中国本土知识精英有很大不同。他一生在中西文化之间往返穿梭,其思想呈现出"东西交汇"之特点。他接受英文教育,深受西方文化影响。中年之后他开始转向认同、学习并提倡儒家学说,进而热爱博大精深的中华文化。杜维明教授认为,在解决中国现代化课题的思想方向上,林文庆代表了"由西入中"的另一类文化传统。②

林文庆带着这样的文化价值取向来到中国,担任厦门大学校长十六年。在十六年的厦门大学私立时代,他秉持"兼容与融通东西文化,以发展最新最完善之文化"的办学理念,在以西方科学民主观念治校的同时,也设立国学院,从北京聘请包括鲁迅在内的国学大师来研究与讲授儒家学说。在五四运动以后中国思想界否定中国传统文化的大氛围下,林文庆对儒学的提倡与推崇不可避免地遇到很大阻力,其结果就是他与鲁迅的矛盾与冲突,以及随之爆发的学潮。这对初创期的厦门大学而言虽然是不幸的,但在杜维明教授看来,这却是林文庆与厦门大学研究最具价值之处。他认为,由鲁迅所代表的"由中入西"与由林文庆所代表的"由西入中",是两种不同的思想方向、两种文化系统,但对中国现代化发展都

---

① 杜维明:《西学与国学:反思与期待》,李元瑾编著:《东西穿梭南北往返:林文庆的厦大情缘》,新加坡南洋理工大学中华语言文化中心2009年版,第17~26页。
② 同上。

具有很大价值。① "他们代表两个不同的思想方向,彼此摩擦出思想火花。"② 在这个意义上,私立厦门大学时代,鲁迅与林文庆的关系、"由中入西"与"由西入中"两种思想方向在厦大的冲突,是鸦片战争后中国东西文化碰撞与互动的一个缩影,厦门大学亦因此成为中国现代化进程中东西文化交汇的一个试验与实践场域。而"兼容与融通东西文化",则是以林文庆为代表的南洋华侨知识分子,以兴办大学的具体实践,为中国现代化的思想方向开出的一副方剂。对于厦门大学,其在初创期即已存在的"由中入西"与"由西入中"两种文化传统与多元的思想和价值理念,是以林文庆为代表的先贤们留给厦门大学珍贵的精神财富与历史文化遗产!2005年4月6日"文庆亭"在厦大校园落成,2008年4月5日矗立于"文庆亭"右侧的"林文庆雕像"揭牌,从此鲁迅与林文庆两位先贤在他们奋斗过的校园"重聚",注视着一代又一代厦大学子茁壮成长并成为他们所希望的振兴民族国家的栋梁之材!他们的"重聚"也象征厦门大学对前辈艰苦奋斗精神、多元包容的人文情怀、"融通东西"的文化理念的肯定、传承与发扬!

行文至此,想起林文庆在南洋为厦门大学筹款时说的一句话"我求你,请你帮助厦大,为祖国培养建设的人才",也想起他与陈嘉庚"为厦大奋斗到死"的约定。作为受惠于厦大恩泽的学人,我内心充满感动与感恩!谨以重温厦门大学"校旨"来感念与铭记敬爱的林文庆校长:

---

① 杜维明:《西学与国学:反思与期待》,李元瑾编著:《东西穿梭南北往返:林文庆的厦大情缘》,新加坡南洋理工大学中华语言文化中心2009年版,第17~26页。
② 李元瑾编著:《东西穿梭南北往返:林文庆的厦大情缘》,新加坡南洋理工大学中华语言文化中心2009年版,封底。

本大学之主要目的，在博集东西各国之学术及其精神，以研究一切现象之底蕴与功用，同时并阐发中国固有学艺之美质，使之融会贯通，成为一种最新最完善之文化。

是为序。

曾　玲

2021 年 1 月 8 日定稿

（序者系厦门大学历史系教授、博士生导师，厦门大学陈嘉庚研究中心主任）

目 录

绪 论 1
生于蛮荒之地一念尚存星火可燎原
蓦然回首从此一心一意做大汉子民

第一章 少年尽识愁滋味 13
父母早逝打碎无忧无虑之童年梦境
洋伯乐解迷津成就华裔少年第一人

第二章 身去西洋心在华 27
少年峇峇本天然生就一颗敏感之心
居白人世界幡然醒悟自身竟是华人

第三章 功追元化父母心 35
悬壶济世华佗再现声誉日日渐隆起
以狗肉治沉疴奇人奇事岁岁获倾心

第四章 能言善辩华议员 47
仗义执言敢为华人社会诉民间疾苦
执白黑两道调解纠纷获赞和平老人

第五章 长袖善舞在商界 69
创办保险设立银行金融界华人先驱
先知先觉陈嘉庚誉为橡胶种植之父

第六章 峇峇社会改革家 79
剪辫禁烟讲华语力促峇峇回归中华
倡女教唯才是德侨界风气为之一新

第七章 **保皇派的守护者** ·········· 103
　　盼祖国早日强盛不遗余力支持维新
　　责无旁贷巧设金蝉脱壳暗保康有为

第八章 **革命者的同路人** ·········· 117
　　痴迷社会改良不赞同暴力流血革命
　　为孙中山纾困解难终成为同盟会员

第九章 **临危受命掌厦大** ·········· 135
　　为社会作育英才义无反顾奔赴厦门
　　心怀祖国但求中华儿女不再被人侮

第十章 **悠悠厦大十六载** ·········· 161
　　注重西方科学训练以孔孟陶冶灵魂
　　明知不可为而为之往事悠悠思明州

第十一章 **绕不开的迅哥儿** ·········· 209
　　为一流大学广纳大师聚天下豪杰
　　与鲁迅纠葛拨开疑云释误解真相

第十二章 **"完美的"教育思想** ·········· 229
　　废墟中欲挽狂澜力排众议培养君子
　　求止于至善逆风雪孑孑独行孔教徒

第十三章 **一片冰心为英才** ……… 261
　　生前不计牺牲倾家荡产亦在所不惜
　　死后长留爱国爱校之情当万人景仰

第十四章 **忍辱负重度苍生** ……… 285
　　慷慨赴死易身沦日寇傀儡生不如死
　　从容就义难我不下地狱谁人下地狱

第十五章 **回归中国的婚姻** ……… 307
　　念念不忘华人身份拒迎娶窈窕娘惹
　　痴痴盼佳人牵肠挂肚终成两段姻缘

第十六章 **理性的儒家学者** ……… 329
　　一心向明月终身致力推崇儒家思想
　　明月照我心此世追逐振兴中华大梦

附　录 ……… 343
　　附录一　林文庆主要著作、译作
　　　　　　一览 ……… 345
　　附录二　林文庆年谱简编 ……… 353
　　附录三　主要参考文献 ……… 363

后　记 ……… 372

绪论

 # 林文庆传

生于蛮荒之地一念尚存星火可燎原
蓦然回首从此一心一意做大汉子民

一所著名的大学，往往是和一位或者数位著名的大学校长联系在一起的。譬如，说到北京大学，人们会马上联想到蔡元培；提到清华大学，人们会很自然地记起梅贻琦；而说起南开大学，大家也会很自然地忆起张伯苓。也许，我们很难分清，到底是这些著名的大学校长缔造了这些著名的大学，还是这些著名的大学给了这些著名的大学校长一个创造的机会，使他们得以发挥、实现自己关于大学理念的梦想？实际上，这两者之间是很难分得开的，因为两者早就已经合而为一了：这些著名的大学校长树立起了大学的独特精神，同时，这些著名的大学又培育出了一个又一个名垂青史的教育家。正所谓时势造英雄，而英雄又反过来推动着历史的车轮前行，甚至是直接地创造了历史！

可以说，这些杰出的大学校长，就是他们所各自缔造出来的大学的灵魂，就是这些大学的精神的化身！中国的大学教育虽然只有一百多年的历史，但是，在这一百余年的时光里，却涌现出了不可胜数的著名大学校长，如果要历数这些杰出的大学校长，或者给他们排出一个名单，那显然是一件具有难度的事。然而，如果让我们缩小视域的范围，只是审视中国著名大学的创校校长，那么，难度无疑将会降低很多，因为，并不是每一所著名的大学，"都有值得历史称道的创校校长"！而如果再进一步缩小范围，仅是考察著名私立大学的创校校长，那么，这一数字就变得更小了。毫无疑问，在新中国成立前的中国最著名私立大学的行列中，能当之无愧位列前三的应该是：复旦大学、南开大学和厦门大学。在这三所著名私立大学当中，马相伯早已经与复旦同在，而南开也与张伯苓紧紧相连，唯有厦门大学，在长达16年的私立厦门大学时期，人们敬仰校主陈嘉庚，而作为大学灵魂人物的校长，却在很长的一段时间里被人们遗忘了，这就是厦门大学实际上的"创校校长"——林文庆博士！林文庆不仅从制度上"创立"了厦大，更全程主掌私立厦大长达

16年的时间,为厦门大学奠定了"南方之强"的基础,林文庆应该成为中国高等教育史上一个值得大书特书的杰出历史人物。

尽管有学者强调:"每一所办得成功的私立高等学校,它们的校长就是一块无价的金字招牌,就是一股强大的凝聚力,就是这所学校形象的最生动的体现。张伯苓之于南开,林文庆之于厦大,马相伯之于复旦,唐文治之于无锡国学专修学校,等等。无论在当时的现实生活中还是作为历史上的一页,人们都无法将他们个人与他们所主持的学校分开。"① 伴随着历史的脚步次第演进,我们欣慰地看到,林文庆的形象正在现实中逐渐变得丰满、真实起来,并开始成为厦门大学"无价的金字招牌"!

海外华人史家王赓武在讲到林文庆的时候,是这样说的:"1921年即他五十二岁时,作为现代的医生—改革家—企业家的林文庆,应朋友和仰慕者陈嘉庚之邀,放弃了他在新加坡的事业,出任厦门大学校长。他当校长的事,除了校友和新加坡的一些朋友及仰慕者之外,并没有引起多大的注意。"②

要正确地理解和评价林文庆对厦门大学所做出的贡献,就必然要涉及陈

2003年6月启用的新加坡文庆地铁站内景

---

① 田正平:《关于中国近代私立高等学校的几点思考》,《北京大学教育评论》2003年第1期。
② 王赓武:《中国与海外华人》,香港商务印书馆有限公司1994年版,第174页。

嘉庚和鲁迅这两个人物。对厦门大学来说，陈嘉庚作为校主的地位早已不存在任何的异议，但我们也要铭记林文庆对厦大的贡献。首先，林文庆热衷于教育的行为，曾经对陈嘉庚产生过不容忽视的影响："早在陈嘉庚有意为中国尽一份力时，林文庆便建议他将这笔钱用来兴建一所大学，培育英才。"① 可见，说"他影响陈嘉庚，在福建省家乡创办厦门大学"②这样的说法是确有历史依据的。对此，陈嘉庚的侄子陈共存在其口授的《陈嘉庚新传》中也曾提及，早在1912年秋，陈嘉庚在回国途中的轮船上与林文庆不期而遇："陈嘉庚在首种橡胶时，曾得到林文庆的帮助，过后两人交往甚密，如今又在回国的旅途中相遇，不禁喜出望外。两人当即在轮船甲板上，迎风长谈，共相感慨国家教育不普及和民智未开的落后情况，一致认为中国之贫弱与被人轻视，就由于多数人民在无知的黑暗中，许多旧习、陋习阻碍了国民的觉醒。他们都觉得自己有责任，帮助这新生的民国建立在一种稳固的基础上；而要做到这一点，最好的办法就是提高人民的教育程度，给民众以知识之光"③。虽然无从知道他们两人在这次旅途中谈话的具体内容，但林文庆早期在新加坡倡办教育的行为，肯定给陈嘉庚留下了很深刻的印象。陈嘉庚旋即于回到乡里之后的第二年，也就是1913年初首次开办了集美小学，其后，陈嘉庚兴办教育的热情一发而不可收：女子学校、集美师范、集美学校、新加坡南洋华侨中学，直至厦门大学陆续开办。事实上，林文庆对陈嘉庚的影响并不仅仅局限于教育方面，甚至在陈嘉庚的日常生活中，都遗留下了林文庆施予他影响的诸多印记。据陈嘉庚的儿子陈国庆回忆："他（指陈嘉庚）没有喝咖啡的习惯，林文庆博士告诉过他喝咖啡的种种弊端。"④ 一般人在论及陈嘉庚和林文

---

① 毕观华：《林文庆》，黄溢华：《怡和轩俱乐部九十周年纪念特刊（1895—1985）》，新加坡大水牛出版机构1985年版。
② 《林文庆校长传略》，厦门大学台湾校友会：《厦门大学七十周年校庆特刊1921—1991》。
③ 陈共存口授、洪永宏编撰：《陈嘉庚新传》，新加坡陈嘉庚国际学会、八方文化企业公司2003年版，第43页。
④ 《陈嘉庚的个人生活》，该文系节译自陈嘉庚五子陈国庆口述：《回忆我的父亲——陈嘉庚》，厦门大学校友总会编：《厦大校友通讯丛书》第一集，1966年，第21页。

1920年，林文庆主持李光前与陈嘉庚长女陈爱礼婚礼（陈共存提供）

庆在厦大期间两人关系的时候，虽然都没有否认他们之间的私谊，但多数人似乎还是过分地强调了他们之间雇主和雇员或者老板和下属的关系。事实上，两人之间远非一般的雇用和被雇用的关系，确切一点儿来说，他们两人之间实应该是共事与合作的关系。陈嘉庚为厦大奠基之后不足一年就再次南渡新加坡主持商务，一直到1937年厦大改为国立，陈嘉庚都没有返回过厦大，他将厦大一切校务全部交托给林文庆处理，大小事务皆任凭林文庆个人全权处置，从未干涉过学校的事情。陈嘉庚对林文庆的绝对信任，从先后两次学潮中陈嘉庚的态度上也可以清楚地看出来，为了替林文庆分担来自罢课学生的压力，陈嘉庚甚至在给学生的回电中说："更换校长，权操在我，学生无理取闹，如不复课，即日停膳、停火，驱逐出校。"①陈嘉庚一直以来都是把林文庆当作自己人来看待的，关于这一点，在陈嘉庚的言谈中是有所反映的。当林文庆于1934年底携曾郭棠、傅文楷前往南洋为厦大筹款时，陈嘉庚曾再三叮嘱林文庆说："从前厦大用的都是我们自己的钱，人家尚且还有闲话；现在

---

① 龚洁：《从鼓浪屿看老别墅》，湖北美术出版社2002年版，第65页。

向人家募得的钱，那就可要更加的小心啦！"① 言语之间，丝毫没有把林文庆当作外人的意思。陈嘉庚的侄儿、陈敬贤之子陈共存在其口述中也曾经述及："1931 年陈嘉庚公司被迫改组之际，陈嘉庚写信给厦大校长林文庆，嘱令陪同陈敬贤到鼓浪屿英国领事馆签署授权书，将其名下所有股份包括动产、不动产全数交出，授权林文庆处理，概行并入有限公司。"② 陈嘉庚对林文庆的信任由此可见一斑。

或许我们可以这么说，提倡创办大学无疑是陈嘉庚的初衷和出发点，而真正使陈嘉庚的宏愿得以付诸实践并逐步实现的关键人物却是林文庆。对于私立时期的厦门大学来说，陈嘉庚和林文庆可谓是车之双轮、鸟之两翼，二者缺一不可。厦大初倡乍办，条件简陋，而经费亦时常捉襟见肘，国内的一般学者教授根本无法了解陈嘉庚在海外赚钱时的种种艰辛，自然也就很难体谅每一分办学经费的来之不易了。林文庆出生于南洋，而且本身也从事商业，自然深知每一分钱之得来不易，因而能做到精打细算，用好陈嘉庚尽心力所赚来的每一分钱。关于这方面，陈敬贤曾在写给陈嘉庚的信中谈及学校的缩减开支说过："请即函达林校长。盖其深能体念咱经济之不裕而为咱打算，必不致生出如何误会也。"③ 根据陈嘉庚在创办集美学校的过程中"四易校长"的过往经历，我们不妨做出如下的假设：假如不是林文庆而换作其他人做厦大校长的话，那么在 16 年的私立时期，最起码也要有四五位的校长人选更换，而如此走马灯式地更换校长，又如何能让远在南洋的陈嘉庚安心于商业事务？更不要说后期陈嘉庚生意失败之后，林文庆亲自前往南洋，利用自己曾经的巨大社会声望和影响力为厦大募捐，与陈嘉庚同甘共苦分忧解难，使厦大得以艰难地维持下去，否则，私立的厦大历史很有可能会因此而缩短

---

① 曾郭棠：《随林校长南渡所得的感想》，《厦大周刊》第 363 期。
② 陈共存口授，洪永宏编撰：《陈嘉庚新传》，新加坡陈嘉庚国际学会、八方文化企业公司联合出版 2003 年版，第 118 页。
③ 《陈敬贤致陈嘉庚家书摘录——1924 年 6 月 29 日书摘要》，陈嘉庚：《南侨回忆录》下册，新加坡陈嘉庚国际学会、陈嘉庚基金会联合出版 1993 年版。

数年的时间。

除此之外，如果再联想到林文庆因为担任厦大校长，而放弃了他在新加坡崇高的社会地位、政治地位以及商业上的巨大利益等诸多方面无法估量的付出和牺牲，人们就更不应该忽略林文庆对厦大所做出的重大贡献了。事实上，在林文庆接掌厦大校长的时候，他在新加坡的政治地位以及社会影响等各个方面都要远远地超越陈嘉庚。在20世纪初叶的新加坡，林文庆的政治地位、社会声誉正如日中天，林文庆之受聘于厦大校长一职，显然做出了巨大的自我牺牲。

要正确地评价林文庆对厦大的贡献，还必然地要牵扯到鲁迅先生。因为鲁迅的巨大影响力，使得曾经与他有过短暂接触的林文庆遭到了许多负面评价，而这一切，主要是因为鲁迅曾经说过林文庆是个尊孔的、英国籍的、孔教徒！需要特别指出的一点是，作为一个在新加坡出生的土生华人，林文庆的英国国籍是与生俱来的，这一点与陈嘉庚有所不同，陈嘉庚的英国国籍是于1916年申请得来的。在当时情况下，中国并没有限制双重国籍制度，这使得陈嘉庚在回国数年之后，仍然还保留了他的英国国籍，一直到1957年11月，在新加坡独立前夕，开始公民登记的时候，陈嘉庚才最终放弃了英国国籍。[①] 这说明在当时的情况下，一个人拥有英国国籍并不是一件不光彩的事。至于说林文庆尊孔、是个孔教徒这一点，倒也算是一个完全合乎历史事实的客观描述。只不过对林文庆个人而言，很富于悲剧意味的是，在经历了五四和新文化运动的洗礼之后，中国文化界急切渴盼的是全盘西化，显然并不在意已被扫地出门的儒家传统了。而林文庆却偏偏要在一片打倒孔家店的呼声中，以培养君子为教育的最高目标，思想上主张采取中庸之道，行动上要以儒家的修身齐家治国平天下来教育年青的一代国人。于是，无意之中使得林文庆成了从孔家店的废墟上新崛起的五四新文化运动的批评对象。

---

① 陈共存口授、洪永宏编撰：《陈嘉庚新传》，新加坡陈嘉庚国际学会、八方文化企业公司2003年版，第370页。

厦大首届毕业生、南洋史学家陈育崧在论及林文庆的时候，说林文庆"是个富有传奇性的人物，如果将他一生行止，写成传记，便是一部东南亚华人现代史。……在他的生活中的一个主要部分，存有一大使命，他立志要把'同胞'的地位提高到和世界各国人们立于同一水平之上，并驾齐驱！"①林文庆的努力显然并没有白费，他努力向西方介绍中国文化精髓的举动，在赢得了当时西方文化界人士的敬佩之余，也同时让他们领略到了中国文化的魅力所在，"他为自己是一个亚洲人而感到自豪，正如同我以自己是欧洲人为荣具有同样的道理，他为自己值得骄傲的民族所付出的深刻、热切的研究及其为之所做出的辩护，甚至远远地超越了我所能为自己民族做出的努力"②。毫无疑问，林文庆在向西方传播中国文化方面是做出了巨大贡献的，只是他的这些贡献迄今为止还没有被充分认识而已。

如果必须用一句简短的话来概括林文庆一生的话，笔者从辜鸿铭说自己是"东南西北人"（即"生在南洋，学在西洋，婚在东洋，仕在北洋"）那里联想到了也许可以用"一二三四"来形容林文庆的一生，即一生二国三地四文化：林文庆一生坚持信奉儒家思想，欣然接受中英两个国家的统治，毕生奔波、服务于新加坡、中国和英国三地之间，横跨东西方文化和新旧文化四种文化之间。就东西文化方面而言，林文庆是从西方文化回返中国文化的怀抱，而就新旧文化方面而言，他又是坚守旧文化抗拒新文化！需要特别指出的一点就是，林文庆虽然也像他的"同胞"辜鸿铭那样坚守旧文化的阵地，但他却与辜鸿铭又有着明显的不同，那就是他守旧但不保守，他甚至还因为辜鸿铭盲目地崇拜慈禧太后而愤然为文批评辜的愚昧和保守！③

---

① 陈育崧：《林文庆论》，（新加坡）《南洋学报》第19卷第1、2辑合辑，1965年。
② A. W. STILL, *The Great War from the Confucian of View, and Kindred Topics*, "Preface", Singapore: The Straits Albion Press, Ltd., 1917.
③ Historicus（林文庆在《海峡华人杂志》上发文时经常使用的其中一个化名）："Mr. Ku Hung Ming's Apotheosis of Tsu-hsi", *The Straits Chinese Magazine*, 1901, Vol.5(17).

林文庆由一个接受西式教育的人毅然回返中华文化的怀抱，致力于发起并推动讲华语运动、孔教复兴运动，最终更担任厦门大学校长长达16年之久，可以说是为中华文化，尤其是儒家文化的延续和发展做出了巨大的贡献。如果我们说，在林文庆的身上具有浓得化不开的"中国性"，也算是一个历史事实，既然他自认为是"汉族子孙"，并力图"除却不知父语的污名"，那么从文化上来讲，至少应该认同他是一个文化上的"中国人"。现在研究林文庆的海外学者在评价林文庆的时候，似乎很喜欢把他局限于新加坡或南洋地区，而笔者则以为，应该把他放大到中国传统文化这个大背景上去，至少，也应该放在大中华文化这个背景上。换言之，林文庆不仅属于新加坡和南洋，他也应该属于中华民族，更属于世界文化这个大家庭。笔者以为，像林文庆这样的一个"峇峇"，纯然接受英文教育，但最后却又回返到中华文化的怀抱，在儒家思想备受批判的年代，致力于恢复儒家文化的尊严，如此逆风雪而独行的壮举，才是值得后人大书特书的事情。

　　笔者以为，宣扬林文庆，不仅是客观评价他的问题，还应包括让他的思想发扬光大的问题。如果说历史是具体的，那么思想无疑就是抽象的了，然而正是其抽象性，却也使它能得以更加长久，如果能将林文庆的儒学思想正式写入中国哲学史，至少是儒学思想史中，相信将会有更多的人知道并记住他的名字。因为，人的历史行为会被后人忘却，但人的思想却很难被遗忘。和林文庆近于同时、行为类似的另一个南洋峇峇辜鸿铭，早已在中国文化史上留名，其中一个原因就在于辜的著作不但流行于西方，近年来也已被大量翻译成了中文并在中国文化界中得以广泛地流传。反观林文庆，除了《孔教大纲》一书系用中文撰写并近于失传之外，其他的文章著作大都没有中文译本，这无疑也是中国文化圈对林文庆不够熟悉的一个原因。

　　如果只是局限于从历史上为林文庆正名显然不够。他的一生都在追求"向中国文化"，都在宣扬儒家文化，儒家思想可说是他思想的核心所在，如

果不能将其思想还原或是放进中国哲学史、思想史中去，如果不能将他恢复到原应属于他的那个位置上，那么，这位新加坡的"伟大老人"被误解的历史悲剧相信还会持续下去。林文庆不应单单只是隶属于新加坡共和国，也不该只是为南洋所拥有，他应该是属于大中华文化的一部分，进而也是世界民族文化之林的一部分。林文庆拥有东西方文化的背景，自然具有融合东西方文化的国际视野，相信在他的内心思想深处，也不太可能只是把自己囿于南洋一隅吧？

在林文庆看来，他所处的那个时代，无疑是一个"礼崩乐坏"的时代，正如他在英译《离骚》的自序中所说的那样：

> 当今世界时局动荡不安，人人都在绝望的边缘上挣扎求存。译者将屈原这位终生为真理正义而奋斗的伟大爱国者的感情、志气展示给读者，希望能给懦弱者带来信心，能抛开个人的私利，为社会福利贡献力量，并无畏他人的误解、批评和攻击。

为了使陷入紊乱之中的中国早日恢复稳定的社会秩序，林文庆游走在东西方文化和新旧文化的夹缝之中，试图从古代圣贤那具有普世、永恒价值的理念出发，以便为即将到来的人类文明新世纪探寻出一条可行的出路。同时，为了拯救陷入苦难之中的祖国人民出水火，林文庆也决不放过每一个可能的机会，积极地参与中国的政治、教育与文化活动，热切地号召新加坡的土生华人回国参与祖国的各项建设。林文庆曾为了中国的富强做出过不遗余力的奋斗，可谓是贡献良多，我们对林文庆老校长的认识还是很不够的。宣扬林文庆，让更多人了解他，这正是本书的目的。

对于习惯于保持缄默无语的历史来说，在很多时候，历史本身往往并没有说什么，历史不会画蛇添足地告诉我们一个明确、现成的答案。而问题的关键则在于,我们从滔滔不逝的历史长河之中,到底理解了些什么?希望厦门大学校长林文庆的历史,能给予我们一些有益的启示!

第一章 少年尽识愁滋味

 林文庆传

父母早逝打碎无忧无虑之童年梦境
洋伯乐解迷津成就华裔少年第一人

一个伟人的诞生,未必会轰轰烈烈,但是,一个伟人的去世,却必定会举世皆惊!

1957年元旦刚过,在新加坡的中英文报纸上,先后出现了标题为《新加坡的伟大老人逝世》[①]以及《一代耆英林文庆博士仙逝》[②]等字样的大篇幅新闻报道,同时刊载了林文庆博士的大幅照片,其中,《海峡时报》的图文更是刊登在了第一版的最显要部位。报纸不仅登载了林文庆博士的生平简历,也同时刊载了殖民地总督以及政府首席部长写给林氏家人的唁电,总督柏立基爵士除对林氏家属表示深切同情之外,并说:

> 林博士为新加坡最杰出市民之一,他在一生中,为我们带来了极大荣誉,因此,新加坡人民对林氏之仙逝,莫不深感悲悼。

而政府首席部长林有福则说:

> 新加坡人咸称林博士为"大老",林氏之为一伟人,乃毫无疑问者。作为医生,学者,社会先锋,华侨领袖,他皆有极伟大之成就。他乃是极少数懂得如何过圆满,活跃,有意义的生活,为他人创造幸福的人士之一。林氏之仙逝,实为星马与所有海外华人之一大损失,但他的伟大,他的广大襟怀,将在人们心中永留去思,余忝为博士之友,他在社会服务上之成就,卓越楷模,使余深感自己之卑微。[③]

[①] "Singapore's Grand Old Man Dies", (Singapore) *Straits Times*, 1957-01-02.
[②] (新加坡)《南洋商报》1957年1月4日。
[③] 同上。

素有新加坡"圣人"①之称的林文庆博士，于1957年元旦早上5时46分，因心脏衰弱于其寓所溘然长逝，有人认为，林氏的去世，"正表示旧时代已经过去，新时代刚要开始"②。然而，对于像林文庆这样一位颇具划时代意义、堪称时代巨人、连新加坡首席部长都"深感自己之卑微"的杰出历史人物，不要说国内的普通人，就算是身在学术圈中的专家学者，恐怕也都了解不多。要想了解林文庆博士，最好还是让我们从其出生开始说起。

林文庆，字梦琴，1869年10月18日出生于新加坡。③对于林文庆先辈的详情，因资料欠缺今人所知不多，只知道他的祖父林玛彭原系福建省海澄人，④林玛彭于1839年和其他成千上万心怀淘金梦想的下南洋者一样，乘坐帆船、历经九死一生、漂洋过海南下，最后抵达马来亚的槟榔屿，并娶当地混血女子——娘惹（Nyonya）为妻，婚后生下独子林天尧，是为林文庆之父。再后来，林玛彭携妻子移居新加坡，在著名的章芳琳公司旗下的酒税承包行担任经理工作。林天尧长大以后，亦在章芳琳公司做事，担任鸦片税承包行的助理人。若论其资财，以当时的情况来看，林家至少也可算得上是个小资之家了。

林天尧长大后，娶了来自马六甲的娘惹为妻，这对夫妇共生育了9个孩子，林文庆排行第二，上有1个哥哥，下有3个弟弟和4个妹妹。林文

---

① "The Sage of Singapore", (Singapore) *Straits Times*, 1948-10-22.
② 陈维龙：《东南亚华裔闻人传略》，新加坡南洋学会1977年版，第14页。
③ 鉴于林文庆在东南亚尤其是新加坡和马来西亚的巨大影响力，关于他的家庭及其生平的各种小传在其生前身后出现了很多种。为了不影响本书的可读性，笔者在综合这些小传的基础上对林文庆的家庭及其生平予以综述，而不再在书中单独一一注释，并将这些篇幅长短不一的小传文章以参考文献的方式罗列于书后，以供有兴趣的研究者参考。特此说明。
④ 笔者在林文庆曾外孙吴玉麟先生以及林氏族人林克先生的安排下，于2009年6月16日中午造访厦门市海沧区鳌冠村林氏宗祠，从当地人口中获知，林文庆的祖籍地即鳌冠村。鳌冠村的地理归属在历史上多有变动，先前隶属海澄（漳州），今属厦门市海沧区。林文庆在担任厦门大学校长期间，曾于1920年代回鳌冠村林氏宗祠认祖归宗，是为当时、当地轰动一时的一件大事，故时人多有记忆，彼此口耳相传，至今不绝。出生于鳌冠村的退休小学教师林克先生曾在电话中告诉笔者，他曾多次聆听他父亲对他说起过此事。

庆 8 岁的时候，其母不幸去世，后来，林天尧续弦娶妻妹为妻，后者又为他生育了 3 个女儿。自林玛彭只身南下，然后落地开花，至此，林家已经俨然成一人口众多的大户家庭了。虽然林文庆只是海峡侨生的第二代，但毫无疑问，他是一个地道的峇峇，这从他的祖母和母亲都是娘惹这一点上可以清楚地看出来。关于峇峇，我们有必要在此做一个简单的交代，所谓的"峇峇"（Baba），是指 17 世纪以来居住在马来群岛的华人移民的后裔，由于中国的女性在 19 世纪中叶之前一直被禁止出国，因此很多早期下南洋的中国人只能被迫和马来群岛的一些非穆斯林女人结婚，如来自峇厘岛的女人甚至是来自峇淡岛的女奴，他们通婚的结果竟然诞生了一个新的族群——峇峇。峇峇一词多数时候是指这一特定的族群，但有时候又特指该族群中的男性成员，而年轻的女性则被称为"娘惹"（Nyonyas），至于上了年纪的女性则被称为"比比客丝"（Bibiks）。① 峇峇的形成，主要是得益于他们对婚配对象选择上的固执与坚持，峇峇本身虽然是混血种，但他们在后代的婚配上却显得十分执着：峇峇只能娶娘惹为妻，除非娘惹的人数不足以婚配所有峇峇的时候，他们才可以娶马来女子为妻，而娘惹长大后不是嫁给混合血统的峇峇就是嫁给刚从中国来的新客，因而，尽管峇峇通常被视为是混血种——半是华人，半是马来人，然而，除了对于其始祖父母以外，这样的说法并不完全符合事实，因为除了他们的始祖母不是华人之外，其后代则通常局限于实施内部通婚，或者纳入华人新客，从而使其血统中华人的因素保持了占统治地位的种族特性。也就是说，峇峇虽然从根源上来讲的确是混血种后裔，是异族通婚的结果，但这种通婚仅仅只是局限于第一代而已，自第二代之后，则仅限于子女之间的互通婚姻或是和新客移民通婚，这就使得其血统越来越倾向于华人化，而年代愈久，则其与异族的血缘关系也就越远了。一直到 20 世纪早期，峇峇、海峡华人、海峡土生华人等皆指同一类的人，从文化形态上看，峇峇家庭中仍然保存了相当多的儒家文化传统而较少受到马来文化的影响。峇峇既不同

---

① 《谁是峇峇？》（Who are the Babas?），新加坡土生华人网站：http://peranakan.org.sg。

于马来人,也不完全等同于华人,应该说是介于二者之间或者更靠向华人这一边,他们的峇峇语言中掺杂了马来话和福建方言,其日常生活也糅合了马来人和华人的生活特点,喜食辛辣食物,男性的穿着一般是长袍马褂,而女性的穿着则是非常独特、极富于热带特色的娘惹装。

林玛彭虽然是一个新客,但自他迎娶槟榔屿的娘惹为妻并诞下林天尧之后,他实际上就已组建了一个十足典型的峇峇家庭了。林家的众多女儿惯常也都做娘惹打扮,不管是平时在家闲聊还是出外与人交往,也都是口操峇峇马来话;而林文庆也和其他所有的峇峇一样,拥有英国国籍持有英国护照。因此,林文庆作为峇峇的身份,自然是毫无疑问的了,然而,饶有趣味的是,即便是在其生前,居然就已有一些峇峇开始质疑林文庆的峇峇身份,其理由,竟然是因为他精通华语并且做了厦门大学的校长,而且对中国的事务感兴趣,甚至还和陈嘉庚成了朋友:"一个峇峇不可能掌握华语到可以做厦门大学校长的程度,绝不可能的。""任何华人如果他对中国存有任何的兴趣,那他就不是一个峇峇,他们是中国人。陈嘉庚和林文庆都可以归入这一类人之中。"即便是勉强承认林文庆是峇峇的人,也仍然坚持:"就其内心来讲,他肯定不是一个峇峇。从表面上看他是一个峇峇,但就其内心深处而言,他仍然是一个百分之百的福建人。他居然有像陈嘉庚这样的朋友,而真正的峇峇是不和陈嘉庚说话的。"① 自从英国人来到马来亚之后,峇峇就一直拥有英国国籍,被视为英国公民,因而,英国自然地就成为峇峇宣誓效忠的对象。虽然林文庆不会放过任何一个可以向英国表达忠悃的机会,但毫无疑问的是,成年之后的他的确是越来越倾向于中国化了,或许这也成为令一部分峇峇不再认同他作为峇峇的一个重要原因吧?

极为不幸的是,当林文庆刚刚只有12岁大的时候,他的父亲林天尧不幸去世了。林天尧的去世,起源于一次小小的意外,据说,当他用刀片刮胡

---

① Jürgen Rudolph, *Reconstructing Identities: A Social History of the Babas in Singapore*, England: Ashgate Publishing Ltd., 1998, pp.395,400,401.

子的时候，一不小心割伤了自己的皮肤，结果竟然引起了血液中毒。实际上，就其病症来看，林天尧所患的应该就是破伤风，虽然破伤风在今天的医疗条件下已经不是什么绝症，但在19世纪那极为落后的医疗条件下，尤其是对抗破伤风的特效药抗生素尚未面世的情况下，面对因小小割伤而引起的破伤风，医生居然束手无策，只能眼睁睁地看着他辗转于痛苦之中，最后竟至于导致林天尧魂归仙山。这次的不幸事故，无疑给尚处于幼年的林文庆带来了极大的影响，这可以说是促使他后来选择从事医学研究的一个直接原因。毕竟，作为一个年仅12岁的少年，在亲眼目睹了父亲辗转去世的痛苦过程之后，无法不在他那幼小的心灵上，留下一道深深的创伤和永久的烙印。这促使林文庆暗下决心，立志长大后从医，以拯救病人，服务于社会，为大众谋福利。

原本家道殷实的林家，自从林天尧去世之后，因为骤然间失去了主要的家庭经济支柱，一夜之间开始家道中落，生活变得日渐清贫起来，而兄弟姐妹人口的众多，也更进一步地加剧了林家人的生活负担。此时的林家，可谓是老的老小的小，虽然祖父母仍然健在，但这时毕竟年事已高，林玛彭仍然坚持工作，以赚取一份收入，而好心的老东家章芳琳，出于一片同情之心也仍一如既往地继续聘用年迈的林玛彭。可是，面对着一家大小嗷嗷待哺的十几张口，林玛彭仍然感到力不从心，常常入不敷出。这时候，作为林文庆的继母，也就是他姨娘的那位年轻的马六甲小娘惹，眼见家道无以为继，万般无奈之下，只得狠下心来将自己年幼的女儿送往马六甲，分别寄养在马六甲的亲友家里。林文庆这些被寄养的妹妹，一直等到林文庆这位哥哥从英国学医归来并有所积蓄之后，才被陆续接回并被安置到由林文庆所创办的新加坡华人女子学校接受教育。事实上，这在当时，对于那些家庭经济困难而又子女众多的华人家庭而言，也是一个相当普遍的做法，甚至将自己的亲生骨肉交托给马来人收养的也大有人在。此时此刻，对于已经略识人间世事的少年林文庆而言，似乎除了悲哀难过之外，也别无良法。伴随着家里的经济状况每况愈下，林文庆一次次地目睹了年幼的妹妹们哭哭啼啼地被一个又一个地送走，他的心也一次次地往下坠沉。为了能使自己从眼前的生活苦难中暂时获得一些解脱，林文庆开始把心思投向书本之中，以期望能在书本那虚构的世界里求得一丝丝现实生活中无法获得的安慰。然而，这却给他带来了一个令人意想不到的结果：林文庆的文学功力顿时大增，其深厚的语言造诣和广博的文学知识，甚至引起了莱佛士书院校长胡列特先生的注意，而对他予以格外的关爱，从而为他后来成功地考获女皇奖学金奠定了坚实的基础。

虽然在林文庆非常幼小的时候，也曾经到福建会馆附设的书院里读过几天的四书五经，但若说到他所受的完整教育，则显然只能说他接受的是正统的英文教育。据说林文庆的祖父林玛彭曾在中国接受过良好的传统教育，但他的父亲林天尧却是在新加坡著名的莱佛士书院里完成学业的。由于英国殖民地政府当时所实施的政策是完全排斥英文之外的所有教育存在，一切唯英文为尊，所有商业与行政都采用英文，只有那些要华人遵守的法律条文才翻译成华文，因而，在殖民地社会中，掌握流利的英文是求职和往上攀爬的唯一捷径。不谙英文，更不可能进入政府机关从事养尊处优的公职。出于现实中利益上的考虑，持有英国护照拥有英国国籍——常常以自己身为"皇家华人"而引以为傲的峇峇们就很自然地把目光转向了西方，普遍地接受英文教育。年幼的林文庆自然也不可能例外，他很快地就被转入到了一间英文学校去读书，在那里接受了一些关于读、写、算之类的基本教育训练。

1879年，林文庆成功地考进了殖民地政府创办的官立模范学校——莱佛士书院。这所学校于1823年由新加坡的开拓者及首任总督、英国人斯坦福·莱佛士爵士创办，原名新加坡书院，1868年为纪念莱佛士而更名为莱佛士书院。莱佛士书院不仅历史悠久，更是当时新加坡设备最完善、办学质量最好的学校。在莱佛士书院接受教育的这一段时间，对林文庆而言，可谓是其人生中的一大转折点，他不仅在求学期间失去了至爱的父亲，更差一点儿遭受失学的危险；也正是在莱佛士书院里，林文庆很幸运地遇到了两个人，一个是和他一样就读莱佛士书院的阮添筹（Wee Theam Tew，有人亦将其

名译为黄天宙），另一个就是当时莱佛士书院的校长——胡列特先生（R. W. Hullett）。尤其是后者，不仅亲自为面临失学危险的林文庆四处奔波说情，替他解决眼前一时的困难，从而使林文庆得以继续完成学业，还亲自指导林文庆的学业，林文庆后来之所以能考获女皇奖学金，胡列特可说是位居首功；除此之外，胡列特更以大英绅士的高尚人格，影响了林文庆的思想和他的为人处世态度，以至于林文庆终生对其心存感激。

升入了莱佛士书院之后，林文庆的求知欲望大为增强，书中的知识无疑给他带来了无穷的乐趣，他就像饥肠辘辘的人忽然之间闯入了一间香喷喷的面包房，学校那间小小的图书阅览室，顿时成了林文庆流连忘返的地方！然而，很快地，读书在给他带来快乐的同时也给他带来了另一种新的烦恼，因为忽然之间，他发现自己居然无书可读了！小小的图书室实在是太小了，极为有限的藏书量自然不可能无限度地为林文庆提供连续性的精神食粮，而在当时，能够拥有图书，尤其是颇为昂贵的英文图书，对一般人而言无疑是一种过于奢侈的欲望。恰在这个时候，林文庆结识了比他年长三岁同在莱佛士书院读书、后来成为著名律师的阮添筹。阮添筹也是一个喜欢读书的年轻人，他对英国文学和中国文学都有浓厚的兴趣，林文庆和阮添筹因相同的读书癖好而日渐成为好朋友，以至于多年以后仍然为推动新加坡华人社会的改革和中国的政务进步而并肩战斗。阮氏在1904年曾一度接受清廷肃亲王的邀请前往北京担任后者的秘书。当时的阮添筹虽然也已家道中落，但他的家里却仍然收有祖上遗留下来的大量图书，阮氏家中收藏的那些英文小说、诗歌，在林文庆那渴求知识的眼中，无异于是一笔巨大的宝藏。从此之后，放学以后前往阮添筹家中读书、借书，几乎就成了林文庆每天的固定行程之一。林文庆能够自由、充分地利用阮添筹家中的宝贵藏书，这对当时的林文庆而言，不能不说是一大幸事。那些举世闻名的英国大文豪，仿佛就在林文庆的身边一样，正用他们那化腐朽为神奇的笔触，以小说、诗歌、戏剧等种种方式，在少年林文庆的眼前打开一扇又一扇奇妙的窗子，同时，也让他对那只能通过想象来感知的遥远帝国，顿生一种莫名的向往之情——大英帝国，一个多么令人憧憬的地方啊！

至于身为学生的林文庆与主掌莱佛士书院的校长胡列特二人之间的最初交往，在今天看起来，与其说是出于偶然或者充满传奇，毋宁说是多了一份浪漫。那是一个细雨霏霏的下午，由于早已经过了放学的时间，多数的学生都早早地回家去了，因而莱佛士书院那略为空旷的校园里就显得更加幽静。林文庆和往常一样，待在学校图书室里看书，一直到负责图书室活动的同学也要回家了，这才收拾好书包，和那位因为在图书室值日而留下来的同学一起关好图书室的门窗，准备回家去。直到这时候，林文庆才发现原来外面正下着绵绵细雨。那位同学倒是有一把雨伞，于是，两个人就共用一把雨伞勉强遮住头部，一边讨论问题，一边往校外走去。他们刚刚走到学校的大门口，忽然听到身后传来了汽车刹车的声音，于是，两个人不约而同地停下脚步回过头去看。这时，他们看到了校长胡列特先生那辆擦拭得一尘不染、略为陈旧的灰色小汽车刚好就停在了他们的身后。

"Boys! Boys!"胡列特从车窗里向他们大声地喊着。两个人都吓了一大跳，毕竟是校长，虽然他们每天早上都可以看到他，并且认真地聆听他的训话，但是却从来没有如此近距离地和他说过话，因而，两个人还以为自己犯了什么过错呢。

"Come! Boys."胡列特一边晃动着头发花白的脑袋，一边对着他俩招手。那位同学早就吓得脸色苍白，躲在林文庆的背后不敢移动半步。林文庆自忖并没有什么过失，就大着胆子走到汽车跟前，询问校长有何吩咐。原来，是胡列特校长看到他们两人合用一把雨伞，已经各自湿透了半边身子，于是，好心的校长就想让他们搭一段顺风车，送他们回去。那位同学听清楚之后，在长舒一口气之余，却坚决不肯上校长的车，只是和校长说了声再见后，就打着雨伞独自匆匆地走了。林文庆虽然也感到有些难为情，但看看已经走远的同学，再抬头看看愈下愈大的雨，终于转身上了校长的车。

在车上，胡列特校长一边小心地驾车，一边语重心长地对林文庆说：孩子，请记住，千万不要随意拒绝一个老人的好意！他对着那位已经走远了的同学的背影，无可奈何地摇了摇头。林文庆一时也不知道该说什么是好，只是好奇地看着胡列特灵巧地转动着手中的方向盘。这时候，雨下得更大了。胡列特抬头看看天空，又问林文庆家住哪里。林文庆赶紧回答：住在源顺街。胡列特一听十分开心：原来和我住的地方相隔不远呀，这么大的雨，况且又是顺路，我就先送你回家吧，我也好有个说话的伴儿。

这一趟短暂的雨中之旅，对于这一老一少而言，不仅是一趟愉快之旅，更是一趟益智之旅，同时，也可以说是改变林文庆生活的一次人生之旅。言谈之间，胡列特对于身边这位外表瘦削的少年人大感惊异，小小的年纪，竟然对英国文学表现出了如此浓厚的兴趣，而其文学造诣之深，也已经明显地超出了他的同龄人，这在殖民地这样的文化环境下，是十分罕见的。因为，在殖民地社会里，虽然很多峇峇都热衷于接受英文教育，但在功利心的驱使下，人们学习英文的唯一目的只在于日后能够谋得一份好的职业，却绝少会有人真正对英国文学产生兴趣。就算是在莱佛士书院这样顶尖的学校里，胡列特也极少发现有像林文庆这样对英国文学产生浓厚兴趣的学生，这常常使得将毕生精力奉献给教育事业的胡列特唏嘘不已大感悲哀，为教育的失败悲哀，也为不能实践自己的教育理念而悲哀。现在，他只感觉到眼前一亮，对眼前这位举止仍然稍微有些拘谨的少年人，大有发现了千里马的感慨。

下车时，胡列特一再叮咛林文庆，如果他在学业上有什么难题，记得一定要去找他，他会很乐于帮他解答的。林文庆答应了，从此以后，林文庆得空就去找胡列特，以至于后来发展到，胡列特经常带林文庆到他家里给他额外的补习，而林文庆也很乐于静静地倾听胡列特用他那字正腔圆的纯正英语充满激情地朗读莎士比亚的戏剧。为了帮助林文庆更好地掌握好英文，胡列特甚至向他建议：你要每时每刻都在身边带一本《圣经》，有空就读，因为《圣经》是英语的基础。渐渐地，胡列特从林文庆的身上似乎看到了自己少年时的身影,很快地,他就有了目标:决心培养林文庆去考取刚刚由总督设立不久的女皇奖学金!然而,就在这个时候,一件令人预想不到的事情却突然间发生了:林文庆的父亲林天尧不幸因破伤风医治无效去世了,林家那原本尚为宽裕的家庭经济,忽然之间一下子坍塌了。当胡列特从林文庆口中探知,他的祖母有意让林文庆辍学去寻找一份工作以便帮补家用的时候,他的确有些着急了:这可是一个很有前途的好孩子呀,如果辍学,岂不是要贻误了他将来一辈子的大好前程?胡列特决心采取行动去帮助林文庆克服眼前的难关。胡列特想到了一个人,这个人既是他的好朋友,也是林文庆祖父和他父亲生前的雇主:章芳琳。说起这个章芳琳,在当时的新加坡那可是鼎鼎有名的华社领袖,既是有名的大实业家,也是乐善好施的大慈善家,一生对于修桥补路、建校兴学不遗余力,他也是受殖民地政府正式承认的福建帮侨领,不仅被当局封为太平局绅,也被委任为保良局委员参政议政。

胡列特立刻驱车直奔位于源顺街的"章芳琳公司"。老朋友见面不及寒暄,胡列特就直奔主题,希望章芳琳能够出面去和林文庆的祖父母谈一谈,也许,以章芳琳的影响力,可能会改变林文庆祖父母的心意,能让林文庆继续完成他的学业。章芳琳略微惊奇地看着面带焦灼神情的胡列特,因为他知道,这位备受人们尊敬的英国老绅士,是很少主动上门求他帮忙做事的,除非是为了莱佛士书院未来发展大计之类的筹款活动,否则,他是不肯轻易登门拜访自己的。更难得一见的是,一向做事沉稳的胡列特校长此刻居然也会面露出焦急的表情。章芳琳很爽快地答应了胡列特拜托的事项,一者他一向敬重胡列特的为人,钦佩他那敏锐的眼光,觉得胡列特是不会看错人的;二者林文庆祖父、父亲本来就是他公司的雇员,一向表现都是兢兢业业、尽职尽责的,深为他所欣赏,而且他对年少懂事的林文庆也一直有着良好的印象。更为重要的一点,章芳琳作为大慈善家,一向乐于替人纾困解难、救人于水火之中,更何况现在是自己公司的雇员出现了家庭经济状况,他作为雇主提供一些力所能及的帮助,在他看来也是天经地义的事情。

送走了稍微心安的胡列特，章芳琳马上就起身到同住一条街的林文庆家里去。林文庆的祖母——那位来自槟城的老娘惹，猛然看见老雇主亲自登门造访，一时竟然有些不知所措，及至听明白了章芳琳的来意，她自然更是大为感动。林文庆的祖母本来一向就很敬重老雇主的为人，现在看到他居然肯为了自己孙子的学业，不惜屈身亲自登门到访，她马上就一口应承下来，决定不管如何困难，都坚持要让林文庆

女皇奖学金得主——前排左一为林文庆

（孙中山南洋纪念馆提供）

继续完成学业。章芳琳除了留下一笔抚恤金之外，也答应林文庆的祖母，如果将来有任何困难，尽管和他讲，他一定会尽力帮助他们的。从此以后，林文庆没有了后顾之忧，专心向学，更兼有胡列特的落力辅导，在这位老校长的循循善诱下，林文庆的学业开始突飞猛进，在1886年的考试中，他在班上的成绩还只是排名第十三而已，想不到第二年在参加女皇奖学金的遴选考试中，他居然一举考获第二名的好成绩。由于当年参加遴选考试获得第一名的宋旺相年龄太小，不够获得奖学金的资格，所以，林文庆最终如愿以偿，成为获得女皇奖学金的第一位华裔少年，那一年，林文庆刚好是18岁。

1888年2月，在莱佛士书院举行的年终颁奖礼上，校长胡列特毫不吝啬地这样公开赞扬林文庆：

我十分相信文庆本人是会出人头地的，因为我看过许多学生离开学校，

走进社会,而在毕业离去的学生当中,没有一个前途比我对他怀着更大的信心。①

事实上,林文庆也的确没有辜负胡列特校长对他的高度期许。林文庆后来成为新华社会的领导者、改革者,其贡献遍及英国、新加坡和中国,造福无数社会人群,而年过五十后,更是继承老校长胡列特献身教育的精神,义无反顾地抛下了自己在新加坡正如日中天的庞大事业,毅然接受陈嘉庚的邀请前往当时仍然十分荒凉落后的厦门创办大学,为国家社会作育人才。如果胡列特能有幸看到林文庆后来的所作所为,相信他也一定会为自己当初的选择而骄傲的。

林文庆度过了拥有他"最快乐回忆的"学校时光,然后,在女皇奖学金的资助下,终于踏上那个原本他只能在书本和头脑中加以想象的遥远国度。一个陌生而又全新的世界,就像一幅长卷轴的水墨画,陡然间在他的眼前被徐徐打开,各种闻所未闻的场景逐一登场、次第展开。他,又将会在那里获得怎样的人生另类体验呢?又有谁会预料得到,持有英国国籍的少年林文庆,居然会从正处于全盛时期的大英帝国那登峰造极的辉煌中,幡然醒悟到:自己竟然是大汉民族的子孙,并从此开始了向正处于积贫积弱而又多病的祖国的回归呢?偶尔出现于祖父梦中那关于祖国的虚无缥缈的记忆和传说,不仅在林文庆的头脑中开始依稀显现,而且渐渐变得更加明晰起来。他在大英帝国学习西方先进医学科技的同时,也开始踏上了影响他后半生的寻根之旅。

---

① 宋旺相:《新加坡华人百年史》,叶书德译,新加坡中华总商会1993年版,第198页。

第二章

身去西洋心在华

 林 文 庆 传

少年峇峇本天然生就一颗敏感之心
居白人世界幡然醒悟自身竟是华人

崇尚真实的历史，从来就不喜欢，也不相信假设！但是，假设很多时候却为略显古板的历史带来了更多可以想象的空间！

我们的确无法想象，假如林文庆没有前往英伦留学的话，他后来的人生又该会是怎样的一番景象？毕竟，在他那个年代，能够踏出新加坡这个小岛前往英伦留学的人，是少之又少。事实上，在林文庆前往英国之前，他基本上是不懂中文的，尽管他曾经在福建会馆附设的书院里念过几天四书五经，但那些历史悠久得犹如化石一般、艰深难懂的方块字，早就伴随着他早早收起的童真一块消失无踪了。可是，青春年少的他并没有感觉到有什么不妥，因为，在他的周围，他所有的同学、朋友，绝大多数也都和他一样，没有人会在乎他是否认识那些难懂的方块字。然而，林文庆进入英国的大学之后，当他因其流利的英语而备受英人称赞的同时，他却悄悄地开始为自己不懂得中文而感到了羞耻。因为他发现，在一般人们的心目中，掌握好自己的民族语言乃是一件天经地义的事情。

留学英国的经历，就像是一幕徐徐展开的大剧，不仅让林文庆走出了孤立、狭小的小岛新加坡，也让他开始融入了世界这个大舞台，而舞台上同时上演着的，不仅有大英帝国的繁荣昌盛，也有他第一次听说、那个正被内忧外患糟蹋得体无完肤的祖国的屈辱故事。

让我们先来看一看当时英国的情况。作为最早完成工业革命的国家，英国在19世纪晚期进入了其历史发展的黄金时代：大工厂取代了手工作坊，大机器代替了手工作业，工业革命所创造出来的巨大生产力，让英国拥有无可争辩的经济强权，也使英国成为"世界工厂"；在对外关系上，通过长期的对外扩张战争，英国先后打败了最强劲的对手荷兰和法国，夺取了后者的大片殖民地，帝国的领土遍及包括南极洲在内的七大洲、四大洋，被世人形容为"日不落帝国"，维多利亚时代的大英帝国正一步步地步入其鼎盛时期！这就是当时林文庆前往留学时所目睹的大英帝国。

与大英帝国的强盛形成鲜明对比的则是中国的情况：经过两次鸦片战争之后，腐朽的清政府被西方的坚船利炮强行撞开了闭关锁国的大门。一方面，中国一步步地沦为半殖民地半封建社会，成为列强的商品倾销市场和原料掠夺地。另一方面，也形成了先进的中国人睁眼看世界，向西方学习的新思潮，中国开始了大规模向西方派遣留学生的过程。这就使得林文庆不但能亲眼看到大英帝国的欣欣向荣，也有与来自祖国的兄弟姐妹接触的机会。

林文庆之所以选择学医，前面已经叙述过，主要是因为他父亲被刀片割伤引起破伤风不治而亡，另外，林文庆一个七岁大的兄弟从椅子上摔下来受伤而死的不幸事件，也是促使他学医的另一个重要因素，毕竟，对于一个天性敏感的少年人，这一连串的不幸，肯定深深地触动了林文庆那颗悲天悯人的心，从而促使他决心学医，以便将来有朝一日能够治病救人。而他所选择的求学对象，正是当时蜚声国际医学界的爱丁堡大学医学院。

林文庆前往留学的爱丁堡是个位于苏格兰北部边境的海滨城市，是苏格兰首府，既是一座历史文化名城，也是公认的欧洲最富吸引力的城市之一。创建于1583年的爱丁堡大学是大英帝国最古老、最大的大学之一，与牛津、剑桥大学齐名。林文庆入读的爱丁堡大学医学院创建于1823年，是全英国历史最为悠久、规模最大的医学院，其声誉早已名扬海外，许多享誉世界的科学家在这里工作过或是曾在这里学习过。譬如，对人类科学和整个学术事业，特别是为进化论思想理论做出不朽贡献的生物学家达尔文，就曾于1825年至1828年在爱丁堡大学医学院学习，而《福尔摩斯探案集》的作者、大名鼎鼎的柯南·道尔也是在该院取得的医学博士学位。当林文庆在爱丁堡大学医学院求学的时候，学院的声望正如日中天，许多著名的教授都在那里执教和从事研究，诸如法拉塞尔爵士、白兰威尔爵士、格兰葛爵士、菲立爵士、格凌弗尔德爵士以及后来成为英国病理学之父的莫尔等，都是当时医学各个领域里的佼佼者。林文庆有幸能在这样的环境下接受医学训练，无疑为他后来高

超的医术奠定了牢固的基础。

关于林文庆在爱丁堡大学求学时的具体情形,现在的人们已经很难得到较为详尽的记载,但据说,他在那里的求学、生活经历还算是顺利的,获得了许多热心人士的热情帮助。由于大学里没有寄宿的宿舍,林文庆只好到学校外面寻求安身之所,他很幸运地获得了妇产学系武特教授夫妇的厚爱,这一家人不仅让他住在他们的家里,还尽量地从各个方面给予林文庆生活上应有的热情照顾与帮助,从而使他再也没有了生活上的后顾之忧。同时,林文庆也是巴布斯博士一家人的好朋友,由于巴布斯博士一家人都是虔诚的基督徒,出于博爱的信仰,巴布斯博士除了给予林文庆生活上应有的照顾之外,也经常在周末邀请林文庆前往他们家中聚餐,以便解除林文庆一时的思乡之苦。事实上,林文庆所获得的每年二百英镑的英女皇奖学金,虽然是由作为海峡殖民地总督的史密斯爵士所创设,但是奖学金的实际资金来源,却正是由武特教授和他的一些朋友所赞助的。林文庆实在是幸运得很,能够同时获得多位学养深厚、道德高尚的英国上流社会绅士的厚爱,这对于他日后的人格成长,无疑具有很重要的潜移默化的作用。

林文庆生活在一片欣欣向荣的大英帝国里,他能够感受得到英国人对于自己国家、民族的热爱和自豪,英国人高尚的爱国行为令林文庆感动。然而,作为一个持有英国护照、享有英国国籍的大英子民,他的心却始终不能轻松起来,不止不能放松,甚至还日渐一日地沉重起来。尤其是当他在伦敦的街头,看到和他一样黄皮肤的中国人遭受到白种人的种种任意侮辱时,他的心开始下坠:这样的情形他曾在哪里见过?对了,是在新加坡,那个生他养他的地方。然而,当他在新加坡的时候,他对同样事件的心理反应却并没有这般巨大,或许,那是因为新加坡的华人太多而无法形成如此强烈的反差?不管怎么说,当看到成群的洋人在无端欺负一个可怜的中国人的时候,林文庆的心在颤抖。这个时候,他想起了莱佛士书院的老校长胡列特,想起了胡列特在他出发前往英国求学之前曾语重心长地对他说过的那些话:"你是一个到西方去的华人,记住:一定要自尊自重,行为务求端正。不要在乎那些有钱有势的人怎样看待你,只要坚持坐得直、行得正,你将时时刻刻都会感到开心。"① 他自忖自己并没有做错事,但他却感到不开心。他终于忍不住了,他挺身而出勇敢地冲上去,向那些蛮不讲理的白人提出抗议。虽然他的年龄还很小,虽然他也是黑色的头发和黑色的眼睛,但是,他的威严,或许更多的是他那一口标准流利的英语吧,令那些满脸错愕的洋人一时感到了胆怯,于是,他们悻悻而退。更令林文庆意想不到的是,他"因抗议英人的辱华事件获得彼邦人士的称赞",而被"誉为'义勇的华籍青年'"②,居然赢得了另外一群白种人的称赞。这让他稍稍感到了些许的欣慰,但是,他仍然并不感到开心。

对于天性敏感的林文庆而言,令他感到更受刺激的事儿还在后头呢。如果说因为形体外观上的差异,而导致人与人之间彼此感到陌生还有几分可以理解的话,那么,要是被本为同胞的人所误解,这其中的悲哀恐怕就很难言说了。爱丁堡大学作为一所著名的大学,虽然集中了几乎来自世界各地的学生,但由于当时东西方国家之间的巨大差异,来自东方的学生还是寥寥无几,而在该校中就读的中国学生自然就更是少之又少了。除了林文庆是来自于海峡殖民地之外,另有几位是来自于中国的学生。就像所有的游子一样,林文庆也渴望能拥有自己的知心朋友。出于同族同种的天然亲近感,林文庆尝试着想去与那些来自中国的学生建立友谊,然而,无论他多么地努力沟通,但在他们之间似乎横亘着一条无法逾越的无形鸿沟,始终"无法跟他们建立友谊,原因是他不懂得华语"。③ 林文庆听不懂他们所讲的"官话"(华语),他虽然会说一点儿的福建话,可是,那些中国学生应该是来自于中国的北方,因而,他们完全听不懂他在说些什么。无奈之下,林文庆只好和他们说英语,而如此一来,这些中国学生也就不再把他当作中国人来看待。更要命的是,这些中国学生讲起中国的事情来,听在林文庆的耳中,简直就如同天方夜谭那般地遥远,至少要比起他在新加坡时对英国的了解更加虚无缥缈。语言上

---

① "The Sage of Singapore", (Singapore) *Straits Times*, 1948-10-22.
② 陈育崧:《林文庆论》,(新加坡)《南洋学报》第19卷第1、2辑合刊,1965年。
③ 洪炜堂:《〈林文庆传〉读后记》,《南洋文摘》第14卷合订本,1973年10月。

的障碍，再加上文化背景上的巨大差异，导致林文庆与这些中国学生之间存在着无形的隔阂，始终无法结成知心的朋友。

林文庆对中国语言和文化的正式接触，实际上是从英国开始的。与中国学生之间的隔膜已经使得林文庆感到心灰意冷，而接下来发生的另一件事情，则更加进一步地刺激了林文庆那本已敏感的神经。林文庆在爱丁堡大学的第二年，"有一位讲师，要他代译一份中文手卷，使他不得不自认对中文的无知"。① 面对着那玄妙无比的方块文字，林文庆立刻变得窘迫起来，他早年在福建会馆附设的书院里所领受的那点儿启蒙教育，显然不足以帮助他解脱眼前的窘境。他不得不实事求是地告诉那位讲师：其实他并不懂得中文！这下子轮到那位讲师感到困惑不解了，他用布满疑问的表情看着林文庆，问他：你不是中国人吗？林文庆唯有艰难地告诉他：他是出生于海峡殖民地的中国人。看着那位讲师最后以失望的表情摇头叹息地离去，林文庆的内心就如同被针刺了一般感到疼痛难受。

这一系列的刺激，终令林文庆痛下决心：一定要精通中文和中国文化。从此以后，林文庆开始注意起祖国的事情来，为了自学中文，"乃买一本学习国语之英文"② 书，从此开始了对中国语言和文化的学习过程。哪里料得到，他这一学就是几十年："作为一个中国人，他觉得学习和掌握中国语言是他的职责所在，从 19 岁开始，他就开始了学习中文的过程，并且一直持续了四十年之久。"③ 在爱丁堡大学，除了学习医学方面的专业知识之外，林文庆把大部分的业余时间都用在自学中文上了，他的行为举止渐渐地引起了一个英国学者的注意，原来他的家中藏有不少的中国图书，可是却苦于没有人常来阅读，于是，每逢课余假日，他就主动地邀请林文庆到他家里，一块儿研读他所收藏的中国典籍。

1892 年 8 月，林文庆自爱丁堡大学医学院毕业，获得了医学内科荣誉学士和外科硕士学位，此外，又因为他年年考试成绩名列榜首，故又同时获得

---

① 洪炜堂：《〈林文庆传〉读后记》，《南洋文摘》第 14 卷合订本，1973 年 10 月。
② 《林文庆先生在中华俱乐部之演说词（一）》，（新加坡）《南洋商报》1926 年 2 月 2 日。
③ "Dr Chen Huan-chang's Preface"，林文庆译：《离骚》，商务印书馆 1929 年版。

了 Atholl Medal 金质奖章，成为远东地区获颁此奖的第一人。大学毕业后，林文庆曾经一度担任爱丁堡大学皇家医学会图书馆管理员一职，但不久之后，他就收到了来自剑桥大学病理学系主任罗伊教授（Prof. Roy）的邀请，前往剑桥在罗氏的指导下担任病理学讲师并从事医学研究工作。本来，罗伊教授对林文庆是抱有很高期望的，但很可惜的是，这时候林文庆接连收到了从新加坡家中寄来的信函：由于祖父林玛彭不幸去世，家中在失去了这个最重要的经济来源之后，经济状况每况愈下，故此家人都很希望林文庆能够早日回返新加坡。这时候，林文庆已经在英国学习、生活了足足六年多的时光，他的确也从心底里开始思念起新加坡，毕竟，那里才是生他养他的故乡，尤其是这个时候的林文庆，已经学习了五年多的中国语言和文化，虽然他在英国的师友待他尚属不薄，但是，已经在潜意识里把自己看成是一个中国人的林文庆，早已在心中把这里视作是异族他乡了。林文庆自然也能意识到，如果他能留在剑桥继续从事研究工作，他将来的事业必然是前途无量，但是，出于对家庭的责任感，甚至也在潜意识里出于对那个梦想中的伟大祖国的向往，都促使林文庆下定决心要离开英国而东返了。林文庆在剑桥从事研究的时间虽然只有短短的六个月，但他仍奋力完成了两篇学术论文：《论犬类心脏的神经》和《蚯蚓的黑色液体及其保护机构》，并先后发表在皇家学会的《哲学会报》上。

本来，林文庆是要到英国学习西方医学科技的，对于这一方面，我们自然不能说他没有达到目标，他那优秀的学业成绩和后来在医学上的杰出表现，都足以说明他的确没有辜负人们对他的期望，但令所有的人都意想不到的是：当他前往西方求学的时候，他竟然能在英国这个西方当时最为发达的地方，重新发现了中国文化的独特魅力，并从此展开了终其一生对中国传统文化的孜孜求逐，正所谓："众里寻他千百度，蓦然回首，那人却在灯火阑珊处！"

第三章 功追元化父母心

 林文庆传

悬壶济世华佗再现声誉日日渐隆起
以狗肉治沉疴奇人奇事岁岁获倾心

高高的山岗渴盼着偶然路过的小鸟能够带来健康的种子，至于种子能否顺利地萌芽并茁壮地成长，则取决于它本身是否愿意做出自己最大的努力。

事实上，作为第一个获得女皇奖学金并且是第一个从西方习医载誉归来的华裔子弟，林文庆尚在东返新加坡的途中，其声名就已先行在新加坡传开了。1893年3月20日，新加坡历史最为悠久的华文报纸《叻报》上登载了这样一则消息："学医有成 林君文庆，本闽籍而生长叻中，乃已故林君天尧之次子也。前者曾往英京攻习医术，兹接英京来信，云：林君所学之技业已有成，且经考试领有凭照为医。现君已于廿八日由英启程会（回？）返叻中，庶得以悬壶济世矣。"新加坡社会和民众对林文庆的殷殷期待之情，已经跃然于纸上了。

回返新加坡后的林文庆很清楚地知道自己所处的社会环境，也了解当时作为英国殖民地的新加坡社会状况，因而，他没有选择加入政府的公立医院系统，而是选择了自己开业行医。在当时的公立医院中，欧洲人把持了所有的高级职位，凡是亚洲人等，不管他的医术多么高明，都很难超越助理医务官的级别。林文庆深知，以他华裔子弟的身份背景，如果选择服务于公立医院，在当时欧洲人那普遍的有色眼光之下，无论他怎样努力，要想获得高级医务职位的机会都是非常渺茫的。与其在别人手下被毫无尊严、呼来唤去地使唤，倒不如自己开业行医，直接为普通劳苦大众服务，解除他们肉体上的痛苦。

虽然林文庆对自己的医术很有信心，但他也深知，光

《叻报》报道林文庆学医归来

靠头顶上女皇奖学金得主和第一个从西方学医归来的华人子弟的光环,是不可能持久的,他还必须要通过一番艰苦的努力来证明自己的实力,才能真正打开一扇通向光明未来的大门。因此,当他的好友主动提出要帮他在莱佛士坊——当时的闹市区中设立诊所的时候,他微笑着拒绝了其好意,因为林文庆知道,自己当时只有24岁,年龄尚小不足以服众,而且自己才刚刚学成归来,行医的经验也略感不足,如果好高骛远地贸然去洋人医生诊所林立的莱佛士坊设立诊所,未必能一下子获得大家的首肯,倒不如先从小做起,待经受一番磨炼取得实际的行医经验之后,再慢慢地实现自己济世救人的宏图大志。因而,林文庆最终选择了以自己住家附近直落亚逸街的店屋作为自己首开诊所的所在地。

林文庆的第一步选择显然是十分正确的。他只用了短短不到一年的时间,就以其精湛的医术为自己树立起了良好的社会声誉,而同时,这也为他的下一步发展奠定了必要的经济基础。独立行医之后的第二年,林文庆就有足够的经济实力,联合他在爱丁堡大学的同学罗伯逊医生(Dr Murray Robertson)在莱佛士坊开设了一家西药房:九思堂西药房(The Dispensary)。作为一个华人,居然敢在西医诊所林立、繁华无比的莱佛士坊开设西药房,这在当时的新加坡的确是一件非常了不起的壮举。很快,林文庆高超的医术在众人的口口相传中不胫而走,而在所有讲述有关林文庆精湛医术的故事中,最为后人所津津乐道的,恐怕就是他以狗肉为药,替当时中国清政府驻新加坡总领事、著名诗人黄遵宪治愈肺病的事了。

林文庆刚从英国学成回到新加坡时,适逢中国驻新加坡总领事黄遵宪患上了肺结核病,群医久治不愈,只好劝他回中国静养。无奈之下,黄遵宪只好电呈外交部辞职,准备回国休养治病。恰在这个时候,黄遵宪听到了林文庆从英国习医归来的消息,赶紧登门求治。林文庆深知,在当时的医疗条件下,西医对肺病并无特效药。面对黄遵宪那充满期盼的眼神,林文庆忽然想起,凡是食肉类的动物,如老虎、狗等都不会患肺病,相反,那些食草类的

动物则比较易于患上肺病。他根据自己以往对犬类的研究经验，认为狗肉具有补肺气的作用。他灵机一动：何不以狗肉来尝试医治肺病呢？于是，他告诉忧心忡忡的黄遵宪：无须药物治疗，但吃狗肉便可！闻听此言的黄遵宪虽是将信将疑，但在久病不愈的情况下，也只好尝试一番了。于是，黄遵宪就真的大吃特吃狗肉，而令人意想不到的是，他的身体竟然真的逐渐康复了。①

关于林文庆替黄遵宪治病一事，根据《叻报》上的记载，倒是确有其事。1894年3月14日的《叻报》记载了黄遵宪赠送林文庆"功追元化"匾额的事：

> 赠匾明医　日前下午四点余，总领事官黄公度观察，亲具衣冠，赠送匾额于林君文庆所设之九思堂中，盖以谢其医愈之德也。……其匾文云：功追元化！又有跋云：文庆林君，年甫逾冠，在伦敦大学校习内外科，均得高第。余重其人，特节书《华佗传》赠之。癸巳之秋，余染沉疴，西医久治不效，延君诊视，兼旬而病除，一月而复元。考《华佗传》所载刳腹摩膏及麻沸散，即今之西法。余既喜君从三万里外学成而归，上追二千年前绝业，洞见征结，手到春回。不为君幸，兼为华人幸，故乐志之。总领事黄遵宪书云云。

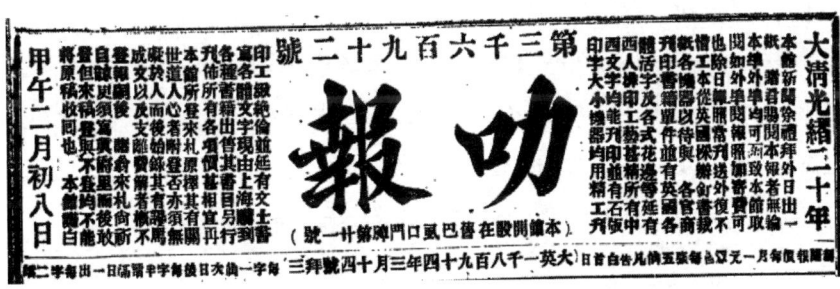

《叻报》报道黄遵宪赠匾一事

黄遵宪以贵为中国驻新加坡总领事之尊，不仅以隆重的礼节亲自赠送林文庆"功追元化"的匾额，更"节书《华佗传》赠之"，显见有将其暗喻为华

---

① 陈育崧：《记林文庆以狗肉起黄遵宪沉疴事》，（新加坡）《南洋学报》第17卷第1辑，1962年。

佗之意。要知道，在当时殖民地官员极端蔑视华人的情况下，总领事作为中国驻东南亚的最高官方代表，在新加坡华人社会中自然享有极为尊贵的崇高地位，能得到总领事如此厚待的，林文庆实为新华社会当中之第一人！

令一些人感到好生奇怪的是，以狗肉治肺病，这显然并不是西医的方法，而是几近于中医了。林文庆不仅是一个接受英文教育的人，更在西方的大学医学院里接受了为期6年多严格正规的医学训练，但他在行医的过程中，却并不完全迷信于西医的万能，竟然也会想到利用非西医的方法来诊治病人。要知道，即使时至今日，我们司空见惯的情况是，学习西医的人，大多看不起中医，以为中医迷信落后，极端者甚至意欲取消中医而后快；与之形成强烈对比的，反倒是几乎所有的中医，都或多或少地掌握一些西医的基本知识。对于林文庆以狗肉治疗肺病这样听起来有些离奇的事，如果我们能联想到林文庆后来执掌厦门大学时，他在为未来将要设立的医学院展开构想时所指出的那样："将来医学院如果开办，不单单就西洋医学，加以研究，还想用科学的方法，对于中医方案和本草，都设法加以整理"①，就不会再感到奇怪了。林文庆提出上述设想是在1931年，以今天的眼光来看，林文庆当时能有这样的思想，简直就是一种超前的意识了。

事实上，关于林文庆的医术之高明，显然并不仅仅只有黄遵宪一个人为之倾心，在当时的新加坡社会中，受其恩惠者大有人在。无独有偶，就在刊登黄遵宪给林文庆赠送"功追元化"匾额的同一天、同一份报纸上，《叻报》还登载了另外一位因林文庆妙手回春而得以挽回生命者的感激之词：

> 敬颂西医　九思堂西医林文庆、罗南顺二位先生自英京学成回叻以来，悬壶济世，无论内外诸症，凡经诊治，莫不着手成春。余于前月偶患伏热血痢之症，渐成洞泄，屡调名医，迄无所效，且益增剧，缠绵床席，势已濒危。嗣闻先生之名，延请调医，幸蒙赐以良剂，竟得克期痊愈。似此最重最顽之

① 林文庆：《厦大十周年纪念的意义》，《厦门大学十周年纪念刊》，1931年。

症，而数日即可霍然，可知先生医学之精，非寻常所能望其肩背者矣。余受再造之恩，莫由回报，爰将其异附登叻报，借以志余感荷，并冀垂先生之名于不朽焉。光绪二十年二月初六日，何发顺周泽卿谨颂。①

作为快速崛起的一代名医，林文庆当时在新加坡社会上所赢得的卓著声誉，仅从上面的两个事例中已可窥其一斑；而在同行之间，他也成为新加坡医学界中公认的杰出医生，他的良好声誉，最终引起了政府的注意。由于医疗卫生条件的落后，当年新加坡人的死亡率相当高，但由于从来没有人去探究过这个问题，所以也就无从知道高死亡率背后的真正原因。到了1896年，殖民地政府终于决定要举办一次全新加坡的健康调查，林文庆的一个朋友——詹斯医生（Dr. Janz）受邀主持这项调查工作。面对如此庞大、复杂的社会调查和华人社会那极为混杂的局面，这位毫无头绪的欧洲人显然感到有些无从着手，无奈之下，他跑去找林文庆帮忙。林文庆深知自己作为一个医生的社会责任，是不容许他对此事置身事外的，也了解政府发起这项事关大众生命疾苦的调查工作的深远意义，于是欣然答应参与其事。他们经过精心策划和长时间的努力工作，收集了大量极有价值的医学资料，第一次科学地揭示出当时新加坡的高死亡率部分是由于霍乱所引起。这次的调查研究，使得政府意识到了健康调查的重要性，从而使类似的调查成为以

《叻报》刊发《敬颂西医》（1894年3月13日）

---

① 事实上，这个"敬颂西医"的广告连续在《叻报》上刊登了数天，仅笔者所见，1894年3月13日、14日、20日的《叻报》皆有刊登。

后政府的一项常态工作。这对于促进和提升社会整体的卫生水平和进步可谓大有裨益。另外，这次社会调查后，殖民地政府也开始意识到了林文庆作为一个华人医生的巨大社会价值，从而为其日后的政治生涯奠定了基础。

林文庆最终被任命为政府医官，负责调查新加坡的无牌照医生问题，这对于提高新加坡的整体医疗水平是大有帮助的。在当时极其落后的医疗条件下，林文庆也意识到了自己作为一个医生的社会责任。因而，行医之余，他还负责维持一间特别的私立医院，这间医院是专为"患有严重疾病的妓女拘留所"而设立的。同时，林文庆也是殖民地中负责为染上传染病而去世的妓女签发死亡证书的医生之一。出于对身处社会最底层的妓女的同情之心，林文庆时常在紧急时刻访问妓院，去为那些发生意外事故、早产、被殴打、杀人和试图自杀的妓女施以急救。

至于林文庆在医学上的贡献，就新加坡而言，他曾经长时间地担任爱德华医学院的义务讲师，讲授药物学和治疗学，事实上，他也是这间医学院的发起人之一。① 鉴于当时落后的医疗条件，林文庆经常鼓励年轻人攻读医科以造福社会，但他也知道，仅仅依靠选派少数人去西方国家留学的方式是不足以应付社会上对大批医务人才的需求的，因此，他认为当务之急是建立属于新加坡自己的医学院，以训练更多的人成为医生。1904年9月，华社领袖陈若锦代表新加坡的华人向总督提出一项请求，希望能开办一所医学院，总督则回答：除非华人能够预先筹集到七万一千元的开办经费，否则，他将无法实现华人的这一愿望。林文庆认为这是一个很好的机会，于是，他便联合一批志同道合的朋友，为实现这一目标而积极地向热心人士展开筹款活动，结果很快就超越了筹款的目标，他们最终获得的捐款总额超过了八万元！从而为1905年7月海峡殖民地和马来亚联邦政府医学校的顺利开办提供了保证。该学校于1912年被易名为英王爱德华七世医学校，进而于1921年再被更名为英王爱德华七世医学院，它也是今日新加坡国立大学医学院的前身。在促

---

① 《林文庆传》，林文庆博士诞生百年纪念刊，无出版信息，第10页。

成医学院的设立这个问题上,林文庆不仅和陈若锦一起被公认为是其中的两个最大功臣,从1907年至1910年期间,他还一直担任该医学院的义务讲师一职,并代表医学院出席1910年2月在新加坡召开的重要医学会议,而在1919年医科学校委员会的十一位委员中,林文庆就位列其中。鉴于林文庆对医学院所做出的多方面贡献,他于1918年6月被委任为英王爱德华七世医学院的董事,而1926年2月,医学院更是授予林文庆名誉院士的称号,以充分肯定他对医学院所做出的突出贡献。林文庆在行医之余,还展开积极的学术研究,先后在《海峡医学协会学报》上发表了多篇论文,如《新加坡华人的肺病》《吸食鸦片的恶习及其治疗》等。由于林文庆在医学领域里的杰出表现,他于1930年被英国外科医师学会吸收成为该会的正式会员,此外,他也是爱丁堡皇家医学会会员、英国医学会马来亚分会委员会委员、日本京都医学会会员以及比利时根脱医学会通讯会员等。

伴随着林文庆思想上逐渐向中国靠拢,他的医学知识也开始惠及中国人民并成为服务于中国的得力工具。1911年,林文庆奉肃亲王谕前往北京,担任清廷政府内务部医务顾问及北京西医院监督,同年,奉令作为中国代表前往出席在巴黎和罗马召开的国际医学会议,并前往德国德累斯顿参加在那里举行的万国卫生博览会。辛亥革命成功后,林文庆以最快的速度回返祖国,并在后来和孙中山同船前往南京,当孙中山就任临时大总统的时候,林文庆担任他的机要秘书兼医官,第二年升任为卫生部总监督。1921年,随着林文庆受邀担任厦门大学校长,他又开始为厦门的地方卫生建设及人民的身体健康尽心费力。事实上,在林文庆刚刚接受陈嘉庚聘请尚未到任厦大校长之前,人们就已经对他的到来充满了期盼,因为,厦门大学"自开课以来,学生共计百余人,但为时未久,学生中抱病回家医治者为数甚多,殊不知其因安在。嗣经该校医再三推究,乃知系由饮料不佳之故。今得林某医生,或可医愈其病云云"①。事实上,当林文庆抵达厦门后不久,就发现因为厦门天气

---

① 《厦大消息》,(新加坡)《新国民日报》1921年7月7日。

闷热，湿气很重，很多学生，尤其是一些北方来的学生都患上了脚气病（俗称"香港脚"），患上此病者，奇痒无比，既影响学习更影响生活。观此情形，林文庆细加琢磨，最后发明了专门治疗"香港脚"的药水，并且将之取名为"AU"（即厦门大学的英文简称），此药惠及众人，可谓是造福一方。

其实，早在林文庆出任厦大校长之前的1911年，他就曾前往鼓浪屿而目睹了厦门环境卫生之恶劣，对厦门落后的社会卫生状况留下了极深刻的印象。有感于市面上没有一本通俗易懂而且符合西方科学精神的卫生常识书籍，因而，返回新加坡之后不久，他就采取口述并请人笔录的方式，在一个星期的时间内编撰完成了《普通卫生讲义》一书，从而让受华文教育的社会公众，也能有机会对西方科学化的普通卫生知识有更深一层的了解。林文庆就任厦大校长之后，虽然其最初的设想是为"大学筹办医科，拟附设一公医院，以广治疗而资实习"[①]。但考虑到当时厦门医疗资源匮乏和极端落后的医疗卫生条件，以及设立医学院所需花费的巨大开支，同时，有感于当时的厦门虽"为通商巨埠，但地狭人众，卫生方面，自多妨碍，即有中外医院数家，然均属私立，时感不足负全埠卫生之责"[②]，因而，当务之急是先为厦门设立一所一般人都能负担得起的公医院。为此，林文庆利用学校假期，专程亲自前往新加坡、马来西亚筹募资金。从新加坡华文报纸《新国民日报》1926年2月10日所刊登的"厦门大学公医院鸣谢启示"中可以看出，至少在此之前，林文庆就已经展开了积极的筹款活动，并且，林文庆本人亲自捐献了一千元！初时，南洋华侨捐款甚为踊跃，认捐数额达到新币二十余万元，但后来由于各种原因，最后实际到账只有六万余元。

至于公医院的建设，则由于时局不定等种种原因，更是一波三折。首先，由于没有适当的建院地址，只好暂时在澳水许村设立公医院分诊所，但由于

---

① 《厦门大学医药处落成志略》，《厦大周刊》第278期。
② 《林校长被推为厦门中山医院董事长》，《厦大周刊》第240期。

该地人烟稀少，而且"地方偏僻，离市又远，病者就医，颇感不便"①，后来，又分别在厦大本校以及厦门港口两地分设医药处。及至1930年，才又联合厦门各界有识之士，为弘扬孙中山先生"天下为公，造福社会"的精神，共同倡议设立中山医院，林文庆被公推为厦门中山医院董事长。医院经过三年多的建设终告完成，但"因行政方面，缺乏主干人员"，因而，中山医院的行政事宜，最终于1933年4月之后，仍然划归厦门大学管理，林文庆接受医院董事会的邀请，兼任厦门中山医院首任院长。1933年厦门中山医院正式开诊，林文庆先后从新加坡、香港等地聘请不少医学专家来院，组成强大的医疗团队，并以他严谨的治学行医理念，高超的医学水平，关心病人疾苦的平实作风，低廉的服务价格和人性化的服务，使医院在很短的时间内就名声鹊起，很快成为闽西南地区人们信赖的综合性医院。那个时代的厦门多灾多难，霍乱（虎疫）甚为流行，中山医院曾一度成为临时虎疫医院，收治并挽救了不少病人的生命。此外，由于当时的环境卫生条件恶劣，还经常暴发各种流行性疾病，几乎每个月都有不同的传染病发生，譬如春天有白喉、夏天有乙脑，痢疾则常年都有。据说，有一年流感暴发，医院病房里、走廊上全都是病人，中山医院的医护人员只能依靠听诊器、体温计等简陋的医疗设备（当时医院最贵的一台设备是X光机），却救治了无数的病人，而且还创造了没有一个医护人员被感染的奇迹。林文庆所领导的中山医院不仅对"贫民无力出资者概予免费"治疗，还主动担负起为地方培训医务人员的任务。为了培训初级护理人员，医院内还附设了一所护士学校。

令人十分遗憾的是，虽然林文庆曾经为了厦门中山医院的创立及其发展付出了极大的心血和努力，然而，现存的资料却没有任何关于这方面的记载，更无法找到他就任厦门中山医院首任院长时的哪怕是只言片语的介绍。令人稍感欣慰的是，虽然林文庆担任厦大校长期间为大学设立医学院的夙愿，始终无法在其生前得以完成，但他创办医学院的遗梦最终还是于1996年完成

---

① 《厦门公医院报告书意见书预算书》，《厦大周刊》第205期。

了——厦门大学医学院挂牌成立,而由他一手策划成立的中山医院,则于2001年被正式命名为厦门大学医学院第一临床医院,2005年,中山医院正式成为厦门大学附属医院,更名为厦门大学附属中山医院。1931年,当厦门大学庆祝十周年校庆的时候,林文庆曾经深深希望"竭力促成一个极完善的医学院和医院"的心愿,终于在他曾为之倾注了无限心血的两个单位手牵手地走到一起之后,得以实现了。

除了筹建并主持厦门中山医院之外,据《厦大周刊》第249期记载,林文庆曾于1930年接受漳州闽南医院的邀请担任该医院的名誉董事,除此之外,有关资料也显示,林文庆曾积极地参与创办于1931年的厦门鼓浪屿医院的活动,并在该医院开诊。该医院后来易名为鼓浪屿平民医院,凡贫困者来院求医,一律免费。而且,如果需要住院,不仅免医药费,甚至连副食费也免。然而,令人深感遗憾的是,由于资料的缺失,目前无法对林文庆在此期间的诸多医疗活动予以更多和更详尽的说明。

陈嘉庚在欢迎林文庆的宴会上致词的时候,曾经把医生分为三类:"医生之主义在乎救人,然均属医生而救人之道鄙意按分别三项:一自救,二自救并救小部分之人,三置自救于不顾而注意以大规模救人为职志。"而在陈嘉庚的眼里,毫无疑问,林文庆正是属于那种能"置自救于不顾,而思大规模之救人"的人。① 作为医生的林文庆,自然不会放过利用其精湛医术去医治每一个病人的机会,而很显然的是,林文庆的眼光也并没有完全停留在医学领域中,因而,他积极地参与各种社会活动,甚至参政议政,以便能更大规模地为社会服务,救治社会上更多的人。

① 《陈嘉庚先生在中华俱乐部欢迎林文庆先生之演说词(壹)》,(新加坡)《南洋商报》1926年2月1日。

第四章 能言善辩华议员

 林 文 庆 传

仗义执言敢为华人社会诉民间疾苦
执白黑两道调解纠纷获赞和平老人

即使是刚刚成熟的蒲公英，也会迎风张开它那毛茸茸的小伞，随风去寻找自己能够为之贡献力量的地方，它不会拒绝风吹雨打，也不会无视细小泥土的微弱芳香，更不会轻言放弃任何一个可以回报大地养育之恩情的机会。

从英国学成回返新加坡的林文庆，行医之余，还热心地参与地方上的公益事业，因而，他在医学上崭露头角的同时，也很快地展示出他卓越的政治才华。1895年8月，也就是林文庆自英国返回新加坡仅仅两年之后，年仅26岁的林文庆就被推选为"海峡殖民地立法会议"的非官方华裔议员，任期三年，之后，他更是以三次连选连任（1895—1903年）和两次连选连任（1915—1921年），先后五次担任议员时间长达15年之久。作为海峡殖民地

1920年林文庆陪同法国时任总理乔治·克列孟梭（Georges Benjamin Clemenceau）游历新加坡牛车水时，在养正小学拍摄（新加坡吾庐俱乐部王宏宇供图）

立法议会中唯一的华籍议员，林文庆所代表的是新加坡、槟榔屿、马六甲三州府的华人，虽说当初英殖民地政府设立非官方议员的根本目的是以华治华，从而达到管理华族社群这一最终目的，但这一职位的设置，毕竟为远离政治核心的华人社会和政府之间提供了一座可以沟通的桥梁，从而使得华族民众的下情可以顺畅地上通政府，而政府的政令也可以顺利地下达给民众。因而，能担当这一职位者，除了需要获得殖民地政府的首肯之外，也必须拥有广大的华族民众的舆论支持作为基础，否则，是无法完成从政府到民间的沟通重任的。

作为华族社群的代言议士，林文庆应该说是当之无愧的。他不仅敢说敢做，而且能够坚持自己正确的主张，既不会完全屈从于殖民地政府的压力而一味迎合统治者的意志，也不会被一般民众那些迷信落伍的思想所影响。事实上，早在1895年1月11日于"海峡殖民地协会"在市政厅召开的民众集会上，林文庆就因发表大胆的演说，抗议殖民地对英国军费的负担而开罪于当时的总督米歇尔，以至于后者差点儿否决了他后来就任立法议会非官方议员的资格。当时，林文庆在演说中，曾经暗示当时的形势就如同当年美洲殖民地不满于对英国军费的负担而召开会议那样，如果过分强压，必然会引起反抗。当时的华人社团领袖，包括立法议会非官方议员、太平局绅和华人参事局委员在内，都决定以采取辞职的行动来表示无声的抗议，针对《海峡时报》批评上述华人在辞职信上签名时态度犹疑一事，林文庆在替他们的行动辩护的时候说，那是因为：

> 这些华人多数出生于中国；并非全部在海峡出生。由于他们在这里是侨民，享有向政府提出意见的权利，所以在他们表示给予一致支持之前，他们必须对这种计划，对它的可行性和是否适当问题加以细心考虑，是非常正确的。①

---

① 宋旺相：《新加坡华人百年史》，叶书德译，新加坡中华总商会1993年版，第236页。

接着，林文庆还援引了《孟子》中的话来替这一行动展开辩护：下级官员在政府激怒下而向后者提出辞职的做法，并无不当之处！林文庆的演讲词，在总督看来是很具有煽动性的，足以引起华人社会倾向于动乱，如此一来，林文庆也就成了影响公共安全的危险人物了。因而，当8月份即将退休的华人议员佘连城提名林文庆接任自己的职务而呈请总督批准时，尽管这一提议也获得了另一位曾担任过非官方议员的著名华人领袖陈若锦的支持，但总督米歇尔却仍然为之颇费了一番踌躇，如果不是因为林文庆在当时的新加坡各民族社会中声誉卓著，享有舆论的大力支持，他很有可能当不成立法议员。

林文庆能以年仅26岁的年龄当选立法议会非官方议员，这在当时是一项十分了不起的壮举，至少在两个方面颠覆了以往在这一领域中的传统。其一，华人根深蒂固的一个传统是以老为尊，德高望重往往也就成为老年人的另一个代名词，因而，林文庆能以26岁的年龄担任立法议员，显示出了他在华族社群中享有崇高的威望。事实上，当人们听说总督不愿意接受林文庆被提名为立法议员时，许多人纷纷投函报社替他鸣不平，《海峡时报》以林文庆"曾受过欧洲的科学训练，而且雄辩滔滔，可能比其他的海峡华人更适宜于参与立法议会中的辩论"为理由，并说"所有的欧洲人都知道他是个聪明能干，精力充沛，而且大有成就的人"而力劝总督接纳林文庆担任议员。为了一个华人立法议员而引发如此大规模的注意，这在海峡殖民地的历史上，的确是"前不见古人"的破题儿头一遭。强大的舆论力量，迫使总督不能不考虑拒绝让林文庆出任立法议员所可能要付出的政治代价。

其二，以往能够担任立法议员的华社领袖，几乎无一例外都是富商巨贾。由于海外华人移民社会的特点，决定了能够跻身于社会上层的人，不会如传统中国社会中那样通过"学而优则仕"的方式选出，而是通过颠覆这一传统的"商而优则仕"的方式脱颖而出，因而以往那些能够获选为立法议员的，都是成功的大商人。林文庆回返新加坡仅仅只有两年的时光，虽然通过行医在较短的时间内累积了一定的财富，但无论如何，在当时富商如林的新加坡，他还算不上是一个大富之人。而林文庆之所以仍然能登上立法议员这一重要职位，显然靠的是他那精湛的医术和高深的学识，因而，林文庆获选为立法议员，实际上更加接近于"学而优则仕"这一模式。

林文庆之所以能在很短的时间内名声鹊起，自然是因为他关注和关心他所生长其中的社会。从英国回返新加坡后不久，林文庆就积极地投入到了改造社会的一系列活动中，他参加各种辩论会，也公开做演讲报告，对于社会上的种种不平和弊端，敢于公开批评。他所关注的课题，几乎涉及民生社会问题的各个方面，譬如，他参加市政府召开的反鸦片集会，他抗议殖民地对英国军费的负担。而他于1895年8月20日，在市政厅首次发表有关"华人教育"的演讲时，就公然批评殖民地政府在土生华人的道德教育方面存在失职行为："英国政府在教导华人峇峇（他们是英国籍民）有关他们的义务方面，到底做了些什么呢？他们并没有受到应有的教导，使他们成为大英帝国的坚强分子。"[①]一个华人居然敢于在公开的集会上正式提出自己的主张，这样的行为，在当时是一种破天荒之举。林文庆以他热诚、执着和坦荡、直率的演说，在众人心中树立起他作为一个充满魄力、胆识、敢做敢为、热心公益而又滔滔雄辩的演说家形象。

林文庆当时所面对的华族社会是一个充满迷信、守旧与落后的族群。为了达到改革社会的目的而成为立法议员，不仅可以更好地改造社会，也可以为华人社群争取较为公平的待遇，因而，他自然不会轻易放弃这样的好机会。林文庆之所以愿意踏入政坛，是因为他很早"就有了一种传布真理的精神，在他的生活中的一个主要部分，存有一大使命，他立志要把'同胞'的地位提高到和世界各国人民立于同一水平之上，并驾齐驱！"[②]对于这样的说法，林文庆在1917年10月的殖民地立法议会上辩论恢复女皇奖学金及教育问题时所做的发言，似乎可以成为上述说法的一个注脚：

---

① 宋旺相：《新加坡华人百年史》，叶书德译，新加坡中华总商会1993年版，第238页。
② 《林文庆传》，林文庆博士诞生百年纪念刊，无出版信息，第65页。

我们中有好几万男性公民是在本地成长的，决不能让他们仅仅像机器一样，而要使他们像英国的臣民一样生活，时刻准备着为他们的国王和国家战斗献身。要将他们造就出这样的人，倘若不施加最佳影响，是完全不可能的。这些华人、印度人等带着各类伟大的传统和各种宏伟的抱负来到这里。在这个世界上，没有什么能使他们心满意足，除非教导他们，使他们了解他们生活之下的政府，不仅时刻准备在财政上、实业上关心他们，而且还将他们当成真正的人来对待。那是他们作为亚洲人最崇高的信念，我认为他们完全正确。战争告诉我们，自由是最崇高的心愿。毫无疑问，如果英国正在为别的民族的自由而战，那么集结在它的旗帜下，并接受了英国人的理想和信念教育的人们，就有权希望成为真正的人，而不仅仅是始终受制于人的机器。①

为了实现上述目标，林文庆认为，必须打破英国人在殖民地政治上的独裁和垄断，而增加亚洲人代表在立法议会中的名额，显然不失为一个有效的方法。现在是"政府必须对于生活在本地的亚洲人代表是否不能增加的问题，认真加以考虑"的时候了，而林文庆所依据的理由就是：面对人口的不断增长，政府不能再指望他和他的前辈们那样，仅靠单枪匹马就能反映生活在殖民地各个地方的不同种族的广大人民群众的意愿！

林文庆在正式踏入立法议会之前，就已经挺身而出为殖民地人民的利益大胆发言，为自己的同胞争取权益。在正式成为华籍议员之后，林文庆利用作为议员的有利职位，更加积极地为华人请命，竭尽所能地为一向被殖民地政府所忽视的华人争取应得的利益，这样的例子不胜枚举。1896年5月，针对"破产法案"的修改，立法议会展开辩论，林文庆代表新加坡和马六甲的商人阶级发言。在林文庆无懈可击的雄辩面前，政府最终被迫答应修改法案中的监禁条款：从此以后，凡是申请破产者，除非法官能举出合理的理由，

---

① 宋旺相：《新加坡华人百年史》，叶书德译，新加坡中华总商会1993年版，第451页。

否则，只要破产者能找到担保人，就不应该被监禁，从而为商人们争取到了较为有利的待遇。同年7月，为了替华人争取在市区建设私人坟场的权利，林文庆又在立法议会上展开唇枪舌剑的激烈辩论，并最终获得胜利，维护了华人团体的利益。1899年，针对"放逐法令"的修正法案，林文庆毫不犹豫地在议会上公开提出异议，因为这项修正案对于土生华人明显地有着极为不利的地方：如果他们不能证明自己是在当地出生的，便有可能丧失自身作为英籍公民所应享有的各种利益。林文庆谴责政府：这是在间接地剥夺一个英籍子民固有的权利！最终的结果，是总督采纳了林文庆提出的修正案，以便作为法案的附述条文，从而维护了土生华人的利益。

在林文庆担任立法议员期间，因为积极地为殖民地的华人族群争取福利，所以深受华人社会的拥戴。当林文庆在中断了十二年之后再度于1915年8月被委任为立法议员的时候，海峡华人体育会会长在特别为林文庆所设的庆贺宴会上致词时说：

> 我认为，医生阁下无疑是议会中华人议席的最佳人选，华社可以放心地委托这位富有经验的行家以保护他们至高无上的福利与权益。我这样说，相信你们都会欣然同意，而不至于认为是言过其实。这一任命表明，政府希望我们的贵宾能作为一位不负政府信任和愿望的议员，为政府提供卓有成效、富有价值的工作和帮助。让我们对林文庆医生寄以厚望吧！以他通情老练，明察秋毫，深谙多种语言的有利条件，以他广识民情，对公众事务与具有的远见卓识，他一定会为英国在这一殖民地统治的利益而尽心尽力，忠诚以报，因此，甚至于批评和诽谤他的人都一定会远在他任满之前，就乐于同他握手言欢。①

这样的赞美之词显然并不是谄媚之语，而是确有大量事实为依据的。譬

---

① 宋旺相：《新加坡华人百年史》，叶书德译，新加坡中华总商会1993年版，第431页。

如，虽然林文庆深知鸦片税收能给政府带来丰厚的利润收入，但作为医生和华人代表，他更知道吸食鸦片对于华人的种种害处，因而，他挺身而出发表反对吸食鸦片的言论，认为政府单纯为了增加税收而变相怂恿和放纵人们吸食鸦片，是政府对国民的失职行为，因而林文庆力主禁烟。为了改善当地的社会卫生环境和人们的身体健康状况，林文庆也毫不犹豫地批评政府和市政当局的种种失职行为，诸如政府征收了车辆税却又不能照顾到公路的卫生、禁止人们拥有水井却又无法提供足够的廉价食用水等。针对当时华人领袖强烈反对的、英国代理商只把一些大型工程交由他们指定的承包商的垄断做法，林文庆就曾在立法议会上对之做出过激烈的批评："任何一个像我们的行政议会一样的负责任政府，竟会把它管理其雇员的权利卖掉，这是很令人难以置信的。"林文庆还以当时的海港改良计划为例，指出了实施这种制度的弊端之严重：

> 海港计划的估计是五十万元。结果却增加了百分之三百，乃至百分之二百，因而殖民地政府不得不多筹募二百万或一百五十万元。这些惊人的数目证明了当时人们的议论是正确的。他们认为英国代理商可以——不，必须——废除的时候已经到来了。①

在林文庆为华族群体所有争取到的众多团体利益中，最为人所津津乐道的，恐怕就是替华人洗刷了通行近百年的扭辫之耻了。由于当时的华人普遍留有辫子，一旦有华人犯罪分子被官方人员捉拿时，必定要遭受扭辫之耻：被捉者往往数人为一队，发辫被扭绑在一起，然后公然在大街上鱼贯而行。这样的行为在华人的眼中，无异于是一种带有种族歧视性质的奇耻大辱，虽然当地的华人代表曾经多次请求政府废除这样的不当行为，却始终不得要领。直到1900年4月，在身为立法议员的林文庆致函当时的总督瑞天咸请求废

① 宋旺相：《新加坡华人百年史》，叶书德译，新加坡中华总商会1993年版，第311~312页。

除扭辫这一恶行之后，总督才最终答应了林文庆的请求，并通知有关方面予以执行。从此以后，华人终于无须再遭受到扭辫的公然侮辱了。

作为一个在华族社会深孚众望的华籍议员，林文庆在为富有的商人阶级争取利益的同时，自然也没有忘记那些身处社会下层的穷苦人士。关注和同情弱者的生存状况，并尽可能地为他们争取和提高福利待遇，也一直是林文庆在议会中的一项重要任务。由于人口剧增，在第一次世界大战期间，新加坡的住房问题已经变得十分严重，1917年6月份发生在丁加奴街的一场大火，意外地暴露了华人劳工阶层居住区拥挤不堪的糟糕状况。为了改善华人劳工的居住条件，林文庆在积极支持"增租（战时管制）法案"的同时，也进一步指出："看来政府采取这一多少有些专断的措施之后，现在应该立即采取行动，提供资金以为在将来建造足够的住房。"对于那些身处社会底层的劳工阶层，林文庆表达了深深的同情：

> 贫困是的确存在的，对此决不能不闻不问。同时，我希望除了记录在案的受影响的利益之外，还有其他利益也值得政府和市政局加以考虑。我指的是人力车夫之类的问题，他们的居住状况，简直糟得惊人。我认为，应设立一个委员会来考虑解决这一问题。在类似我们的这样一个几乎全依靠劳工的殖民地，人力资源是最宝贵的财富。如果在繁荣兴盛之际，竟还要他们在工作的年富力强时期因居住环境恶劣而受苦，那就是犯罪。①

"增租（战时管制）法案"后来获得通过，并任命了一个"房租估定委员会"，所有每月房租在60元或以下的房屋都被置于该委员会的管辖之下，从而使得下层华人对于栖身之处的担忧，多少得到了一些缓和。

在林文庆为下层华人维护和争取福利的众多事件中，除了在1902年的"人力车法案"中为劳工发声，替他们争取合理的福利之外，最富于戏剧性

---

① 宋旺相：《新加坡华人百年史》，叶书德译，新加坡中华总商会1993年版，第449页。

的应该莫过于答应替挑粪夫出头这件事了。有一年新加坡市政府有意改用汽车倒粪以代替效率低下的人工挑粪，虽然这是一种不错的改良措施，但如此一来，也就断掉了原来众多挑粪夫仅有的生计，从而引来挑粪夫的一片恐慌。他们无知无识，自然更不知上诉之门，别无他法之余，就无意识地上演了一出用粪桶包围林文庆住宅的滑稽戏。据说，有一天早上，林文庆像往常一样刚刚醒来，忽觉臭气冲天，他一下子跳下床，推开窗户一看：不得了啦，原来是全市的挑粪夫都跑到他家的花园里来了，因为时间太早，挑粪夫不敢惊动林文庆，就一齐把粪桶放在地上，静静地等候林文庆起身。整个花园里密密麻麻的全是粪桶，恰就好似摆下了一个粪桶大阵！面对如此情景，林文庆一时哭笑不得，而内心里对这些挑粪夫的同情，使他无条件地答应替他们到市政府去反映情况，以便商请一个两全之法，才最终化解了这一次的粪阵危机，换得一口清新的空气。①

　　作为一个接受过完整、良好教育的成功人士，林文庆分外重视殖民地社会的教育问题，不惜在这个问题上同政府据理力争。林文庆曾经就读的莱佛士书院，尽管有着悠久的历史，但由于信托人的力量所限，经费缺乏，导致各方面的发展并不尽如人意。因而，在1901年10月立法议会的预算辩论会上，林文庆希望政府能采取某种步骤，以便协助改善莱佛士书院的发展。第二年年初，他又支持一项动议，即政府应该在新加坡建立并维持一所设施完备的学院，以便改善新加坡的中学教育质量和提升工商教育素质，从而给人们提供一个模范的样式。这样，在经过了一两个世代之后，当华人能从提供高等教育的学校看出技术教育的重大价值之后，那么，富有的华族商人就一定会慷慨地把资财贡献出来使用在教育事业上。林文庆的一连串努力显然并没有白费，从1903年开始，政府终于正式接管了莱佛士书院，全面负责其所有的教育经费，这对于莱佛士书院后来发展成为新加坡顶尖的学府，显然是一步至关重要的行动。对于林文庆本身曾经身受其恩的女皇奖学金的废除，

---

① 超：《我所认识的林文庆博士》，（新加坡）《星期六周刊》第385期，1957年1月19日。

林文庆也是以感恩图报的态度始终站在维护的立场。1900年4月，当有人提出意欲以一项两百五十英镑的奖学金来取代原有的两项各两百英镑的奖学金时，林文庆明确地予以反对，从而使得女皇奖学金最终得以维持原样。到了1902年，在一个检讨教育行政的委员会上，又有人提出要废除女皇奖学金，在很大程度上是由于林文庆的力争，女皇奖学金才最终得以保留。甚至于当女皇奖学金于1911年被废除之后，当林文庆第四度出任立法议员的时候，他还再次尝试争取恢复这项已被废止多年的女皇奖学金。

作为一个立法议员，林文庆所关心和希望的是整个新加坡教育的全面发展。他希望不管是华校还是英校都应该得到发展，因而，在立法议会上谈论新加坡的教育时，他希望新加坡能有自己的医科学校，甚至是专门的法律学院，而主张为马来亚设立一所完善的大学，更是林文庆一生的梦想。为了迎接和纪念新加坡开埠一百周年纪念的大日子，林文庆和一群志同道合的朋友，早在1918年就成立了一个策划委员会，在该委员会的报告中，全体委员都一致认为："最恰当的纪念是制定在殖民地发展教育的方案，目标是奠定实际的基础，以便在一定时期内建立起一所大学。"① 很显然，林文庆等人都认为，建立一所大学乃是纪念新加坡开埠一百周年的最好方式。直到1938年，当英国政府派遣考察团到马来亚调查当地的教育状况时，林文庆在向记者谈话时，仍然极力主张设立一所马来亚大学，以便促进当地教育的发展和各民族的融合。

作为一个有主见的立法议员，只要是对社会民众有益的事情，林文庆都会不计毁誉而坚守自己的信念。有两件事情很能说明这一点，第一件事情是剪辫子事件，当时新加坡的华人社会中，仍然普遍地拖带头综，也就是保留着辫子，有些保守的华人甚至把头综看成是民族的象征和标志。早在1898年，林文庆就发起了剪辫子运动，在林文庆看来，拖带头综不仅是多余的，还给人们的日常生活带来种种不便甚至危险，而且头综也不合乎卫生。此外，

---

① 宋旺相：《新加坡华人百年史》，叶书德译，新加坡中华总商会1993年版，第459页。

因为头综是清军征服汉人的结果，因而，它实际上也象征着奴性和堕落。林文庆所发起的剪辫运动在当时保守的华人社会中，尤其是土生华人中激起了激烈的反响，支持者有之，但反对者也大有人在，反对者的阵营中甚至包括一向和他并肩战斗的好朋友。因为头综事件，林文庆的声誉和地位都大受影响，甚至影响了他连任立法议员的资格，然而，所有的这一切都不能动摇林文庆。

另一件事发生在林文庆第五度出任立法议员期间，殖民地政府强行通过了引起华社众怒的学校注册法令。然而，在这个问题上，林文庆却并没有顺从华人的民意、对政府的行动予以反对，而是最终附议了这一极具争议性的法令，以至于引起众人的误会，从而招致了华文教育界人士的严厉批评。学校注册法令于1920年10月27日三读通过，正式成为《1920年学校注册法令》。政府在提出这个法案的时候，举出了三大理由："第一、学校只得作为教学的用途，第二、校内教师须受充分的师资训练，第三、教学不能违反殖民地政府的利益。"①法令规定：凡具有十五名以上学生的学校都必须向当局注册，上至学校董事、校长，下至教师都必须注册；法令也赋予了提学司以极大的权力，对违规者轻者罚款，重者则予以吊销准证。学校注册法令的实施，在新加坡华校教育的发展历史上是一个极为重要的事件，它结束了政府当局对华校不闻不问的历史，虽然它的目的主要在于监视与控制华校，但从另一个方面来看，它也使得华校教育从此被纳入政府的教育轨道中，正式成为体制内的一部分，华校从此结束了作为政府体制外的一种事实存在的历史。

学校注册法令一出，华社一片哗然，很多人都以为华教的末日降临了。华人社会反对注册法令的激烈程度，可从当时的口号中体现出来："有这条例实行，直接就是南洋无教育，间接就是南洋无华侨。"②为了反对学校注册法令

---

① 多拉三米（T. R. Doraisamy）：《新加坡一百五十年来的教育》，新加坡师资训练学院1972年华文版，第73页。
② 郑良树：《马来西亚华文教育发展简史》，外语教学与研究出版社2007年版，第31页。

的实施，华社曾展开一系列的抗争活动，但在殖民地政府立意执行的强硬态度下，一切都归于徒劳无功。实际上，从后来的历史来看，对于当初把反对学校注册法令视作捍卫"有教育与无教育之争"的那些人而言，他们的反应和担心实际上也确实是有些过度了，因为华校不仅没有因此而消失，反而发展得愈来愈蓬勃，水平愈来愈高，规模越来越大，比之以前的混乱无序，也更加专业化了。

当时人们之所以对林文庆的行为产生误解，就今天来看，在很大程度上是基于语言文字理解上的障碍，当然，也不排除林文庆出于自身对这一问题的专业观察而产生的理性诉求。在学校注册法令举行二读会议时，基于该法令既是为了加强对华校的监管，也可以使华校能够获得政府的资助，而从长远来看是为了促进教育的进步与发展，因而，林文庆自然没有反对的理由，但出于维护学校与教员的基本权益，林文庆仍然极力为之进行了辩护。但很不幸的是，他在辩论中所讲的某些话，因为出现了对会议纪事的不同翻译版本而导致了被人误解。其中引起最大争议的一段话是，林文庆认为提学司享有关闭学校和开除教员的权力，形同握有对学校、教员的生杀大权是不合时宜的，因而需要对之另行规定。因为学校注册法令的首要目的在于禁止有人假借学校之名以行非法之事，所以，政府有必要说明白，如果有人蓄意破坏和从事不利于国家的行为，是不适宜以学校注册法令来对付他们的，而应该援引别的法令，譬如以驱逐法令将之驱逐出境亦不为过分。由于翻译的原因，林文庆上述言论后来被曲解为：如果有人要反对学校注册法令推行的话，政府就要将他驱逐出境！并且，因为政府后来扣留了带头反对学校注册法令的两位领袖，结果，"道途所闻这两位代表是激怒了林文庆先生，所以被他拿去了"[①]。政府的逮捕行动无形之中加剧了林文庆和反对学校注册法令者之间的对立，以至于使得反对者与林文庆之间因误会而失去了沟通和理解的耐性。尽

---

① 《英属华侨学务维持处议事速记》，庄希泉、余佩皋：《南洋英属华侨教育之危机》，上海南洋教育社1921年版。

管林文庆先后两次投书《新国民日报》以说明其中的原委，但很可惜的是，在当时民族情绪高涨的情况下，人们显然没有耐心去听他的解释，甚至连替林文庆打抱不平者的意见，都因被视为"与林文庆意气相投"而不被重视。

正如反对者所坚持认定的那样，林文庆的确是赞成学校注册法令的，那么，他为什么要在遭遇众多华人反对的情况下，仍然坚持赞成态度呢？这需要从当时学校的实际状况出发来看待这个问题。由于当时的华校都属私立性质，多数是由各宗乡会馆等所设立，也有个别学校是由个人所设立的，除了少数的几所学校经费较有保障之外，多数学校都存在着经费不足和经费来源不稳定的问题，这就导致很多学校设备简陋、师资良莠不齐，个别学校甚至缺乏基本的办学条件；同时，由于华校之间没有一个统一的监管机构，也造成华校的办学水平参差不齐、差异很大，正如林文庆在《华人教育》一文中所写的那样：

> 华校是新加坡最差的学校，地点不当，光线不足，一个六岁男孩就被问之诸如"人之初"这样的无聊问题。学校的时间分配存在着严重的弊端，运动和休息的时间本来是应当予以适当分配的。体育锻炼也应与读书学习受到同样的重视。这些华校只教授华文。由于在校期间染上诸多恶习，致使学生离校时，其品行竟比当初入校时更坏。①

此外，由于受政治的干扰与影响，当时的华校师生动辄参与社会上一些与学习不相干的运动，从而影响了学校作为一个专业教育机构的声誉，而林文庆是一向主张学生应该以学业为主的，不应该受外界复杂的社会环境的影响，他在后来担任厦门大学校长时，也仍然一如既往地抗拒"党化"学校，反对学生过多地参与政治运动，而应该先把学业搞好，在掌握了为社会服务的基本技能之后，再参与改造社会的活动。如此一来，林文庆支持殖民地政

---

① Lim Boon Keng, "Education for the Chinese", (Singapore) *Straits Times*, 1895-08-31.

府制定学校注册法令也就是一件很自然的事情了，而这也与林文庆在新加坡华人社会所发起的教育改革目标是基本一致的。后来的历史证明，学校注册法令的颁布与实施，不仅没有扼杀华校的发展，反而在20世纪50年代形成了从幼稚园、小学、中学一直到大学的完整华校教育体系。而在新加坡独立、华人自己当家作主之后，新加坡的华校教育体系才分崩离析彻底消失，对于这样的结局，相信当初那些激烈地抗拒学校注册法令的反对者恐怕是无论如何也无法预料到的。

事实上，作为一个华籍议员，林文庆是非常关心华族社群的教育问题的，提倡华文华语是林文庆所发动的教育改革运动的一项重要内容。按照林文庆的看法，民族之间的不同特性，主要在于文化、宗教和语言，如果一个民族丧失了自己的这些民族特征，实际上也就形同死亡了。因而，林文庆主张，殖民地的华族子弟至少应该掌握两种语言。而从医学理论上来看，华人应该先学习华语，因为"教育儿童时，如果用母语开始，则其知识的启发，也就最快最自然"。为此，他慷慨激昂地大声呼吁人们要重视和学习华语：

> 对任何华人来说，不多少懂一点这奇妙的语言是很丢脸的事。……海峡华人（峇峇）身为世界上最有文学修养的民族之一的后裔，决不应坐视让祖先这绝妙的语言在他们中间消失。每一位不谙华语的海峡华人都应自惭形秽。英语是有用的语言，是政府的语言，因此每一位海峡子孙都应对它十分熟悉。虽然华语没有英语所拥有的利益，但有它自己的优美，况且它涵盖了我们祖先最优秀的传统。华语的修习必须受到特别的鼓励，否则，在这竞争激烈和目光短视、功利化生活观盛行的时日，他将很容易就被牺牲掉。每一位受教育的欧洲人在学校都读拉丁语，完全没有理由让华族子弟在学习英语的同时却不能教授他们学习华语。①

---

① Lim Boon Keng, "Anthology Of Chinese Literature", *Straits Chinese Magazine*, 5(18), June, 1901.

林文庆主办的华语训练班,又称官语传习所

[图片来自《林文庆传》(林文庆博士诞生百年纪念刊)]

  为此,早在1898年,林文庆就在自己的寓所组织和开办了华语训练班。他一直不遗余力地四处向人们宣传和推广华语、鼓励人们学习华语,甚至跑到印尼的爪哇去游说当地的华侨学校以华语作为教学语言。并且,他亲自负责在当地开办了五间学校,为此,当地的中华会馆特意授予他金质奖章以示表彰。事实上,作为一个华族议员,早在1902年1月,林文庆就在立法议会上请求政府为华族子弟开办华文教育,却遭到了拒绝,总督瑞天咸以他看不出政府开办华文班比开办俄文班或德文班的责任更大这样的话语来搪塞林文庆的欲求。林文庆并不为之气馁,当他第五度受委出任立法议员的时候,他又于1920年7月再次提出同样的诉求,可惜仍然被忽视。恰在这个时候,政府颁布了学校注册法令,在民族主义情绪高涨的感性诉求中,人们似乎完全忽略了林文庆曾在立法议会上为华文教育一再发声,以至于在很多反对学校注册法令的华族人士的眼中,林文庆竟成了"卖种求荣""扼杀华文教育"的一大罪人!

自然,作为一个非官方立法议员,林文庆也竭尽所能地替当地政府服务,以回报政府曾经施予他的种种恩惠,毕竟,他本人曾从英国的奖学金和教育制度中获益良多。早在1896年,殖民地政府就已经充分地意识到了林文庆作为一位杰出医生和渊博学者的才能和价值,因而特意委任他为莱佛士图书博物院委员会委员,他在这个委员会中热心服务一直到1910年为止。对于林文庆而言,这个职位实在是再适合不过了,因为他本身不仅拥有丰富的自然科学知识,而且还有采集昆虫标本的嗜好,他先后赠送了许多珍贵的标本和图书给博物院。他曾送给博物院一件鱼类标本,据马来人说,人如果吃了这

海峡英籍华人公会首届理事(1900年)[图片来自《林文庆传》(林文庆博士诞生百年纪念刊)]

种鱼会引起皮肤病，但经过林文庆的研究之后，发现这实际上是一种毫无根据的说法。

作为一个拥有英国国籍的土生华人，林文庆没有忽略为殖民地政府效忠的机会。他于1900年8月发起成立了"海峡英籍华人公会"，作为率领土生华人向政府宣誓效忠的机构，并先后两次担任公会会长。1901年11月，在林文庆和海峡英籍华人公会的一再要求下，又成立了通称为"第二连"的华人义勇军，林文庆以身作则，率先入伍服役长达四年之久，以实际行动进一步表

林文庆画像［（由杜祥麟(Charles Siang Ling Tow, 1923—2008)所绘，转载自《翼报》第47期)］

明自己对于政府的责任。林文庆曾经代表新加坡华人前往英国伦敦出席1902年爱德华七世和1911年乔治五世的加冕典礼。在第一次世界大战期间，林文庆积极地组织土生华人支持英国的对德战争，号召华人社会踊跃为"威尔士王子基金"捐款以及购买飞机和战争债券等。到1916年5月的时候，捐款已经足够用来购买六架飞机，而马六甲华人所捐献的两架飞机，就是由林文庆直接负责的。林文庆还积极地协助英国红十字协会的筹款活动。大战期间，林文庆曾经撰写、发表了大量的文章、演说，从儒家的观点来分析这次世界大战的性质，号召人们站在正义的一边、支持英国的作战行动，他呼吁中国应该与协约国并肩作战。这些文章后来被编辑成书，以《从儒家观点看世界大战》为名于1917年出版，进一步地丰富和发展了儒家的战争观。

林文庆除了被委任为立法议会非官方议员之外，还于1897年在他28岁

时获得"太平局绅"的头衔，同时，他也曾在市政委员会和华人参事局任职。林文庆利用其在多处任职的机会，不时为维护华人的利益而发言，呼吁殖民地政府要多加注意和改善华人的生活。那个时候的新加坡，各个帮派、社群、族群之间的关系极为复杂，时常会因利益上的冲突而爆发大规模的群体械斗事件，再加上私会党在当时的新加坡十分盛行，不同帮派的私会党经常发生纠纷。每当有族群间产生纠纷或者是私会党徒发生械斗事件而引发大规模的社会骚乱时，警察对之往往无可奈何，这时候，政府就只好仰仗像林文庆这样的社会名流出来加以劝解，将之视为调解各种社会纠纷的和事佬，而林文庆也总是极力地协助政府平息争斗，因而，林文庆被社会人士冠之以"和平老人"的美誉。譬如，1906年11月，就在福建帮和潮州帮之间爆发了持续四天的严重暴乱，致使整个市区的商业活动陷入停顿状态，为了尽快平息暴乱，林文庆会同辅政司、警察总监、助理华民护卫司等在中华商务总会会所同该董事会举行会议，之后，在警方的威慑和众多侨领的配合劝阻下，暴乱很快得以平息。

作为一个尽职尽责的立法议员，林文庆的服务行动获得了政府的充分肯定。他除了在1918年被英国授予不列颠帝国勋章（O.B.E.）外，当他辞去立法议员的职务离开新加坡、前往厦门担任厦大校长后，于1921年10月召开的立法会议上，多位官员还特别提出来要表扬他的功绩并表达对他所作所为的感激，其中一位代表发言说：

> 殖民地时常很感激其华族居民的努力与忠心，后者能拥有像林文庆那样的领袖群实属幸运。……在未来，他们将在政治上分享权益，倘若他们多得几位如同林博士那样聪明才智、心胸宽大的领导人，他们在政权上的获取将是受欢迎的，而且对殖民地大有裨益。①

---

① 李元瑾：《林文庆的思想》，新加坡亚洲研究学会1991年版，第166页。

多年以后，当林文庆从厦门南返新加坡，为厦门大学展开筹款活动时，他仍然能够获得包括总督在内的殖民地官员的大力协助，这说明他在政治领域里的长期努力和他所赢得的良好声誉显然并没有因为他的离开而完全消失。1957年元旦前夕，林文庆接受《星洲日报》记者的采访，当被问起他对于新年的展望时，他说：

> 余对于新年之愿望，为各民族能和谐相处，余将尽力促进各民族人民之诚意及了解。余希望1957年能给马来亚及其他世界带来和平及繁荣。①

和平的祝福言犹在耳，而林文庆却在1957年1月1日溘然长逝了，临死之际仍念念不忘世界之和平，真无愧于是一位名副其实的"和平老人"了。

---

① 转引自毕观华：《林文庆》，黄溢华：《怡和轩俱乐部九十周年纪念特刊（1895—1985）》，新加坡大水牛出版机构1985年版。

第五章

长袖善舞在商界

 # 林文庆传

创办保险设立银行金融界华人先驱
先知先觉陈嘉庚誉为橡胶种植之父

虽然所有的种子都渴望能够萌芽、开花，然而，并不是每一粒种子都能拥有这样的机会，即使是那些有幸萌芽、开花的种子，也未必然都能抓住机会达到最终结果的目的。可是，有的种子不仅能够沾土就开花结果，而且还不失时机地结出五彩缤纷的丰硕果实。很显然，林文庆就是属于这样的一个人。

在新马经济开拓史上，至少有两件事情是与林文庆的名字紧密联系在一起的，这就是橡胶的大规模种植和银行保险业的崛起。东南亚原本并不出产橡胶，橡胶树的原产地是在南美洲亚马孙河流域的热带雨林中。后来，英国人从巴西偷偷地采集了7万粒橡胶树种子运回英国伦敦播种，之后，英国人将存活下来的橡胶树幼苗分别运往斯里兰卡、印度尼西亚和新加坡加以种植。最初引种到新加坡的橡胶树幼苗被当作观赏植物种植于新加坡植物园中。尽管当时的植物园园长李德利（H.N.Ridley）是最早意识到它将会是一种拥有巨大经济价值的树木的人，然而，当他一次次地向人们推荐种植橡胶树时，却从来没有人肯停下脚步来认真地听他把话说完，由于他不断地向人们鼓吹种植橡胶树的好处，人们还送了一个"疯狂李德利"的绰号给他，有些人则干脆直接称呼他为"李橡胶"，大家都把他的话当成是疯子的疯言疯语而无人肯相信。就连当时号为精明干练的总督瑞天咸都对他不停的试验感到不满意，认为那纯粹是在浪费金钱、时间和精力。一直到1896年，当李德利遇上了林文庆之后，橡胶树的经济价值才终于有了被开发的机会。

据说，那是一个凉爽的清晨，当林文庆在植物园里散步的时候，碰到了园长李德利。李德利就像往常一样，向林文庆鼓吹种植橡胶树的好处，同时，他还随手送了林文庆几粒橡胶树的种子，并告诉他：这就是橡胶树的种子，如果能在马来亚广泛地加以种植，它将来一定会成为马来亚最好的经济作物。也许，李德利当时还没有意识到，他这次实在算是找对人了，接下来的日子里，林文庆每时每刻都在回味李德利对他说过的那些话，他翻来覆去地掂量着手中那几粒褐色的种子，一连几天都在思考李德利那些话的含义。林文庆眼中的李德利是位富有学识、生活严肃认真的英国绅士，他相信李德利的话应该是深有道理的，尽管当时也有一些所谓的专家反对李德利的观点，认为马来亚的土壤条件并不适合于用来种植橡胶树，因而一再否定在马来亚种植橡胶树的可能性。林文庆利用闲暇时间，到新加坡的各个地方去收集了很多泥土样本，然后仔细地研究分析，最终，林文庆认定以当地的土壤条件对于适应性较强的橡胶树来说，并没有什么不妥之处。

一向目光远大而又敏锐的林文庆，从那一粒粒褐色的橡胶树种子里面，似乎看到了马来亚未来经济崛起的新生力量。他最终决定，哪怕就算是为了印证一下李德利的观点，也有亲自去试验一下的必要。恰在这个时候，林文庆的老朋友陈齐贤从马六甲来到了新加坡，于是，他就又和陈齐贤说起了关于种植橡胶树的事情。虽然陈氏以前也曾听李德利说过同样的话语，他却从来没有往心里去，但这次听自己的好朋友林文庆说起这件事来，他开始有些动心了，因为他一向都是很敬佩林文庆的，他可以选择不相信李德利的话，但他却无法怀疑林文庆那头头是道的细密分析。陈齐贤最终决定和林文庆联手投资种植橡胶树，他们两人合资成立了联华树胶有限公司，在新加坡的杨厝港购买了四千多英亩的土地，专门用来种植橡胶树，这是第一家由华人开设的树胶园，而在此之前，新加坡的华人种植园里，不是栽满了黄梨树就是密密麻麻地种植了经济价值并不是很高的甘蜜。接着，在林文庆的劝导下，陈齐贤回到马六甲之后，先后投资二十多万元种植了五千多英亩的橡胶树，以此为开始，正式拉开了橡胶树在东南亚的大规模种植历史，也使得东南亚从此多了一个重要的经济支柱。

林文庆和陈齐贤投资经营的树胶园，就在大家怀疑的眼光和纷纷的议论声中茁壮成长。十年以后，陈齐贤将其在马六甲经营的橡胶园以二百多万元的高价卖给了英国人，他投资二十万元结果获利二百万元，这可是典型的一

本十利的好买卖，资本整整增加了十倍有余！此举经报纸报道一时惊动了众人，自此以后，"树胶之名誉大振，海内外投资来此经营者，日以千计……若非当时林先生之远大眼光，与夫陈君之毅力，安得有今日之盛况哉？"① 因而，陈嘉庚称林文庆是"树胶种植之父"，显然并不是一种夸张的说法。至于后来建立了庞大橡胶王国的陈嘉庚，也正是从这次交易中敏感地预见到了种植橡胶树的巨大利益，因而抢先向陈齐贤购买了十八万粒橡胶树种子，然后将橡胶树苗种植在自己的黄梨园中，从此开始了打造橡胶王国的艰辛历程。后来，那些在南洋发家致富的华人资本家，大都或多或少地与橡胶有着某种关系，橡胶树的大规模种植与开发，无疑成为东南亚地区的一大财富之源。

1908年，林文庆联合其他华商集资创设了三巴旺树胶有限公司，任用林义顺担任经理，专门从事橡胶树的种植。当时马来群岛的农场多以种植菠萝为主，而菠萝的价格不仅低贱，而且很不稳定，有时候卖菠萝的收入甚至还不够运费，因此，经营菠萝种植园在当时并没有很大的盈利。三巴旺树胶公司趁机大量收购菠萝园改种橡胶，很快将橡胶园扩大到3800多英亩。除此之外，林文庆曾经先后参与经营过的橡胶园计有武林园、洛阳园、云南园、淡滨尼帕拉胶和椰子园有限公司以及新加坡联合树胶有限公司等。大约在1910年前后，三巴旺橡胶园和淡滨尼帕拉胶和椰子园以交换股份的方式卖给了英国人，其后，该橡胶园继续并购周围小型的橡胶园，到1920年的时候，这个橡胶园的规模竟然发展到了20000多英亩，从新加坡最西部的裕廊、北部的兀兰经过中部的杨厝港一直延伸到最东部的樟宜，几乎有半个新加坡那么大！

林文庆除了在马来亚首倡大规模种植橡胶树外，他也是马来亚华族社会中最早涉足银行业和保险业的先驱人物之一。而且，他在银行业经营方面十分活跃，几乎成为新马华人银行业界的灵魂人物。虽然欧洲人在新加坡设立

---

① 《陈嘉庚先生在中华俱乐部欢迎林文庆先生之演说词（壹）》，（新加坡）《南洋商报》1926年2月1日。

的银行早已有之，但华资银行的出现却为时较晚，一直到20世纪初叶，新马的华人资本家才开始意识到建立属于华人自己的银行业对于工商贸易的重要性，因而纷纷筹设银行，以维持和促进当地华人在商业领域的发展。早在1912年9月，林文庆就联合华人富商李俊源和林秉祥出资一百万元成立了"华人商业银行"，李俊源和林文庆分别担任董事会的正副主席，总经理则由林秉祥担任。该银行成立初期，因为财政信誉良好，业务进展很顺利。但很不幸的是，1914年爆发的第一次世界大战引发了新马金融危机，各家银行都陷入财务恐慌之中，华商银行自然也不能幸免于难，因为遇到了挤兑风潮而导致资金一时周转不灵，只好被迫暂时停止营业。这时候，林文庆和李俊源、林秉祥一起前往总督府谒见总督杨格爵士，希望政府能够帮助华商银行渡过眼前的难关。尽管当时有人援引政府从没有协助华人公司的先例而反对援助华商银行，但经过总督仔细调查确认银行财务稳健的情况下，以当时"是非常时期，不必受常例的限制"为由，最终决定帮助华商银行。在经过了两个星期的详细核查账目后，政府对华商银行做出了这样的判定："认为其资产超过负债"，因而，政府保证"一定按该银行账在合理期限内筹集到的现金数额，贷款给它。政府授权该银行按常规方式收回它的所有债款"[①]。于是，华商银行于1914年10月1日重新开门营业，从而使得银行的信誉得以恢复。

1917年7月，已经从华商银行辞职的林秉祥和他弟弟林秉懋又邀请林文庆，并联合其他华商成立了和丰银行。和丰银行注册"资本八百万元，发出六百万元，实收三百万元，股东负担三百万元"。和丰银行除了在新加坡设置总行外，还同时在马来亚的马六甲、麻坡等地设立了分行，不管是在资金还是在规模方面，都超越了以往的那些当地银行，"1920年林文庆出资四百万，担任该银行首席董事"[②]。

1919年春，林文庆联合丘国瓦、林义顺、殷雪村等开始筹组华侨银行有

---

① 宋旺相：《新加坡华人百年史》，叶书德译，新加坡中华总商会1993年版，第419页。
② 《林文庆：生平回顾［1869—1957］纪念书》，新加坡国家图书馆2007年版，第32页。

限公司,并于当年10月1日开始营业,后来他们又分别邀请爪哇糖王黄仲涵以及富商黄奕住等各认购价值五十万元的股份,并任命他们为银行的董事。华侨银行注册资本二千万元:"发出一千零五十万元,先收五百二十五万元,股东担负五百二十五万元",堪称资本雄厚,势力强大。华侨银行有限公司由林文庆担任第一任主席。

第一次世界大战结束以后,新加坡的华资银行开始有了较大规模的发展。鉴于资本市场和银行业界发展的急剧变化,林文庆预见到银行业规模化和集团化经营的必要,因而,他极力游说华商、和丰与华侨银行三家合并,尤其是在他接受陈嘉庚邀请、决定前往厦门担任厦大校长之后,更是极力欲促成三家银行的合并。在林文庆的穿针引线和不懈努力下,三家银行最终于1932年合并,成为当时新马华人企业界规模最大、基础最为牢固的华侨银行有限公司。今日的华侨银行,仍然是新加坡规模最大的三大银行之一。

在积极地涉足银行业的同时,林文庆也抓住时机,带领华人资本家进军保险业领域。1920年2月,林文庆和一帮朋友开始集资筹办华侨保险有限公司,他后来被委任为该公司的董事。华侨保险公司是新加坡第一家由华人开办的综合性保险公司,提供人寿保险和普通保险。除了华侨保险之外,林文庆也参股另一家保险公司——联东保险公司。

林文庆在商业领域里的兴趣是非常广泛的,除了上述银行、保险业之外,他还参与了其他许多商业活动。资料显示,林文庆曾经参与经营过锡矿公司、船运公司等生意,他既是新加坡联合锯木场的创建人之一,也是海峡贸易有限公司和东方碳矿场的股东。关于林文庆在商业方面的诸多发展,和他同一时代,也是他好朋友的宋旺相在出版于1923年的《新加坡华人百年史》中曾有如此说明:"最近几年,由于他担任了若干橡胶公司、锡业公司、工厂、银行和保险公司的董事,使他很少时间或根本没有时间继续行医。"[①]他所参与的商业活动之多之广,似乎就连和林文庆同一时代的好朋友宋旺相都有些无法

---

① 宋旺相:《新加坡华人百年史》,叶书德译,新加坡中华总商会1993年版,第200页。

说清楚。

在商业领域中,林文庆的确是拥有一大批长袖善舞的商界朋友。这一点,单从和丰银行、华侨银行以及华侨保险三家公司的董事部成员中即可以看出。在这三家公司的董事部成员中,几乎集中了南洋大部分有头有脸的富有华人资本家,如林秉祥、李俊源、曾江水、陈祯禄、林推迁、萧保龄、林义顺、陈延谦、殷雪村、黄兆珪、丘国瓦、陈祯祥、林良文等等。毋庸置疑,在各家银行、保险公司的董事中,所持有股份和拥有财产比林文庆更多的人自是大有人在,但林文庆却无疑是他们当中的智囊人物,再加上他出色的外交才能,所以很多商业上的重要决定在出炉之前,大家都已习惯了先去听取一下林文庆的意见。林文庆在银行、保险业界的重要性,或许可以从他在各个董事部中的排名次序上看得出来,在和丰银行、华侨银行以及华侨保险公司的广告中,林文庆都毫无例外地排在董事部的第一位。

林文庆在商业领域中的重大影响力和卓越的领导才能,使他不仅成为1906年成立的新加坡中华商务总会的创始人之一,更使他成为促成中华商务总会创立的十三位功臣之一。林文庆在商业上的杰出才能是为当时的商界领袖所认同的,因而,他成为新加坡中华总商会(1917年后中华商务总会改为现名)历届会长所尊重的智慧人物,林文庆的意见往往能"得到历任会长的支持"。曾先后两次出任中华总商会会长的商界领袖薛中华,早在1915年,就曾直言不讳地将该会成立十年来之所以能成功地为众多的商业团体服务,归功于林文庆的大力协助,他说:

> 大约十年前,我们总商会一成立,林医生就入会。我可以毫不夸张地说,他以其聪明才智,欣然为我们商会的一切事务作出宝贵的贡献,真是难以胜数。商会在努力为商业界同人效劳方面,能不断有所作为,在很大程度上要归功于他以其丰富的阅历,赤诚的爱国之情,根据崇高的原则与合理的常规,

林文庆与陈嘉庚及英国殖民地官员在一起（新加坡中华总商会供图）

为商会托付于他的一切事务献谋划策。①

因而，当林文庆作为新加坡中华商务总会的代表，于1908年前往上海出席世界华人商业大会时，也就丝毫不令人感到奇怪了。

20世纪20年代的新加坡，一切都方兴未艾，而林文庆所筹划的庞大商业王国也轮廓初成，就在这个时候，他却接到了陈嘉庚邀请他担任厦门大学校长的电报。尽管当时有人以"中国社会黑暗，学生骄嚣……个人之力有限，赞助乏人，终恐徒劳无益"为由，试图劝阻林文庆前往厦门，但他丝毫不为所动，反而毅然抛下了手头上所有的一切，义无反顾地辞去了所兼各职，将所有的商业事务交托于人，"舍身回国，从事清苦，力任艰巨"的教育事业，究其原因，或许正如陈嘉庚所言："林君之眼力能于未开发之先觉提倡种植树胶大模范，以利益我南洋及世界，安知其对于厦大之眼力，后来之利益我中

---

① 宋旺相：《新加坡华人百年史》，叶书德译，新加坡中华总商会1993年版，第432页。

国及世界,不亚于今日树胶之发达,或且希望比树胶之利益社会尤有过也。"①

首倡种植橡胶树为南洋拓宽富源,创立银行保险业为社会大众提供方便,而担任大学校长则是为社会作育英才,同样都是为了利国利民。在林文庆看来,只要是有利于社会、国家的事情,就算是再苦再难,他都会毫不犹豫地去勇于尝试。出于同样的心理,林文庆在从英国回返新加坡之后不久,就在新马土生华人社会中掀起了一场堪称轰轰烈烈的社会改革运动,其道理如出一辙。

---

① 《陈嘉庚先生在中华俱乐部欢迎林文庆先生之演说词(壹)》,(新加坡)《南洋商报》1926年2月1日。

第六章 岌岌社会改革家

 林 文 庆 传

剪辫禁烟讲华语力促峇峇回归中华
倡女教唯才是德侨界风气为之一新

一群生性懒惰、喜好安稳的沙丁鱼，因长期沉溺于安逸的生活环境而正变得奄奄一息，猛然间，一个庞然大物——鲇鱼出现了，沙丁鱼因为紧张而开始加速游动起来，结果，沙丁鱼得救了，这就是众所周知的"鲇鱼效应"。

19世纪末新加坡峇峇（土生华人）社会的生活状况，就有点儿类似于沙丁鱼的生活，身为备受殖民地政府青睐的"皇家华人"，峇峇们因享有很多特权而逐渐地丧失了上进的动力。虽然从人口比例上来看，峇峇在新加坡的所有华族人口中属于少数，但对于殖民地政府来说，他们却具有特别的利用价值：与那些新移民——新客比较起来，他们更加熟悉和了解新加坡当地的社会、政治、语言环境和商业运作状况，很多人也积累了大量的财富。尤为重要的一点是，他们久居当地远离祖国，因而对中国的感情比较淡漠，与中国之间的关系比较疏远，很多人甚至早就和中国完全断绝了来往，比较容易接受英国人的统治。出于以华治华的统治目的，峇峇就成为英国人刻意拉拢的对象。为了吸引和收买峇峇为英国效忠，殖民地政府分别从政治和教育两个方面着手，制定了一些有利于峇峇的政策。在政治上，殖民地政府优先照顾峇峇的利益，政府的归化法令规定：土生的峇峇是英国籍公民，因而他们可以享受种种特权，很多人能够进入政府部门工作，其他的则多从事买办工作，担当西方大公司和华人商界之间的中间人，从而得以享有较为优越的工作条件和优厚的物质待遇。至于那些具有领导才能的少数峇峇精英，则被吸收进诸如立法议会、市政局和华人参事局等机构服务，有些人甚至被赐予太平局绅和帝国勋章一类的荣誉称号。在教育方面，殖民地政府注重英文教育的发展，却绝口不提华文教育，结果导致19世纪末英校生人数迅速增加。由殖民地政府所主导的英文教育，只是出于殖民地商业和行政上的需要而开办的，学生只接受一些基本的技能训练，却完全忽视了教育在人格熏陶和文化修养上的作用。这种只注重英文而忽略华文的教育方式所产生的直接后果，就是

产生了大批文化根基肤浅的人,正如德国汉学家傅吾康教授所指出的那样:

> 华人只受英文教育的最大缺点在于中国人文传统的根除。他们所受的英文教育,就是长达十三年之久,也还是肤浅。只有极少数的优秀学生受过良好的英文教育,才能深入而获得西方文化的基本价值观念来代替所丧失的中国文化。可惜大多数的人民对肤浅的英文教育感到满足,因为职业上他们得到保障,生活上得到享受。有些可能成为专业人才而对自己的英文教育感到自豪——他们反而轻视受华文教育者……他们身体与情绪上虽是华人,文化与精神上却非华人亦非英人亦非印或巫人:他们也许不明白自己是什么人!①

在相对安逸的环境中,峇峇们过着追求物质财富、贪图享受、守旧保守、随波逐流的生活,几乎丧失了精神上的追求,峇峇们开始变得日渐衰退起来。

从英国学成回返新加坡的林文庆所面对的华族社会,是一个充满了迷信、守旧、落后的社会,各种恶习十分盛行,诸如吃、喝、嫖、赌非常普遍,尤其是赌博、吸食鸦片更是严重。少数富有的华人除了将赚钱当作自己唯一的嗜好之外,偶有闲暇时间,则要么每日无所事事,要么就是"抽鸦片,摆宴会和玩弄姨太太",过着醉生梦死的生活。至于大部分的贫苦劳动者,每日除了不停地劳作之外,所赚取的一丁点儿微薄收入,也大都耗费在抽鸦片和嫖赌上了。很多陈规陋习甚至被当作是民族的象征而在华人社会中受到了推崇,像保留头综、穿长袍马褂、妇女裹脚以及崇拜偶像的迷信活动都非常普遍。作为一个从英国归来的留洋生,林文庆虽不能说是异于新加坡华人的"鲇鱼",但他却无疑扮演了鲇鱼的角色,使得他回到新加坡之后不久就创造出了很大的"鲇鱼效应"。而留学英国的经历更造就了他开阔的眼界,使他得以充分地展示其领袖才能,在一片死气沉沉的新加坡华人社会,尤其是在峇峇社会中,很快搅起了一股改革的旋风。

---

① 傅吾康:《星马华文教育的问题》,《马来西亚教育学报》第2卷第2期,1965年12月。

有证据表明,早在英国留学期间,林文庆就因学习中文而开始接触中国的改良主义思想,因而,在他回返新加坡之前,实际上就已开始酝酿和形成改革峇峇社会的想法了。一旦回到新加坡,林文庆很快就开始把他的改革思想付诸实践了,从1895年8月在市政厅发表"华人的教育"演说开始,林文庆先后发表了大量事关峇峇社会教育改革、社会改革的演说和论文,其中,与教育改革方面有关的计有:"华人的教育""我们的敌人""子女的教育""海峡华人教育的需求""海峡华人的伦理教育"等;与社会改革方面有关的则有以"海峡华人改革"为大标题的一系列文章,内容涉及教育、辫子、衣着风俗、宗教、孝悌以及葬礼等各个方面——"国家对鸦片恶习的态度""以畸形为美的一项要素""海峡华人的享乐主义""灵魂""华族婚姻习俗的改革建议""父母的责任——婚姻问题"等等。林文庆通过发表一系列的演说和文章的方式,揭露峇峇社会中所存在的种种问题,试图为正陷入堕落和退化之中的峇峇社会寻找一条出路。

林文庆的改良主义思想具有浓厚的儒家色彩,这与他一生推崇孔孟之道、崇尚儒家思想不无关系,而且,主要是由林文庆所发动的、影响遍及新马地区的孔教复兴运动本身,也是他所进行的社会改革运动的一部分。不只在林文庆的教育思想中具有浓厚的儒家思想成分,儒家思想也是他进行社会改革的一种有力武器。譬如,当林文庆在宣传禁烟运动的时候,他就以《孝经》中的"身体发肤受之父母,不敢毁伤,孝之始也"为理由,因为吸食鸦片显然是一种有伤身体的做法,而伤害身体就是不孝的行为;当林文庆反对迷信和偶像崇拜时,就搬出孔子"未能事人,焉能事鬼"的不可知论来加以反驳;当论及简化婚丧礼仪时,林文庆则以《论语》中的"礼,与其奢也,宁俭;丧,与其易也,宁戚"来回应。林文庆之所以要发起一系列社会改革运动,其原因不仅在于要恢复和保留华人的故有文化传统,以避免被他族异化,也在于要学习、借鉴和吸收别人的长处,以便跟上时代的步伐,不至于因落伍而陷入自然死亡的境地。无论如何,保族保种才是促使林文庆发动改革的真正目的所在，正如他自己所说的那样：

> 我所指的改革，其含义是指：汉文化这棵老树上发出了新芽，如果我们忠于自己伟大且古老的文化传统，我们不仅不会被改变，反而可以吸收并消化新的民族所能教给我们的一切最善、最真和最高贵的东西，而且，作为一个独特的民族，我们也能牢牢地守住自己以往光辉灿烂的历史，勇敢地奋斗，以便能在商业、科学和艺术的最前沿竞争中取得最后的胜利。否则，两种悲剧之一将降临到海峡华人的身上，要么他们将变质而被完全巫化或欧化，同时将永远地割断与自己民族的血脉渊源。这是一个不堪设想的过程，因为这一过程近百年来一直就在西班牙统治下的菲律宾持续进行着。海峡华人的另一悲剧是他们将走向堕落，死抱着那些甚至在中国都已被革新了的华人旧习俗和旧观念不放。不难预见，在这样的环境下，目前海峡华人所拥有的一切优点和影响力将会丧失殆尽。①

很快地，回到新加坡的林文庆就联合一批志同道合的同志，组成华人改革党，组织并成立了各种学会社团、创办杂志报纸、建立学校以及开办华语训练班等等，由此开始发起了一连串事关教育和社会的改革运动。1896年3月发起创立的"华人好学会"，一向被视为是林文庆开始发动社会改革运动的一个重要标志，而组织和主持该会的一系列活动，也是林文庆的重要社会活动之一。自学会成立之后，他就一直担任好学会的会长一职。华人好学会最初成立时的成员，基本上清一色都是土生的峇峇，而林文庆在创办好学会的过程中，也曾经得到了峇峇社会领袖，如宋旺相、陈若锦、佘连城、薛有礼等人的大力支持。因而可以说，早期的华人好学会是一个纯由峇峇华人所组成的社会团体。据林文庆自己所说，成立"好学会的主要宗旨是在会友之间

---

① Lim Boon Keng, "Straits Chinese Reform II: Dress and Costume", *Straits Chinese Magazine*, 3(10), June, 1899.

中国好学会音乐组［图片来自《林文庆传》（林文庆博士诞生百年纪念刊）］

发扬思考的习惯，为达致此项目标，学会鼓励会友们提出他们本身的见解，并且强调他们自发性的观察力"①。华人好学会针对有关峇峇华人的一些切身问题定期举办演说或辩论会，活动以三种语言，即英语、华语和马来语进行，林文庆是其中一个最主要的演说者，他的演说内容涉及儒学、教育以及科学等各个方面，如"孔子的教诲"、"我们的敌人"、"国家强盛的要素"、"人类的生理"、"怀疑是建立文明的要素"以及"思考和观察与国家进步的关系"等等。到1899年9月，华人好学会的成员人数已经达到了五十人，几乎囊括了当时峇峇社会中所有精英人物。华人好学会除了定期举办演说和辩论会外，也积极地展开文学和康乐活动，定期将一些年轻人和老一辈集合在一起研究英国文学、西方音乐和中国语文。

---

① 转引自叶钟铃：《林文庆、邱菽园与华人好学会（1896—1905）》，（新加坡）《亚洲文化》第27期，2003年6月。

从 1899 年 9 月开始，林文庆又连同邱菽园成立了华人好学会支会，华人好学会开始将活动延伸到华人移民社会之中。邱菽园是一个十分传统的中国文人，嗜好写诗，著有诗集《邱菽园居士诗集》和《啸虹生诗钞》以及笔记体著作《菽园赘谈》《五百石洞天挥麈》等，新加坡的别名又叫"星洲"，就是出自于邱菽园的杰作。邱氏曾经参加过康有为所领导的"公车上书"，是新加坡前无古人、后无来者的唯一一位举人。邱氏曾积极地参与康有为领导的维新运动，是当时一位非常有名的海外维新志士。自 1896 年林文庆与邱菽园相识之后，两人很快就建立起了深厚的情谊，成了知己，一起创立学会、办报纸、建学校、支持康有为的保皇运动等。应该说，邱菽园的改良主义思想曾在一定程度上影响了林文庆，当邱菽园于 1898 年创办鼓吹维新的《天南新报》时，林文庆接受邱的邀请担任该报的英文总校。不同于华人好学会是专为峇峇华人所设立，华人好学会支会则是特为华人移民所设立的，因而，不同于前者多集中讨论峇峇华人社会所存在的问题，好学会支会所探讨的课题多集中于和中国有关的问题，如"孔教关系""戊戌政变关系全球""救中国条理议""中日两国维新难易说""海外兴建孔庙宜尊亲并重论""论海外华人宜公力筹办孔庙学堂善局事""福州孝廉黄乃裳演说：去年北京国事"等等。华人好学会支会的活动时间虽短，前后只有不足一年的时间，但就其影响的人数和范围而言，它似乎一点儿也不比华人好学会来得逊色。据研究者的统计，参与好学会支会的人数多达 239 人之多，几乎涵盖了当时新加坡华人社会中各行业、各帮派的知名人士，其中有些会友是来自于东南亚各地，甚至还有来自香港、澳门、台湾地区，以及日本横滨的。华人好学会支会参与和领导的影响最大的一件事，恐怕就是著名的"星洲上书"了：1899 年 9 月间，坊间频频谣传光绪皇帝久病不愈，因而把持朝政的慈禧太后有欲废之而另立之意。闻听此言，邱菽园和林文庆首先联络好学会支会的成员开会，在获得会员签名支持之后，又发动南洋各地侨民商众等共 578 人，联名电奏清廷，表达了海外华人向德宗恭请圣安、反对废立之意。此举影响很大，甚至令朝

廷也不得不下谕嘉赞、颁旨保护海外华侨。在参与星洲上书的578人名单中，林文庆排在第三位，位居邱菽园和阮添筹之后。

林文庆成立华人好学会的主要目的是配合峇峇华人社会的改革运动。好学会因而成为改革峇峇华人社会的领导机构之一，而后来成立的好学会支会则把触角延伸到华人移民社会中，从而推动了整个华人社会的改革，并促进了新马地区的孔教复兴运动。林文庆以好学会为中心，组织举办各种文化、教育活动，分别在峇峇和移民华人社会中进行移风易俗的社会改良运动和民族主义的复兴运动，这对于建立华人的民族自尊心和恢复海外华人的爱国主义起到了很大的作用。

除了华人好学会之外，林文庆还曾先后创办或参与创办过多种会社组织。其中由他创办和参与创办的会社计有：实得力孔教会（成立于1914年，1949年改名为南洋孔教会）、威基利俱乐部（1889年）、怡和轩俱乐部（1895年）、海峡英籍华人公会（1900年）、中华商务总会（中华总商会，1906年）、中国学会（1949年）以及中华俱乐部（1916年，又名华人上流公馆）等等；林文庆曾经先后参与过的会社则主要有：海峡哲学研究会、星洲振武善社、海峡

林文庆与花艺社（林苏民供图）

华人体育协会、花艺社、十三俱乐部、华人骑术会以及城市俱乐部等等。在很多会社中,林文庆不是担任会长就是担任副会长等重要职务,其中,他所担任的中国学会首任会长一职,应该是他一生当中所担任的最后一个会长职务。

除了成立各种会社组织作为进行社会改良运动的组织领导机关之外,林文庆还积极地参与创办杂志、报纸,如《海峡华人杂志》《日新报》《天南新报》等,使它们成为进行社会改革运动的理论宣传喉舌。由林文庆和宋旺相创办并主编的《海峡华人杂志》(The Straits Chinese Magazine)创刊于1897年4月,这本"宣扬东西方文化的季刊"一直出版到1907年12月,后因财政上的原因而不得不停刊,前后延续长达十年之久。《海峡华人杂志》虽然是一本英文季刊,却在每期杂志封面的正中央位置都以醒目的大字印上孔子的"过则勿惮改"五个中文字,旁边译成英文"If you have faults, do not fear to abandon them"。《海峡华人杂志》最初是由林文庆和宋旺相共同主编的,后期槟城的伍连德博士也加入了进来,他们三人都是英女皇奖学金得主,

《海峡华人杂志》

海峡三杰(左起:宋旺相、伍连德、林文庆)

(林冠珍供图)

是当时有名的"海峡三杰"。宋旺相毕业自剑桥大学,是有名的律师,更因编著《新加坡华人百年史》而成为历史学家,该书是研究新加坡华人史不可或缺的重要参考资料,宋氏后来受封为爵士。伍连德与林文庆是连襟,因受林文庆热心公益及对中华民族的献身精神所感召,很早就回到祖国并献身于祖国的医学事业。他是剑桥大学医学博士,因领导扑灭1910年代在中国东北暴发的严重鼠疫而声名大噪,有"防疫斗士"之称,为中国检疫与卫生防疫学的先驱,是中国医学会的创立人和中国近代西医奠基人之一,亦为中国近代著名公共卫生学家及流行病学家、中国早期医学史专家,著有《中国医学史》和《鼠疫斗士》等著作。近年来国内有王哲著、福建教育出版社出版的传记《国士无双伍连德》行世。

在《海峡华人杂志》的编辑过程中,林文庆无疑承担了更大的责任,因而,它也成为林文庆从事社会改革运动的重要理论宣传喉舌。《海峡华人杂志》的创办宗旨和华人好学会一样,主要是向土生峇峇华人灌输中华文化传统,以便影响和唤醒深藏在他们内心深处的华人传统意识并树立民族自尊。林文庆是《海峡华人杂志》众多作者之中最多产的一位作家,几乎每一期杂志上都有林文庆的文章,有时候甚至不止一篇,他先后在《海峡华人杂志》上发表了大量内容各异的文章,据研究者的统计,计有论文46篇以及书评16篇。

除了创办杂志外,林文庆也创办报纸,并以之作为宣扬和推动社会改革的宣传工具。林文庆于1899年10月接手经营本已停刊的《星报》。《星报》原本是由"古友轩"俱乐部所创办,1898年停止出版。后来林文庆接手经营,经过数月的改组之后,林文庆将《星报》易名为《日新报》:"盖以日出一纸,取其日日新之意","日报者,以日为期,日出一报并不相同,则有新新之义焉……所有新闻、新理、新学、新法,凡可以新人耳目,新人识见,新人学

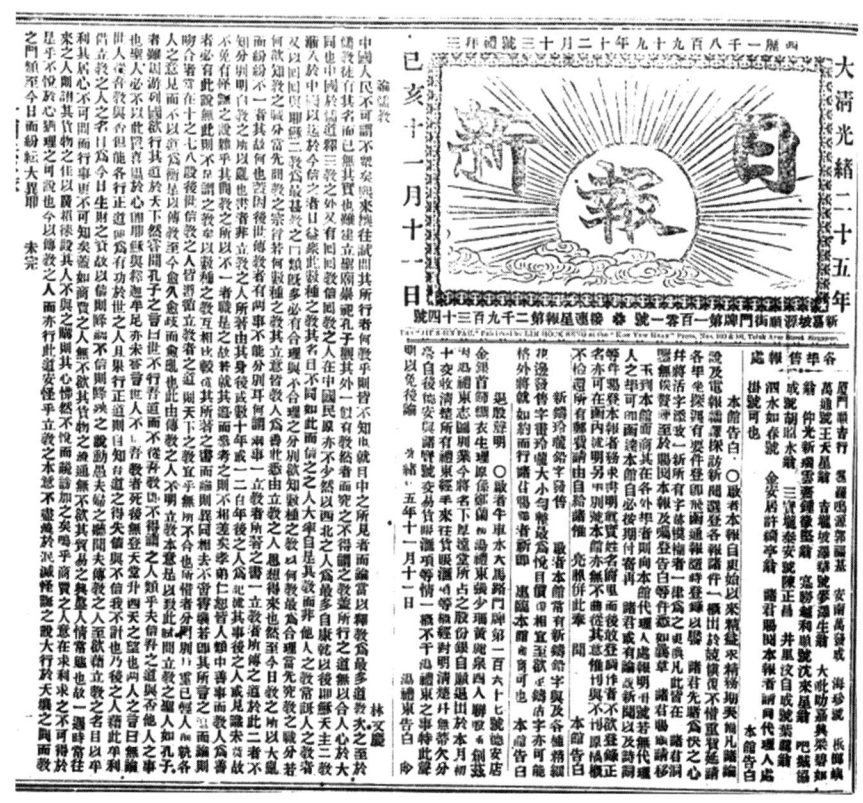

《日新报》

问，新人心思者，莫不登录于报，将与众而共其新焉"。① 林文庆邀请他的岳父、著名的维新志士黄乃裳出任报纸的主笔。《星报》原本是一份较为保守的报纸，一向反对革新，但林文庆接手之后，不仅改变了报纸的名称，也改变了办报的方针和内容，将之转变成为一份宣扬孔教、主张变革维新的报纸。林文庆还亲自为报纸撰写文章，其中他以中文撰写的长文《论儒教》就发表在《日新报》上。② 除主办《日新报》之外，林文庆也接受邱菽园的邀请，担任邱菽园所创办的《天南新报》的英文总校。这两份报纸都同情中国的维新

---

① 1899年10月6日《日新报》所载《本报更始告白》，叶钟铃：《黄乃裳与南洋华人》，新加坡南洋学会1979年版，第9页。
② 《论儒教》分三次于1899年12月13日、14日、15日连续三天在《日新报》上发表。

变法运动，关心当地华族社会的教育、社会改革，经常刊登支持和呼吁进行改革的文章，是当时推动新华社会改革的重要宣传工具。此外，自1913年至1921年之间，林文庆也曾担任由他参与创办的英文报纸《马来亚论坛报》董事会主席长达八年之久。

作为一个受过高等教育的人，林文庆能充分地认识到教育对国家、社会和个人的重要性。他认为，教育的意义在于使人类脱离野蛮人的特性和弱点，通过接受教育，可以使一个人在德、知、体各个方面都有所转变，而教育的最终目的乃在于培养出近乎完善的人——有高尚人格的君子。林文庆对当时新加坡华人社会的教育状况无疑是极不满意的，对英校和华校都提出了严厉的批评。他认为当时的英校由于是从英国照搬过来的，因而它实际上并不适合于教育华族子弟，因为英校不仅缺乏道德教育，而且由于没有华文教育，导致华人的文化传统被人为地割断，这样，最终将会对学生产生不良的影响。至于当时的华校，情况也好不到哪里去，由于殖民地政府完全漠视华文教育的存在，致使当时的华校只能完全依靠华人自身的力量来维持，由于办学经费有限，华校大都设备简陋、师资水平低下，再加上教学内容陈腐，致使学生在华校读书不但无益，还很容易染上种种不良恶习。由于受殖民地政府政策的影响，越来越多的家长选择将孩子送进英校接受英文教育，"一知半解的英文水平相等于若干金钱价值，这一事实给予很多贫穷的家长一种强烈的印象，于是，他们打破先让孩子接受华语教育的传统惯例，迫不及待地把孩子送入英校"①。这在林文庆看来，显然是违背了医学原理的，因为，教育儿童时，如果能从母语开始，则其对知识的启发，也就最快最自然。除了英校和华校的状况不能令人满意，当时的家庭教育也没有受到足够的重视，而女子教育则是完全缺失的。上述所有的这一切，对于社会的进步、人的发展都是极为不利的，因而就迫切需要加以改革。

林文庆不是仅仅在口头上表达改革的意愿，而是以实际行动来表明自己

---

① Lim Boon Keng, "Our Enemies", *Straits Chinese Magazine*, 1(2), June, 1897.

1900年新加坡华人女子学校［图片来自《林文庆传》（林文庆博士诞生百年纪念刊）］

进行改革华人教育的决心。1899年，他发起并创立了新加坡华人女子学校。林文庆是新加坡第一个注意到女子教育重要性的人，在他看来，中国旧传统中所谓的"女子无才便是德"的信条，正是造成中国衰败落后的根本原因，因为，如果女子没有接受相应的教育，"对任何一个民族来说，那意味着有一半的人——而且很有可能是一大半的人——永远处于无知和退化的状态，那么，这个民族决不会因此而有大的进步"。所以，林文庆强调必须把"女子教育问题摆在首位！"[①] 在这一点上，当时新加坡华人社会的情况几乎与国内没有什么不同，在重男轻女思想的支配下，华人女子大都没有接受教育的机会，她们因无知而变得固执迷信，很多女性更沉迷于赌博之中不能自拔。在当时华人女子教育几乎被完全忽略的情况下，林文庆和华人好学会的同志们毅然担当起了开创华人女子教育的重任。1899年4月，他与宋旺相等人组织了

---

① Lim Boon Keng, "Straits Chinese Reform Ⅲ: The Education Of Children", *Straits Chinese Magazine*, 3(11), September, 1899.

一个筹办"新加坡华人女子学校"临时委员会,林文庆担任该委员会的秘书,负起了创校的大部分责任。他们向华社领袖分发传单,一方面希望能获得他们财政上的资助,另一方面也说明办学的宗旨:"这个学校的宗旨是要证明依据进步和现代的制度,改良华人教育子女的方法,完全行得通;而且和孔子的经典著作所列下的中国人原则相一致;但与现有的方法却完全不相同。"①这所即将开办的学校,准备为华人女子,即"未来一代的未来母亲"提供罗马化的马来文、华文、英文以及算术、地理、音乐和缝纫等课程:"本学堂课

《天南新报》报导新加坡华人女子学校创办情况

① 宋旺相:《新加坡华人百年史》,叶书德译,新加坡中华总商会1993年版,第253页。

程，书艺兼课，既授以中国文字及圣贤义理，治家格言，其一切针绣缝剪为女工所必需，诗歌琴乐，其性情所有事，亦并授之。"①他们总共筹到了六千元的捐款，其中的三千元还是由他的好朋友邱菽园捐出的，建设校舍的土地则是由林文庆捐出的。学校于同年6月开课，首批注册学生仅有七人，两个月后始增加到三十人。学校自开办以来，虽然时时面对财政上的短缺，但恼人的问题还不局限于此，在顽固保守思想的禁锢下，学校一直面临生源缺乏的问题，为了打消家长们的顾虑，学校甚至刻意安排马车接送学生上下学，但家长们仍然还是不愿意送女儿去学校读书，甚至每年都有一些学习优异的学生，因迫于保守家长的压力而被迫退学。尽管如此，林文庆始终坚持不懈，决不轻言放弃，而他的夫人黄端琼女士也主动帮忙，负责给年纪较大的女学生教授中国语文的工作。林文庆对新加坡华人女子学校的奋斗与付出是长期的，自学校创办之后，他就一直担任学校董事会的主席，坚持为女校服务二十余年如一日，直到离开新加坡前往厦门才算是暂时地告别了对女校的奉献。从新加坡华人女子学校的创办过程，足可以看得出林文庆对于教育的执着和重视程度，尤其是对女子教育的先知先觉，而他后来之所以能毅然放弃当时在新加坡如日中天的各项事业，前往厦门担任厦大校长，显然并不是一时的冲动之举，而厦大在建校后的第二年就开始招收女生，实现了男女同学同校，也正体现了他重视女子教育的一贯思想。

新加坡华人女子学校是新加坡第一所专为华人女孩子而设立的学校，虽然它的主要教学媒介语仍然是英语，但它也提供华文课程，因而，它实际上就是今日新加坡双语教育体制的基本雏形。除了创办新加坡华人女子学校之外，林文庆还于1911年成功地说服了新加坡华人富商潘春阳捐献出一块土地作为校舍，协助创办了中华女子学校，这也是新加坡第一所以华语作为主要教学媒介语的华人女子学校。

在峇峇华人社会的种种弊病中，林文庆最不能容忍的，就是峇峇们那种

---

① 林文庆：《募创本坡女学堂缘起》，（新加坡）《天南新报》1899年4月18日。

只顾追求西方生活却轻视中华语言文化的态度，他甚至将那些有意误导以至引起峇峇们憎恶中国传统文化、礼俗、宗教和语言文字的人视为敌人，因而，他极力地要在海峡华人中恢复中华语言和文化。对源自马来祖母的峇峇马来话，林文庆明显地产生了心理上的抗拒情绪，有别于一般英语中对于母语（mother tongue）一词的翻译，他宁愿选择使用 father tongue（父语）这样的词语来称呼汉语，进一步地突显了他对于汉族父亲的认同。出于同样的原因，他更喜欢使用 fatherland 这个词语来称呼祖国，而不是如一般人所使用的 motherland。① 他呼吁海峡华人："要是可能的话，让我们除却不知父语的污名，让汉族的每一个儿子学习宝贵的语言，它蕴含着我们最伟大圣贤的智慧语言。"② 林文庆对中华语言和文化的重视程度，可以从他下述的这段话中清楚地体现出来：

> 割除一个民族的所有传统却仍然希望他能茁壮地成长，这是绝对不可能的事情，因为一个与自己的历史和传统相脱节的民族，就好比一棵被连根斩断的树，势将萎缩和衰落。就像海尔先生（Mr. Hare）所建议的那样，我们应该让孩子学习两种语文，而这在我看来，还并不单纯只是为了贪图一时的便利，而是基于一个更为重要的问题：它关系到我们种族的生存。③

依照林文庆的看法，一个民族区别于另一个民族的特征，主要体现在三个方面，即文化、宗教和语言，如果丧失了这些特性，那么，这个民族实际上也就已经形存而实亡了。林文庆所生活于其中的新加坡，在英国殖民地政府的教育政策影响下，越来越多的华人因接受英文教育而正迅速地被西化，面对这种对中华文化日趋严重的离心化，林文庆首先从语言开始，试图在华

---

① Lim Boon Keng, "Ode To Sun Yat Sen"（中山挽歌），《厦大周刊》第 210 期。
② 转引自李元瑾：《林文庆走向厦门大学：一个新加坡海峡华人的寻根之路》，（新加坡）《南洋学报》第 52 卷，1998 年 8 月。
③ Lim Boon Keng, "Our Enemies", *Straits Chinese Magazine*, 1(2), June, 1897.

人社会中扭转这种不利的局势。林文庆在立法议会上，曾多次向殖民地政府提出要求开办华文教育，在屡屡得不到支持的情况下，他自己率先于1898年在自己的家中开办了第一个华语训练班，召集了他的一些朋友和学生每逢星期天去他的家里，教导他们学习华文华语。林文庆对于华文字的构造颇有研究，他在钻研和学习华文的过程中，总结出了一套学习华文的方法，譬如，他把与"门"有关的字，如闩、闪、闭、闲、闸、闹等归拢到一起，然后，从汉字的形声开始分析每个字的含义，这就大大地降低了掌握华文字的难度，同时也增添了许多学习的乐趣。林文庆生动有趣的教学方法颇为有效，因而吸引了越来越多人前往学习，以至于他后来不得不借用威基利俱乐部来作为他开办华语训练班的地点。新加坡的华人多数系从福建移民过去的，很多人都或多或少地懂一点儿闽南话，因此，为了帮助他们学习华文，林文庆特意从《左传》中挑出了一些文章，如《宫之奇谏假道》《介之推不言禄》《季文子论出莒仆》等，先使用闽南语拼写，然后用英语来解释和翻译，他把这些文章分期刊登在《海峡华人杂志》上，以便让人们能更容易地学习和掌握华文。1903年，林文庆还在清政府驻新加坡领事馆多位秘书的大力帮助下，进一步开办了华语夜校，分别在华人体育协会和领事馆内上课，不仅课程是免费的，对于那些学习成绩优秀、通过了总领事鉴定考试的人，还颁发优秀奖和证书。在林文庆的影响下，后来南洋许多地方也出现了类似的学习班，这对于华文华语的推广，无疑是大有裨益的。

林文庆不仅亲自开办华语训练班，他还尤其重视对于华语的推广和普及。华语（也就是今天所说的普通话，当时叫作官话）在当时的南洋地区并不普及，反而是各种方言大行其道。人们以各种方言为纽带结成不同的利益帮派集团，各个帮派建立起以自己方言为媒介语的学校，这样不仅分散了有限的教育资源，也给学生上学带来了极大的不便，因为很多时候虽然学生的隔壁或住家对面就是学校，却因为它不属于自己的方言体系而无法入学，而是要走更远的路去到自己的方言学校上课。这在殖民地政府以英语作为唯一的官

方语言而正日欲形成统一新加坡人语言的情况下，四分五裂的方言就更加不利于华人之间的团结和中华文化的传播了。1906年，林文庆召集了许多华人社团的侨领举行会议，他在会上提议：要求所有的方言学校都把华语列为学校的教学科目，逐步达到统一以华语为学校教学媒介语的目标；他还提议，应该把以往每年用在迎神庙会上的钱改作为教育经费，以便改善学校的状况。他的建议获得了大家的认同，其后，越来越多的学校开始教授华语。林文庆对于华语的推广活动并不局限于新加坡，1906年，他远赴印尼的爪哇，考察那里由闽、粤人所创办的方言学校，他向当地华社领袖提出建议：将当地学校里的教学语言改为华语，同时，他也劝说那里的华人以华语作为大家的共同语言。他的游说活动大获成功，当地中华会馆属下的学校接受了他的建议，从此以后开始在学校里教授华语，而他本人还亲自负责在当地创办了五所学校，为此，巴达维亚（今印尼雅加达）的中华会馆还特意授予他金牌以示表彰。除了华语之外，林文庆还十分强调英语的重要性，因而，他在爪哇推广华语的同时，也主张学校里应该将英语列为必修课程。林文庆在爪哇推广华语和英语的行动，还曾一度令当地的殖民统治者——荷兰人大为不满。

针对当时存在于海峡殖民地华人社会现实中的种种弊端，林文庆也大加挞伐，并且力图加以改革，为此，他积极地参与和发起了禁烟运动和剪辫子运动。鸦片贸易在新加坡可谓由来已久，自从新加坡开埠以来就已开始了。由于鸦片贸易所带来的高额税收一直是殖民地政府的重要经济来源（在1898年，鸦片税收几乎占殖民地政府财政总收入的一半，高达45.9%），因而，虽然政府明知道吸食鸦片的重大危害，却从来不予禁止，结果造成吸食鸦片的行为在新加坡变得十分普遍。虽然幼年时的林文庆曾经从鸦片贸易中得益，他的父亲林天尧就是一个鸦片局的负责人，但无论是作为一个医生，还是作为一个有良知的社会改革家，他都深切地了解吸食鸦片所带来的种种危害，因而，他在回返新加坡的第二年，也就是1894年，就已经加入了反吸食鸦片的队伍中。那一年的3月，在新加坡市政厅举行的一个讨论鸦片的集会上，林文庆成了当晚最受瞩目的演讲人，从此以后，林文庆的名字就牢牢地和禁烟运动连在了一起，他发表演说、撰写文章，试图唤起政府对这个问题的重视，他认为：作为政府，应该首先承担起它对国民的道德责任而不应目光短浅地只看到鸦片贸易所带来的丰厚税收，因为，正是在政府的默许甚至是变相的鼓励下，吸食鸦片的人数才有增无减。为此，林文庆提出了许多建议，如：政府应该设立禁烟所以便治疗那些瘾君子，政府也应该减少鸦片的进口，同时通过教育的方式，让社会公众明了吸食鸦片的害处。在林文庆被委任为立法议员之后，他又在立法议会上为民请命，吁请政府关注吸食鸦片问题。1898年年底，部分地是由于林文庆的努力，立法议会终于通过了新的鸦片议案，从而挫败了鸦片承包商企图变相鼓励人们吸食鸦片的阴谋诡计。

眼见依靠政府禁烟无望，林文庆就把希望的目光投向民间私人身上。1898年，林文庆在一个华社侨领的聚会上提出建议：华人应该自行筹款设立一所戒烟医院。他的呼吁逐渐获得了大家的正面回应，1906年，新加坡的第一间禁烟所——振武善社——终于宣告成立了，由林文庆和殷雪村医生担任义务医生，为鸦片吸食者施以免费治疗。之后，林文庆又联合一些富有正义感的商人为戒烟所筹到了大笔的捐款，从而使得这间本来只能容纳六十人的戒烟所很快就发展成为能同时接纳二百多人的医院。这间戒烟所维持了很多年，1933年时改名为新加坡拒毒会，一直到战后殖民地政府出面设立了官方戒烟所之后，它才在完成自己的使命后正式解散。林文庆除了呼吁华人富商出钱捐助成立禁烟所，也提醒华社侨领，应该积极组织和宣传禁烟运动，同时研究造成吸食鸦片的各种因素，鼓励人们参与一些健康的娱乐休闲活动，以避免青年人和劳工染上抽吸鸦片的恶习。源自新加坡的禁烟运动影响深远，波及马来亚各地，如槟城、吉隆坡和马六甲等地。

剪辫子运动是林文庆在新加坡华人社会中发起的另一项重要改革，也是引起人们最多争议的一项运动。1898年，林文庆发表了关于辫子问题的文章，掀起了剪辫子运动的序幕。之后，关于辫子的问题就成了当时社会上争

论最激烈的一个问题。由于对这一问题的不同看法，峇峇华人社会被分成了对立的两大阵营，反对剪辫子的一方，如陈若锦、佘连城等保守派认为，辫子是华族的一个标志，如果去掉了它，则显得不中不西，甚至可能会导致华人倾向于西化；而在清政府的统治之下，剪掉辫子更是大逆不道的造反行为，虽然峇峇华人居住在新加坡很少回国，但也很可能因此而连累到国内的亲人。赞同剪辫子的一方，如林文庆、宋旺相、伍连德等大多受过高等教育，他们认为，保留辫子不合乎卫生的要求，它不仅是多余的，还带来各种不便甚至危险，去除辫子这个外在的东西，并不是违反祖训、背离祖国的行为，相反，这是一种进步的表现，是追求自由、理性的行动。当关于辫子问题的争论达到白热化的时候，有人甚至在市政厅和林文庆的药房外张贴了用华文书写的传单来诋毁他。当年的8月份，刚好是林文庆在立法议会任期届满之时，对于他的连选连任资格问题，也再次引起人们的争论，反对者乘机加以发挥，试图阻止他再次被任命为议员。尽管剪辫子运动遭遇到了许多阻力，但林文庆毫不退缩，坚持力排众议，率先说服自己周围的一些朋友和支持者剪去了辫子，而经此一运动之后，华人剪掉辫子逐渐地不再被视为离经叛道之举，去除辫子的人数也呈逐年稳步上升之势，而中国国内的大规模去除辫子运动，却要等到十余年之后，在民国成立之后才最终得以进行。

林文庆所发起的社会改革运动，当然不只是局限于上述禁烟和剪辫子运动，也涉及社会生活的各个方面。譬如就连人们日常的衣食住行，尤其是富有宗教色彩的婚丧礼仪，林文庆都认为实在是有进一步加以改革的必要。针对当时峇峇华人社会中普遍存在的那些既毫无意义又充满了迷信色彩、颇为浪费财力的婚礼习俗，林文庆主张只在婚礼中保留庄严的成分，至于其他繁文缛节的仪式则应力求简单，从而为一般民众所接受。

尽管林文庆十分重视对于逝者的追悼和纪念，但他却极力反对对于死者灵魂的祭拜。因为学医的缘故，林文庆一再从科学的角度来论证灵魂的不存在。既然灵魂是不存在的，那么，活着的人就没有必要耗费金钱食物去举办一些十分荒诞的祭拜仪式。林文庆主张,对于祖先展开祭拜的目的是激发人们的孝心,因而对于先人的追思,不需要过分地重视形式,而关键是要发自内心,以孔子所说的"祭如在"的心情来纪念先人。子孙后代在先辈的生死忌日等一些具有纪念意义的日子里聚集在一起,既可以一同缅怀先人,又可以借此团聚一番以增进彼此之间的联系,实在是一件一举两得的好事。针对当时因过分讲究排场以至于造成大量浪费的丧礼,林文庆主张丧礼应该尽力简单,既要节省时间和金钱,也要注意到环境的卫生。丧礼的意义在于对死者生前事迹的追思,因而,丧礼应该力求庄重严肃的气氛、合乎礼而不是荒诞和迷信。

林文庆于19世纪末20世纪初叶所发动的一系列教育、社会改革运动,虽然一开始主要是针对峇峇华人社会,但后来亦逐渐地延伸到了移民华人社会中。就峇峇华人而言,改革的主要目的是使因日益西化而离开华人文化传统渐去渐远的峇峇华人重新回归中华文化的怀抱,因而,有人将之称为是一次华人的再华化运动。对移民华人社会而言,这些改革运动,尤其是讲华语运动的推广,对于打破原来以方言群和地域为标志的各个族群、帮派之间的藩篱,促进移民华人社会的大团结,则毫无疑问是大有帮助的。这些改革运动为已经日渐形成的海外华人民族主义奠定了进一步发展的基础,可以毫不夸张地说,如果没有这些改革运动作为铺垫,则海外华人民族主义在20世纪30年代的高涨,就几乎是一件不可思议的事情。而林文庆正是点燃海外华人民族主义这把火炬最重要的先驱人物之一:当"中国的民族主义横掠整个的海峡殖民地,而他就是第一个起来响应的人"①,以至于林文庆的行为在当时引起了英文报《海峡时报》的批评。

林文庆在海外华人社会中发动教育、社会改革运动,其主要的理论基础就是以儒家思想为核心的中国传统文化。在林文庆的思想意识中,学校不仅应该以华语作为统一的教学媒介语,更应该向学生传授伟大的儒家伦理思想,

---

① 《林文庆传》,林文庆博士诞生百年纪念刊,无出版信息,第47页。

因为它是整个中国传统文化的基础。可以说，孔教复兴运动既是林文庆进行社会改革的理论依据，也是其中的一项改革活动，正因为如此，林文庆在发动教育、社会改革的同时，也发动了波及整个新马、时间持续长达十余年之久的孔教复兴运动。鉴于孔教复兴运动是林文庆着力最多、坚持时间最长的一项活动，而追求儒家的完美主义思想更可以说是林文庆一生的追求，因而，有关这一运动的更详细情况，将留待后面介绍林文庆的儒家思想时，再予以详细叙述。

第七章 保皇派的守护者

 林 文 庆 传

盼祖国早日强盛不遗余力支持维新
责无旁贷巧设金蝉脱壳暗保康有为

对于四处逃难的鸟儿而言，哪怕是一片小小的灌木丛，就足已令它感到欣喜若狂了，更何况是忽然出现了一个主动向它招手的鸟巢呢。

对于1900年6月的康有为而言，新加坡无异于就是一个供其暂时得以栖息的安乐窝。要知道，自从1898年9月戊戌政变之后，如同惊弓之鸟般过着四处逃难生活的康有为，已经在海外颠沛流离漂泊了将近一年半的时间。康有为之所以前往新加坡逃难，无疑是出于邱菽园对他的盛意邀请，但当康有为到达新加坡之后，对他负起了更大保护责任的人，却是林文庆。

在叙述康有为前往新加坡之前，有必要先简略地介绍一下林文庆是如何与中国的维新思想关联在一起的。虽然林文庆身居海外，但他也和同时期国内那些觉醒的知识分子一样，热切地关心着正处于内忧外患之中的中国。他在留学英国时，就已经开始关注中国，而他在目睹了大英帝国的繁荣兴盛之后，自然也更加渴望自己的祖国——中国能够早日摆脱贫穷、衰弱而变得强大。早在1895年，林文庆就开始撰写《中国的革新》一文，而为了让侨居新加坡的中国人能对中国有一个更为全面的了解，1899年，在林文庆的指导和协助下，他的一个朋友搜集了大量有关中国的书籍和论文，并将之编成目录，放置在莱佛士图书馆中供人们作为参考。作为一个接受西方文化熏陶，但却深爱着中华民族与文化传统的知识分子，林文庆很自然地就转变成了一个典型的改良主义思想家，他的改良主义思想与同时代国内的大部分先进思想家，如康有为、梁启超、严复等极为相似，都深受达尔文进化主义思想的影响，坚信社会是向前进化发展的，社会发展的规律是今必胜古，而将来必胜今。为了能在和平的状态下谋取社会的发展和进步，改良主义者反对暴力革命而坚持采取温和、循序渐进的方式来达到改造社会的最终目的。林文庆从英国回返新加坡之后不久，就开始在峇峇华人社会中发起了一系列的改革运动，这与当时国内的维新运动不仅几乎是同步的，更兼与国内的维新运动遥相呼应而扩大了这一运动的影响。

虽然没有证据显示林文庆在1900年之前就与康有为相识,但至少他们在思想上应该是早就互相仰慕了。林文庆在英国时就已开始学习中文、研究中国文化,并初步地接触到了中国的改良主义思想,而1896年,有两个因素促使林文庆更进一步地加紧向中国靠拢,其一是结识邱菽园,其二是林文庆与黄端琼结婚。邱菽园的出现,使林文庆终于有了一个曾直接参与中国维新运动并精通儒家思想的朋友可以切磋请教,从此以后两人合作无间,一同办报纸、组织会社、建立学校等,共同推动了新马的孔教复兴运动,当时就有人称赞他们说:"林君……与邱志行相合,雅相引重,每将欧美良法输灌宗邦,冀臻盛治,暇则共译中国古史及时事论说,播刊西报,冀通东西之驿骑,时人每两贤而两称之。"① 邱菽园对林文庆的影响是显而易见的,而说林文庆通过邱更进一步地了解康有为的维新思想也是合乎情理的。林文庆于1896年12月29日和黄端琼结婚,黄是著名的维新志士黄乃裳的长女,她在结婚之前曾周游世界,是一位学贯中西的才女,曾深获李鸿章的赏识。黄乃裳系晚清举人,曾参与康有为领导的"公车上书"。黄氏父女思想开明,对于维新活动的支持更是一向不遗余力,不管是维新改良还是儒家思想,他们对林文庆的影响也是不容否认的事实。自此以后,林文庆除了继续领导新加坡华人社会的改革运动之外,所关注的中心和焦点就逐渐地转移到中国方面去了。

林文庆对康有为的维新变法运动一开始就抱着极为关注的态度,而他赞同中国的改良主义运动也是一个公开的事实。当康有为在国内协助光绪皇帝展开维新变法活动的时候,林文庆也在新加坡予以积极响应。百日维新中的有些改革措施是关于教育方面的,其中就牵扯到海外华侨教育政策,当时,清政府驻新加坡代总领事刘毓霖接获清政府敕令,要加强海外华人的教育,因而有意要在新加坡筹建一所学校,以响应光绪帝的维新政策。刘毓霖第一

---

① 曾昭琴:《刊刻答粤督书缘起》,转引自李元瑾:《林文庆的思想》,新加坡亚洲研究学会1991年版,第29页。

个想到能对他有所帮助的人就是林文庆，而林文庆也的确没有让他失望，欣然答应愿意帮忙筹划。然后，林文庆就联络邱菽园，四处发动华人捐款，结果很快就得到了一万七千多元的捐款承诺。一切建校事宜都由林文庆统筹策划，他们对外宣传说，办学的目的在于培养人才，以便将来回国参与中国建设，同时，也向国内的人民显示，海外华侨是如何积极地响应光绪皇帝的教育敕令。尽管最终学校并没有建立起来，但这却是林文庆以海外华侨的身份，第一次直接地参与到国内的变法活动中。自此以后，林文庆就以更加积极的态度参与到中国的维新活动之中，如参与"星洲上书"、创办报纸鼓吹改革等，以与国内的维新活动相呼应。

毫无疑问，戊戌变法的每一步行动都吸引了林文庆关注中国的目光。当戊戌变法失败的消息传来之后，林文庆感到极为痛心，他写了一首英文的诗歌："A Voice Heard in Canton"（来自广东的哀号），用以表达自己内心的失望和悲愤：

> 在这不寻常的哀号声中，缪斯女神啊！请指引我前进
> 歌唱吧！我的心燃烧着不熄的火花
> 我的灵魂伴随着康有为的失败而战栗
> 啊，女神！请告诉我在竖琴上颤动着的双手该如何行动！

林文庆在诗中既表达了他对发动政变的慈禧太后的痛恨，也对被囚禁的光绪皇帝给予了无限的同情。

自1898年9月21日慈禧太后发动戊戌政变之后，康有为就开始了其逃亡生涯。康有为和其弟子随从，先后到过香港、日本、加拿大、英国等国家和地区，并在海外创立保皇会，继续鼓吹其保皇思想。1900年秋，康有为从加拿大再到日本横滨，但却被拒绝登岸，于是只好折往香港。这时，远在新加坡的邱菽园得知情况后，不仅立刻给康有为写信力邀他前往新加坡，同时

亦随信汇赠千金以为旅费。当时,慈禧太后正悬巨赏以捉拿康有为,同时派出刺客四处追杀,康留在靠近中国内地的香港,显然是充满了危险的,在如此情况之下,邱菽园能慷慨解囊邀其前往新加坡避难,这对几近陷入绝境的康有为而言,无异于是一种雪中送炭的义举。

康有为于1900年2月初抵达新加坡,直到同年8月初才离开新加坡前往槟城,在新加坡前后蛰居长达半年有余。在此期间,围绕着保护康有为的安全问题,发生了一系列颇具戏剧性的事件,而其中的关键人物之一,毫无疑问就是林文庆。康有为作为戊戌政变之后清廷的头号逃犯,遭受慈禧太后严令四处追缉,并悬赏高达十四万两白银,务求将其捉拿归案,实在不行也要将其就地正法,足见慈禧太后必欲置其于死地的决心。康有为人尚未到达新加坡,可是朝廷刺客南下的风声已经在各个报端频频出现了,当时新加坡的几家中英文报纸,如中文的《叻报》《日新报》以及英文的《新加坡自由西报》《海峡时报》等都曾先后刊登过大量刺客南下的传闻。作为对中国维新变法一直抱有同情之心的英国政府,从一开始就比较关注康有为的安危,如今既然康有为已经来到了它的殖民地——新加坡,那么设在新加坡的殖民地政府就自然有保护康有为安全的道义责任。

邱菽园虽然是邀请康有为前往新加坡的地主,可是主要承担起保护康有为安全重任的却是当时担任立法议员的林文庆。他在康有为和殖民地政府之间承担起了沟通桥梁的作用,或者说,虽然保护康有为的安全是殖民地政府的责任,但林文庆作为华社领袖和立法议员,却担当起了具体执行人的角色。林文庆和当时担任殖民地政府总督的瑞天咸都对康有为的安危极为关注,康有为刚刚抵达新加坡,林文庆在向瑞天咸报告时就认为,出于维护康有为安全的考量,警方不可以向外界,尤其是报界透露康有为的行踪。康有为抵达新加坡的第二天,林文庆又接受总督瑞天咸的命令,和华民护卫司的官员一起前往邱菽园的住家,向住在那里的康有为通报当时情况的危急,并且转达了瑞天咸愿意协助他秘密迁往其他安全之地的设想,因为当时传闻说有四名

北京派出的刺客已经到达新加坡。

　　康有为待在新加坡的半年期间，出于安全考虑，曾经数次转换住所。他于3月下旬到4月上旬之间，曾经一度搬入林文庆的住家暂住，而在此之前，由林文庆和瑞天咸为他安排的一次金蝉脱壳之计，更是十分精彩、非常富于戏剧性的一次行动。伴随着刺杀康有为的谣言越传越烈，为了保护康有为，在总督瑞天咸的授意下，林文庆一手导演了这次金蝉脱壳行动。为了欺骗刺客和摆脱那些嗅觉灵敏的报社记者的追踪，林文庆故意透露消息给媒体，宣称康有为将要离开新加坡前往欧洲去。据当时的报纸报道：2月23日的早晨，康有为和他的随从人员在警方的严密保护之下，登上了一艘英国邮船公司的汽船，当时不但有警方的保护，而且岸上还伴有送行的人群，这使得记者们深信不疑，以为康有为是真的离开了新加坡。为此，英文报《海峡时报》《新加坡自由西报》以及中文报《日新报》纷纷都登出了有关康有为离开新加坡的新闻，不仅如此，《海峡时报》还将消息电传到其他国家，从而使得这一消息迅速地扩散到各地去。然而，这一切实际上都只是精心上演给记者们观看的一幕戏剧，康有为并没有真的离开新加坡，他只是暂时地上了邮船，等到邮船开出新加坡之后不远，他就悄然下了邮船，然后搭乘一艘特意安排好的小船，趁着夜深人静之时，又神不知鬼不觉地重新回到了新加坡邱菽园所开设店铺楼上的"客云庐"内。林文庆之所以要刻意安排演出这样一出假戏给人们，尤其是给记者们看，其目的就是要假借报章之口来散播消息，从而让清廷派出的刺客误以为康有为已经不在新加坡，以达到保护康有为的最终目的，很显然，他并不是存心想要欺骗报社记者，或者说，这只是一次善意的欺骗。

　　等到事情的真相被揭露出来时，已经是一个月之后了。英文报《海峡时报》得知事情的真相之后，大为震惊，对自己的被愚弄和被利用感到大为不快，于是，接下来一个星期多的时间里，它都在连篇累牍地对此事大肆展开报道和议论，以发泄内心的不满。3月21日，《海峡时报》一开始就毫不客气地"请林文庆医生'供证'",还说如果能将事情的来龙去脉供证出来,"我们将原谅他",大有兴师问罪之意。林文庆则在回复给报社的简单解释函中,以一段深奥难懂、模棱两可的古拉丁文字,间接地承认了他的确曾善意地误导公众这一事实。《海峡时报》对于他的答复显然感到并不满意,因而继续就这一事件展开追究,并将矛头指向了总督瑞天咸,说林文庆和瑞天咸两人"联手制造的故事不仅瞒骗了中国刺客,而且迅速地电送到地球上的各角落。从伦敦到澳洲、到美国、到地球上最远的地方"。《海峡时报》甚至向瑞天咸提出建议:"我们建议瑞天咸总督以参与此计事为主线写一本小说或一个故事。……我们邀请瑞天咸总督给我们写一篇小说,题目为'康有为离境复返经过——由纵容者著'。瑞天咸总督富有幽默感和智慧,我们将颁给他一个他未曾得过的文学荣誉。"报纸在一开始报道康有为离开新加坡的时候,曾经出于尊重康有为的原因而使用了很隐讳的语言,说康有为被警方护送上船之后就"被安置于(邮船)底下一个紧锁的房间里",而到了这个时候,报社显然再也无法忍耐,因而,就把康有为所谓藏身于船上一处下锁的地方,其实是一间厕所这样的事实都给披露了出来,同时还将林文庆和瑞天咸冷嘲热讽了一番,从中足可以看出记者们被欺骗和利用之后的愤怒与不满。林文庆不顾可能得罪报社而使自己的名誉受损,参与实施保护康有为的金蝉脱壳妙计,从而为康有为赢得了将近一个月的安宁。①

康有为在新加坡蛰居半年,过的虽然是藏头露尾的保命生活,但他却在这期间以新加坡为基地,遥控指挥和组织勤王军,策划了他一生之中唯一的一次武装行动——1900年8月的汉口唐才常自立军起义。早在1899年7月,康有为就在加拿大组织了保皇会,随后又在美国、日本等地成立了保皇会分会,准备进行勤王行动。康有为到达新加坡之后,就在邱菽园的巨额财政支

---

① 有关康有为在新加坡期间的活动及相关报章报道的引用,详情可参阅李元瑾:《从中西报章的报道窥探1900年康有为在新加坡的处境》,《亚洲文化》第7期,新加坡亚洲研究学会,1986年4月。

援下，将勤王行动紧锣密鼓地正式提上了日程。除了邱菽园是康有为勤王行动的最积极支持者之外，林文庆和他的岳父黄乃裳也都是这一行动的热心参与者，他们几个人积极地为康有为的勤王行动出谋划策，形成了一个支持和参与康有为勤王行动的核心组织，其中，林文庆更是除了邱菽园之外，康有为当时最为倚重和信赖的人。虽然邱菽园后来极力地否认曾经参与勤王行动，但这却不能改变他们的确曾经参与这一事件的基本事实，否则，也就不会有后来两广总督陶模札饬当时清廷驻新加坡总领事罗忠尧查明邱菽园、林文庆是否有隐结会匪、植党图粤一事了，显见他们参与勤王行动在当时已是一个众所周知的公开秘密。邱菽园为了替被清廷逮捕的乡里族人脱罪而被迫向清廷捐献了三万两白银的赈灾款，并发表了著名的《答粤督书》，至于林文庆，则因为其侨生身份，相对而言并没有这方面的压力，因而，"以所志不替代言，遂不复有词"而选择了保持缄默。从康有为、梁启超写给邱菽园的多封信函中，可以明确地看出林文庆的确是参与了其事的，而且康有为对他多所倚重。在康有为写给澳门保皇会负责人的信中，也有极为清楚的说明："连日仰光、吉冷、暹罗、澳美电信交至，责望起兵勤王，岛日日侧望，徐、力、黄、林急如星火，抚髀拍掌催促。"① 信中的岛系指邱菽园，徐是《天南新报》的主笔徐季钧，力乃力昌，其生平不详，黄则是林文庆的岳父黄乃裳，林就是林文庆。从康有为使用"急如星火，抚髀拍掌催促"这一说法中，不仅显示出林文庆是勤王行动的积极参与者，亦可看出他参与其事之深了。虽然没有证据显示林文庆曾经为勤王行动直接捐款，但从他一贯的行为处事作风上可以推测得出：他应该不会仅仅局限和停留于为勤王一事出谋划策上。而当勤王行动失败之后，大批逃脱了清政府追捕的自立军志士先后通过上海、香港等地流亡海外，其中许多前往新加坡的人，就分别寓居于邱菽园和林文庆之处。

此外，从晚清"诗界革命之巨子"（梁启超语）丘逢甲的"赠林文庆"诗

---

① 转引自张克宏：《康有为在新马》，新加坡国立大学中文系硕士学位论文，1998年。

中，我们亦可窥见当时保皇党人对林文庆的期许是何其之高：

> 君名文庆字文庆，应慕汾阳郭子仪。
> 若论收京扶圣主，终需横海出雄师。
> 公卿当代多余气，豪杰中原望义旗。
> 欲起病龙作霖雨，天涯我特访神医。①

林文庆在当时保皇党人中的巨大影响力，由此可见一斑。而在邱菽园写给康有为的信函中，更是毫不掩饰地称林文庆为第一等豪杰："林文庆顶礼我佛，五体投地，每与爱言之，如掬肺肝。精格致学及天演家言，于各教立教本恉，皆能洞晰无遗。爱为述我佛讲学大义，救世婆心，喜跃感泣，无间寤寐，而于勤王立宪诸宗旨，尤切兢兢，诚海外友人第一等豪杰也。"②

通过积极响应和参与康有为所发起的维新变法运动，林文庆对中国的关注和兴趣明显地变得更加浓厚了起来，而他参与中国事务的步伐和行动也进一步地加快了。当义和团运动兴起的时候，林文庆开始搜集有关中国的资料，在英文报《新加坡自由西报》上先后发表了一系列的评介文章，之后，这些文章于1901年被整理编印成书，书名即为《中国内部之危机》(*The Chinese Crisis from Within*)。该书分三个部分，从中国的维新运动开始写起，接着写慈禧太后及其亲信党羽、傀儡和牺牲者，最后则分析中国与欧洲的外交关系，全书较为全面地介绍和分析了当时中国的内政和外交状况，显示了作者对中国事务的关注和关心。事实上，在新加坡的芸芸华人中，从来没有一个人像林文庆这样关心中国的改革运动，也从来没有一个人像他那样醉心和热衷于社会改良主义思想。

1900年之后的林文庆虽然和康有为及其保皇派逐渐地疏远，但这并不表

---

① 丘逢甲：《岭云海日楼诗钞》，上海古籍出版社1982年版，第408页。
② 蒋贵麟：《万木草堂遗稿外编（下）》，台湾成文出版社有限公司1978年版，第872页。

示他对中国的事务也失去了兴趣,恰恰相反,他对中国事务的热心反而是越来越浓厚了。1901年7月,当清政府的醇亲王载沣访问新加坡时,当地的华商在同济医院宴请醇亲王,席间,林文庆和阮添筹代表海外华人向醇亲王奉献颂词,表明他们虽然身在海外,但却不敢忘怀祖国,依然坚守祖宗遗留下来的制度和风俗教化,因此希望朝廷也不要遗忘了他们这些海外华人;他们也在颂词中表达了渴盼祖国能够更加富强的良好愿望。自此以后,林文庆与清政府的关系就变得日益密切起来,开始热心地参与清政府在海外实施的一些计划和行动。1903年,林文庆受清政府内务大臣肃亲王善耆的邀请,陪同肃亲王的儿子到北京去,因为肃亲王的这个儿子到清政府驻新加坡总领事馆学习英文期间,曾经接受过林文庆的指导,在林的指导下,肃亲王的儿子学习进步很快,所以肃亲王对林文庆的印象非常深刻。这应该是林文庆第一次访问北京,当时适逢义和团运动刚刚被镇压下去,北京仍然一团乱象,以至于在新加坡的华人社会中忽然流传出一个谣言,说林文庆在北京被人杀害了,使得他的夫人黄端琼本来已经染病的身体因为担忧焦虑而日益病重起来。虽然这次去北京并没有具体的事项,但它却无疑加深了林文庆对中国的感性认识,强化了他和中国之间的联系,因为,当林文庆再次回到新加坡之后,他马上就发表了一篇文章:《峇峇在中国开发过程中的角色》,试图唤起峇峇华人对中国问题的注意力,他提醒那些沉湎于英殖民地政府统治下的峇峇:"当每个汉族子孙都正在力争上游的时候,为什么我们这些海峡华人却对寄人篱下表示满足?为什么我们不能更进一步尽其光荣天职,接受汉族子孙所共有的传统?"① 此后,他又连续发表了其他一些文章,也都差不多采用了同样替中国宣传的基调,这显示在林文庆的思想深处,已经对中国变得更加认同起来了。

1905年5月,上海工商界召开大会,反对美国长期以来对旅美华侨、华工的歧视和虐待,从而掀起了后来波及全国各地的抵制美货运动,新加坡的

---

① 《林文庆传》,林文庆博士诞生百年纪念刊,无出版信息,第44页。

华商在林文庆的组织领导下，亦响应上海的行动，在新加坡展开了抵制美货的运动。1905年6月20日，由林文庆等发起在同济医院召开华商大会，前往出席会议的华人商家有数百位之多，大会由林文庆担任主席，会议的目的是抗议美国排华法令的严厉条文，并同情上海所发动的抵制对美国的贸易运动。林文庆在大会发言中特别强调："华人最早是以工人的身份，受邀到美国工作，他们是到美国之后，美国才通过排华法令并残酷地付诸实施。这项法令并没有把华人契约劳工、商人、旅客或希望到美国求学，吸取专门职业智识的学生加以区别。"①会议的结果是决定声援上海的行动，并公推林文庆为是次行动的总理，各帮则分别推选董事一名，以组成一个委员会，最后议定：联名电禀北京外交、商务两部以及驻美公使和美国驻北京公使，以表明海内外华人同心同德抵制美货的决心。电文的英文稿即是由林文庆亲笔拟定的，中文稿则由《叻报》主编叶季允拟定，其电文云："五月十八日，新加坡众华商集议力助上海华人商会抵制美约之举，并拟此后不与美国人交易，不买美货及其制造各物，必待其将禁止华人入口之条切实废去而后已。为此电禀。"②在新加坡华商展开抵制美国货物之后不久，槟榔屿等地的华人商家也开始响应，相继投入到抵制美货运动的行列之中。

　　自此以后，林文庆开始以更加积极的态度参加清政府的一些计划。1907年年底，清廷钦派大臣杨士琦慰问南洋华侨，林文庆作为随侍人员陪同杨士琦访问了槟城、马来联邦以及爪哇等地。杨士琦之行名义上是慰问南洋各地华侨，其实他真正的使命是为了劝导海外华侨回国进行投资，并为了举办重要商务及促进贸易活动等进行筹款活动。在这次访问活动中，林文庆扮演了杨士琦的顾问和代言人的角色，这对他而言，实在是再适合不过的了，因为就以他在南洋诸地长久以来建立起来的崇高声誉而言，可谓是担任这一角色

---

① 宋旺相：《新加坡华人百年史》，叶书德译，新加坡中华总商会1993年版，第308页。
② 《纪新加坡华商集议助拒美约事》（注：电文中所用日期为阴历），（新加坡）《叻报》1905年6月21日。

的不二人选。结果，他们大获成功，吸引了各地众多的华侨踊跃回国进行投资。

林文庆还参加了一个海外青年回国教育深造计划。1906年秋天，清政府学部特派钱恂为南洋查学委员前往南洋考察学务，为了鼓励华侨子弟回国读书，钱恂从南洋各埠华侨子弟中挑选一些可造之才，然后分批送往南京，准备对这些学生加以训练，尤其是华语和英语方面的教育，对于其中那些学业成绩优秀的学生，则遣送到欧美予以继续深造。为了训练这些回国的华侨子弟，清政府后来在南京专门成立了暨南学堂，1917年被改名为国立暨南学校，也就是今日暨南大学的前身，成为中国华侨教育的摇篮。林文庆对这一海外华侨子弟回国深造计划，给予了大力的协助和支持，因而，当1922年3月成立暨南学校董事会的时候，他被举为董事会的十七名成员之一。

林文庆与中国之间的关系变得越来越密切了。在第一次世界大战爆发之前的那段时间里，林文庆频繁地往来于中国和新加坡之间，大部分时间里，林文庆是作为中国政府的代表，替中国政府在海峡殖民地、马来亚各邦以及爪哇等地筹款，他甚至为此而放弃了行医生涯，他于1905年将自己在九思堂药房的股份转让给了殷雪村医生，以便能够更加专心一意地为中国政府效劳。在这段时间内，林文庆可谓是神龙见首不见尾，成了一个地地道道的神秘人物：几乎没有人能确切地知道他身居何处、当下他到底又在忙活些什么？很多时候，甚至于就连他的家人都不知道他到底人在哪里：袁世凯专权称帝，欲请林文庆前往担任职务，而他其时恰好又刚刚离开新加坡前往中国去了，他的夫人想要通知他回返新加坡，但却不知道他当时究竟身在何处，只好先拍电报到上海交由某公司辗转寄出，而其时林文庆恰巧乘船抵达上海，接获此消息后，立即回返新加坡，从而避免了一次可能被迫助纣为虐的悲剧。

1911年，林文庆受肃亲王之命，出任清廷内务府医务顾问及北京西医院总监，同年3月，他奉清廷之命，作为大清帝国的医药代表前往欧洲，参加在巴黎、罗马召开的国际医学会议，并出席在德国德累斯顿举行的"万国卫生博览会"。林文庆这次的赴欧行程历时长达九个月的时间,除了参加上述会议并多次发表演讲之外,他还借机对欧洲主要国家的政治和社会状况进行了较为详尽的考察。对于林文庆个人而言,他这次代表清廷出使欧洲,还使他获得了一个特殊的、只能说是可遇不可求的机遇,那就是他以大清帝国医务官的身份亲眼见证了中国最后一个封建大帝国的死亡,而紧接着,他又以中华民国第一任大总统孙中山机要秘书兼医官的身份,亲眼目睹了中国历史上第一个共和国的诞生!

第八章 革命者的同路人

 林文庆传

痴迷社会改良不赞同暴力流血革命
为孙中山纾困解难终成为同盟会员

"良禽择佳木而栖，良才择贤主而事。"用这句话来形容林文庆从思想到行动上回归中国的过程中，探索和寻找事业上的合作者以及政治上的效忠者的经历是十分恰当的。作为一个出生于海外的华人，当林文庆急切地想要为中国的强盛和繁荣贡献出自己力量的时候，刚好有三股影响中国的力量差不多同时出现在了他的身旁：其一是当政的清政府，其二是主张维新改良的康有为保皇派，最后一股力量就是后来居上的孙中山领导的革命党。林文庆与这三股势力几乎同时都有往来，而这也正从另一个侧面突显出了作为海外华人在回归祖国时的些许无奈。正如孔子所说的那样，"鸟则择木，木岂能择鸟"（《左传·哀公十一年》）。海外华人对于国内的当政者，基本上并没有多少可以选择的余地，而他们却又急于能为祖国做点儿事情。这或许可以用来解释，为什么林文庆可以几乎同时与影响中国的三股力量都有来往的原因，因为，很多时候，林文庆并不是特别地介意谁在主持中国的政务，只要是能对祖国有所帮助的事情，他都会毫不犹豫去做的。

　　林文庆之所以要保护避难于新加坡的康有为，除了是在执行殖民地政府的旨意外，更重要的是因为康有为所发动的维新变法运动与他自己的改良主义思想相接近，改造社会的共同志愿早在他们相见之前就已把他们联系在了一起。如此一来，保护抵新避难的康有为，自然就成为林文庆义不容辞的责任了。然而，通过与康有为的具体交往，尤其是在参与、策划勤王行动的过程中，林文庆也逐渐地认清了康有为保皇的目的和本质所在。勤王行动失败之后，康有为备受指责，特别是他接受了邱菽园等海外华人的大批捐款，却又不能及时给予在汉口筹划起义的唐才常以财政上的资助，以至于有"拥资自肥"的嫌疑，邱菽园和康有为公开绝交之后，林文庆逐渐疏离康有为也就是一件很自然的事情了。只是，令一向与孙中山势如水火的康有为怎么也意想不到的是，自己竟成了促使林文庆和孙中山二人开始彼此靠拢的催化剂！

尽管知名的早期资产阶级民主革命家冯自由和有"南洋革命党第一人"之称的陈楚楠在他们各自的著作中都曾多次提到,林文庆与孙中山本系旧交,但迄今为止并没有任何直接的证据资料来完整说明他们是如何相识或因何而相识的。冯自由在其《革命逸史》和《中华民国开国前革命史》中、陈楚楠在《晚晴园与中国革命史略》中,都说早在1900年之前林文庆与孙中山就已经定交于伦敦。从现有资料来看,有一点几乎是可以肯定的,那就是,孙、林两人即使早就相识,但至少在1900年之前,两人之间也不太可能已产生出很深厚的友谊。之所以这么说,是因为两个人的思想观念以及改造社会的途径与方法从一开始就存有很大的隔阂。我们知道,孙中山很早就已经转变成了一个革命者,至于林文庆,虽则不至于说他是个"反革命者",但迄今却始终没有强有力的资料来证明他积极支持革命,因为,对于一直醉心于改良主义思想的林文庆而言,他始终认定温和渐进的改良方式才是最佳途径,只有实在迫不得已时才运用革命的手段。从1900年前后林文庆的一系列撰文中,我们可以看到,他当时对于革命实际上是抱着很大戒心的,他赞扬英国和日本通过改良而不是流血冲突的方式,实现了由专制政治向立宪政治的转变,因而,林文庆希望中国也能像英、日那样通过和平的途径进行改革,以实现国家富强的目标。在义和团运动高涨的时候,面对国内一团乱象、一场大规模的革命眼看一触即发之际,林文庆甚至希望西方列强暂时伸出援助之手,打击以慈禧太后为首的顽固不化的保守势力,帮助失势的光绪皇帝夺回权位,其目的,就是使中国避免陷入一场大革命的浩劫。从林文庆不惜称呼革命者为"恶魔"的说法中,亦可以看得出他对待革命的厌恶态度,他对那些有意回国服务的咨咨说:

> 起义在任何时候都是一件很糟糕的事情,尤其是在中国。如果一个人意识到自己的残暴行径将会带来种种的恐怖后果,但他却仍然胆敢在今日的中国策划革命,那他根本就不是一个人,而是一个残忍的恶魔。而我所希望的

是能引导你们小心地注意一条和平的途径，如果能够老老实实地按照他所指引的方向前进，那么，他不仅肯定可以为你们自身，而且也能为你们祖先的古老土地赢得光荣和幸福。①

1903年，林文庆在游说峇峇回国协助开发中国的文章中，仍然强调革命不是善策：中国需要的是改革而不是革命！甚至一直到第一次世界大战期间，林文庆对待革命的态度是仍然心有余悸，他说：

> 要唤醒人民从数百年的停滞状态中苏醒过来，并消除一切毒害社会和人类思想的邪恶影响，仅靠一场革命是不可能达到目的的，不管它是多么的恐怖和血腥！这样的方式仅仅适用于自然界：在垦殖者的掌控下展开清除森林的工作，树木被一一伐倒，所有的残骸也都被付之一炬，否则，大规模的垦殖活动就不可能开始。但对社会而言，革命却不可能达至同样的目的。法国自巴士底狱暴动以来的历史已证明了这一点。如果中国还要在我们的眼前去重复具有同样讽刺意味和悲剧色彩的法国式革命的无情结局，那就太让人不可思议了。②

因此，最多也只能说林文庆是一个革命的同情者而已。俗话说，"道不同不相为谋"，在两个人的思想观念大不相同的情况下，林文庆和孙中山即使在1900年之前确已相识，两人之间也不太可能有着很密切的关系。

说孙中山和林文庆在1900年之前不太可能产生很深厚的友谊，除了他们改造社会的思想观念不同之外，也可从林文庆加入同盟会的过程中看得出来。不仅陈楚楠和冯自由在其书中都一再反复强调说，当1900年林文庆协

---

① Lim Boon Keng, "The Role of the Babas in the Development of China", *Straits Chinese Magazine*, 7(3), September, 1903.
② Lim Boon Keng, *The Great War from the Confucian Point of View, and Kindred Topics*, Singapore: The Straits Albion Press, Ltd., 1917, p.54.

助解救孙中山的日本同志时,林文庆"并不是党员",而且当孙中山于1906年4月6日在新加坡正式组织成立同盟会新加坡分会的时候,首次加入同盟会的十二个人当中也并没有林文庆的名字。当时,同盟会新加坡分会的正副会长陈楚楠和张永福向孙中山引见初期入会的同志多人与他会面谈话,孙中山因为见不到林文庆而感到十分失望,于是,他特意请陈、张二人去约林文庆在晚上见面。林文庆应约去见孙中山,随后,两人展开了长达数小时的闭门长谈,像这样的倾心长谈,接下来还连续进行了整整三个晚上,最终的结果就是,孙中山成功地说服林文庆加入了同盟会。其后,林文庆对待革命的态度开始有所转变,似乎变得不再那么抗拒了,甚至于开始有限度地参与一些革命行动,譬如,当年革命党人将邹容写的《革命军》一书易名为《图存篇》并加以翻印两万多册,然后将之辗转送往福建、广东等地进行散发、宣传,林文庆和他的夫人黄端琼就曾经参与其事。此外,林文庆也不时地接受他的岳父——著名的革命党人黄乃裳的指示,协助处理一些与革命有关的事务。当时有一位名叫罗伯斯的英国人在一篇评论文章中提到,林文庆的助手和他岳父黄乃裳曾经积极地参与了1907年间在广东举行的一次起义,至于林文庆本人是否也参与了其事,罗伯斯推论说:虽然"林文庆医生没说他与这事件有多大关联,他避免谈论或提起它,但我常这样想,他曾尽力给予钱财方面的支助。无论如何,有一件不容置疑的事实,那就是:共谋者常聚集在他的诊治室里,而且在通往药房楼上房间的黑暗走廊上,广泛地讨论着他们的计划"①。显而易见,林文庆行医的诊所变成了革命党人策划革命行动的一个秘密场所。辛亥革命以后,伴随着同盟会改组为公开与合法的国民党,孙中山与黄兴随即派人前往新加坡,于1912年10月份将新加坡同盟会改组为中华北京国民党驻新加坡交通部。其后,经过一番极为复杂的选举程序,林文庆被推选为正部长,负责领导一个人数多达两千人的庞大党组织。②不仅如

---

① 转引自李元瑾:《林文庆的思想》,新加坡亚洲研究学会1991年版,第155页。
② 《中国国民党新嘉坡交通部正式职员表》,(新加坡)《南侨日报》1913年7月18日。

油画——林文庆向孙中山介绍陈嘉庚加入同盟会（孙中山南洋纪念馆供图）

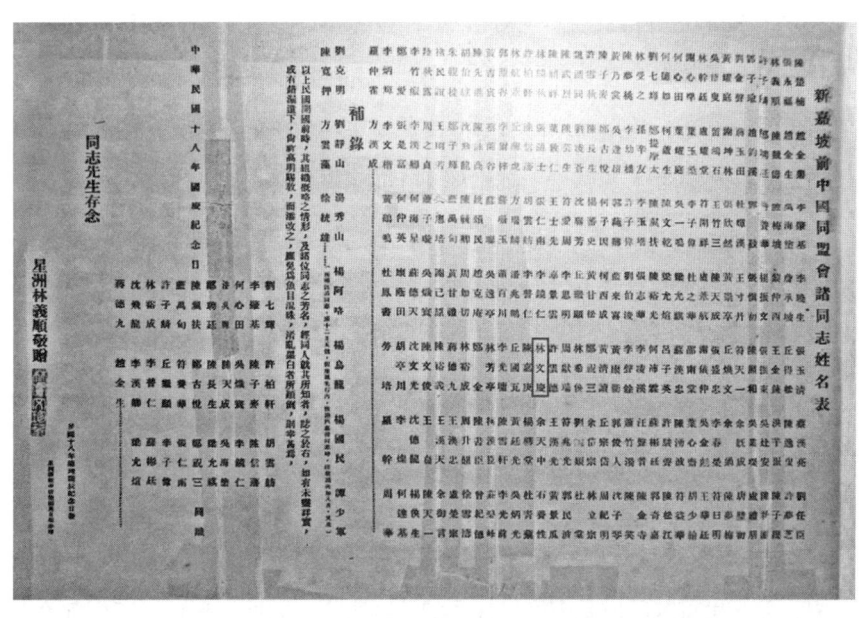

林文庆加入同盟会

此，林文庆还亲自访问马来半岛的麻坡、柔佛等地，四处宣扬三民主义，并协助成立了国民党麻坡支部，可以说，林文庆是当时新加坡国民党一位十分重要的领导人。

孙中山一生中曾经先后八次到访新加坡，时间从1900年夏天开始一直到1911年武昌起义成功后，孙中山从欧洲回返中国时途经新加坡。就他与林文庆两人的关系而言，1900年的第一次到访新加坡，毫无疑问是一个重要的转折点，为他与林文庆之间的进一步交往奠定了友好的基础，而他这次到访新加坡的直接契机，就是从康有为到新加坡避难开始的。1900年2月康有为接受邱菽园的邀请，从香港抵达新加坡，藏匿新加坡长达半年的时间。当年夏天，孙中山离开日本准备前往越南的西贡。在此之前，孙中山为了谋求与康有为的合作，曾一再设法和康有为、梁启超联系，但因康有为以帝师自居而完全没有合作的诚意，致使合作一事终无所成。这时候，孙中山的日本友人宫崎寅藏再次提出建议：应该联合康有为，共同协力办事！并且，宫崎自恃在"百日维新"失败之后，曾经亲自护送康有为到日本东京避难，有恩于康有为，因而自告奋勇，主动向孙中山提出愿意前往新加坡去见康有为，再谈两党的合作。宫崎的建议获得了孙中山的支持，随后，宫崎寅藏便与另一个日本人清藤幸七郎结伴于1900年7月初到达了新加坡。宫崎他们首先拜会了邱菽园以说明来意，并表达了想要与康有为晤面的要求。邱菽园慨然应允，答应亲自去办理会见康有为的手续，让他们在旅馆中静候佳音。

这时候，有关刺杀康有为的谣言满天飞，盛传有刺客从日本出发要到新加坡刺杀康有为。碰巧康有为又接连收到了其弟子等人自日本发来的两封电报，都提醒他要早有防卫。这一系列看似巧合的偶然事件，让已如惊弓之鸟的康有为不能不疑心顿起，出于保命的本能，他再也顾不上宫崎当年的救命之恩，而宁可将其看成是来取他性命的清廷刺客，因而，康有为宁可背负不守情义、声名受损的恶名，也拒绝和宫崎相见。于是，康有为派他的得力亲

1898年，孙中山与日本友人宫崎寅藏（孙中山南洋纪念馆供图）

信弟子汤觉顿前去会见宫崎，汤对宫崎说：如果他有事情尽可以告诉自己，由他负责转告康有为。同时，汤还奉康有为之命，给宫崎送去了由邱菽园代为馈赠的旅费百金。康有为不仅嘱托邱菽园代为馈赠旅费百金予宫崎，更要邱代己为宫崎饯行，大有敬而远之兼具送客之意，是摆明了不愿意和宫崎相见。见此情形，自恃有恩于康的宫崎大表不满，感觉自己受到了侮辱，于是愤然对汤觉顿说："赠我百金，我岂有接受的道理？我是自由的人，先生系亡命之客。我今来见，并非为乞求黄白之物，却想对先生有所馈赠以慰悲境，且谋将来的大事。"① 气愤难平的宫崎随后更是给康有为书信一封，其措词颇为激烈以示与康绝交，信中云："弟今怀有一片深忧与满腔热血，不远千里来访

---

① 宫崎滔天：《三十三年之梦》，林启彦改译、注释，三联书店香港分店、花城出版社1981年版，第185页。

知己。焉知昨日之知己，今日已非知己，竟以最大耻辱之名相加！世事表里，人情反复，如梦如幻，实令人惊骇不已。……谨具手书，致于感泣皇帝知遇，而不解朋友大义之人，以示诀别之意。幸加自爱！"①康有为接信后更加坚信了宫崎将不利于己的传言，遂即持信向殖民地政府报警，结果导致了宫崎、清藤二人被捕。②二人被捕之时，警察在他们的行李箱中搜获了二万七千元银票和两百五十元现金以及两把日本刀，这进一步加深了他们刺客身份的嫌疑。

宫崎清藤被捕的消息很快就传到了正在越南西贡筹款的孙中山那里，为了搭救宫崎二人，孙中山从西贡匆匆赶到了新加坡，这也是他第一次到访新加坡。③孙中山一行人乘搭的船刚刚抵达新加坡，就有人上船来找他们，提醒他们不要下船，以免有危险。这让孙中山大为吃惊，认为如果冒失勉强上岸，说不定会真的遭遇麻烦，倒不如暂时留在船上，再想法子脱身。由于事发突然，令孙中山他们一时手足无措，甚至想到要转搭一小时之后出发前往科伦坡的船逃离新加坡。直到日本驻新加坡领事馆的一个职员上船来告诉他们，说他们有企图行刺康有为的嫌疑，这才让他们稍微明了当时的情形。孙中山自忖自己行为光明磊落，并没有龌龊怕人之事，所以最终果断地决定仍按原定计划登岸，然后再设法营救宫崎二人。

冷静下来之后，孙中山想到了自己在香港西医书院读书时的同窗好友黄康衢和吴杰模，孙中山知道他们二人毕业后前往新加坡开业行医了，但却没有再见过面。孙中山马上托人打探黄、吴二人的诊所所在，新加坡果然是个小地方，没有费多大力气，孙中山很快就见到了黄、吴二人。好友相见，来不及细话别后情谊，孙中山就开门见山直接说明了来意，请求他们帮忙设法去谒见总督，因为，孙中山他们已经从日本领事馆那里大体知道了事情的关键所在，就在于宫崎他们被捕时行李箱里被搜出来的近三万元钱的来历无法

---

① 宫崎滔天：《三十三年之梦》，林启彦改译、注释，三联书店香港分店、花城出版社1981年版，第186页。
② 《疑害康有为要案录登》，（新加坡）《叻报》1900年7月12日。
③ 《孙汶来叻事直记》，（新加坡）《叻报》1900年7月13日。

自圆其说，虽然宫崎自称那是朋友所赠，但殖民地政府显然并不完全相信他的解释，因而，孙中山才想到要亲自去跟总督解释，说那些钱是他交给宫崎的革命经费，"即用以预备发给革命军饷者"，① 以便洗刷宫崎等的罪名。

闻听此言，黄康衢和吴杰模二人互相对视了一眼，几乎是异口同声地说：要想见到总督，除非先去见他！孙中山有些奇怪：见谁？黄康衢这才跟孙中山细细解释道：我们必须先去见海峡殖民地唯一的华人议员林文庆医生，如果没有他的引荐，以我们目前的身份，是断不可能见到总督的。孙中山闻听此言，脸上露出一丝惊喜的表情："林文庆？你们是说，那位毕业自爱丁堡大学的林梦琴医生？"这下倒轮到黄、康二人有些不解了："怎么？你认识他？"孙中山不禁哈哈大笑起来："好了，好了，这下问题一定可以解决了，请二位现在就赶紧带我去见这位林梦琴医生，至于我和他的一面之缘嘛，就容我在路上和你们二位慢慢细说吧。"

当助手向林文庆报告，说黄康衢、吴杰模二位医生前来拜会的时候，林文庆并不感到奇怪，因为他们闲暇时间时常在一起讨论医学、社会等问题，但是，当他看到黄、康二人身边的孙中山时，倒是多少流露出了一点儿惊诧的表情。林文庆虽然一向并不赞成革命的主张，因而与孙中山之间一直存有一层无形的隔膜，但他也深刻理解孙中山大公无私、为国为民的一片赤诚之心，因而，在他的内心深处，对孙中山屡败屡战、百折不挠的精神其实还是十分钦佩的。孙中山救人心切，也顾不得向林文庆细加解释他与黄、康二人之间的关系，就抢先把自己的想法向林文庆大概叙说了一番。林文庆听后并不觉得意外，以他对孙中山的了解，也相信像孙中山这样一直不屈不挠与清廷对抗的革命家，是绝对不会接受清廷的赏银前来刺杀康有为的。事实上，当他从康有为那里了解到宫崎与康、孙之间的关系时，就对宫崎刺杀康有为一事觉得事有蹊跷、有所怀疑，但只是碍于作为当事人的康有为坚持要报警

---

① 罗家伦主编：《国父年谱》(上册)，台湾：中国国民党中央委员会党史史料编纂委员会，1969年增订版，第121页。

处理，他也就没有足够的理由加以阻止。现在，听了孙中山的解释之后，他倒是对康有为如此小题大做、贪生怕死感到有些不可理喻了。

　　林文庆自然是一口就答应了孙中山的要求：带他去谒见总督。事实上，除了立法议员的官方身份需要时常和总督进行公务会面以外，林文庆与总督的私人关系也一向十分友好，当他于1896年和黄端琼结婚的时候，政府的许多高官都前往参加他们的婚礼，当时尚为代总督的瑞天咸还提议为一对新人干杯呢。不仅瑞天咸总督一直是他们夫妇俩的知交，在米切尔担任殖民地总督期间，林文庆的夫人黄端琼也一直是总督府内最受欢迎的常客。在林文庆的积极斡旋之下，总督瑞天咸决定接见孙中山，因为他也想从中了解孙中山他们前往新加坡的真实意图。在听取了孙中山的辩解以及经过了一番详细的调查之后，总督瑞天咸大体上相信了孙中山的解释，即，他们前来找康有为是准备谈两派合作事宜而不是要来谋刺康有为。然而，为维护英国以及殖民地政府的利益，瑞天咸却也从中得出了一个对孙中山而言显然不大公平的结论，他认为：孙中山和宫崎他们前往新加坡，除了准备拉拢联合康有为之外，还有可能准备在新加坡采购武器，从而把新加坡当成是一个准备在南中国发动起义的基地。这最后一点对殖民地政府而言却是无法容忍的，因而，瑞天咸最终决定将孙中山连同宫崎他们一块驱逐出境，五年之内不准登陆新加坡。对于殖民地政府的最终裁决，孙中山、宫崎等虽然认为是极不公平的，因而提出抗议，但基于救人的根本目的已经达到，而当时新加坡也还没有革命势力的出现，故此，这样的结果对孙中山来说，也并没有任何实质上的损失。

　　孙中山初次到访新加坡，除了成功地搭救出宫崎等人之外，可以说还有两个意外的收获。其一是真正建立了他与林文庆之间的友谊，其二是使他认清了康有为的保皇本质，从此彻底地放弃了寻求合作的希望。通过这次解救宫崎的行动，孙中山给林文庆留下了十分良好的印象：孙中山始终是一个乐观的理想主义者，每时每刻都在为着提升中国在国际上的地位和形象而努力，这与林文庆本人的想法恰是不谋而合的。反观康有为的所作所为，就有点儿

令林文庆大惑不解了：既然同是为了中国的前途着想，为何又显得如此心胸狭隘？居然为了保命而相信道听途说的谣言，以至于把自己的恩人送进监狱去！这不仅成为导致日后林文庆疏远康有为的心理基础，也成为他与孙中山日益亲近的根本原因。在新加坡期间，孙中山仍然没有完全放弃与康有为合作的幻想，他想尽办法极力要与康有为会面，但终不得其门而入，最后只好失望而归。孙中山对康有为的做法极为不满，他在出席当地华人的公开活动上，大力抨击康有为：

"吾一生作事磊落光明，并不学彼鼠辈所为，匿迹潜踪，恐人窥探。试观余到叻地，日游于市，何尝稍畏人知？"席间，又与平日最深敬康之某叻产华人谈论康之过失，语语皆极真切，闻某亦深题之至，其谈论之词，大约谓：康既以保皇为名，今日之事正宜举兵北上，靖难扶危，清君侧之恶人，扶圣明之令主。乃竟安居万余里外之叻地，且复深居隐处，一言一动亦恐人知，自保不暇，乃欲保皇，岂不令人可笑？试观历来能举大事者，岂有如是行径耶？①

从此以后，孙中山彻底放弃了与康有为协商国事的幻想，而专心一志地从事于自己的革命事业。面对康有为贪生怕死、藏头露尾的生活，孙中山却能光明磊落、公然畅游于市，二人在新加坡时的所做所为，形成了鲜明的对比，相信这一切看在林文庆的眼中，也自能促使他权衡取舍、做出自己的最终选择。自此之后，林文庆逐渐地疏远了康有为，而他对革命的态度也开始有了转变，与孙中山之间的关系也日益密切起来。其后，孙中山在新加坡的活动，也屡屡获得林文庆的协助。林文庆的连襟、著名的防疫斗士伍连德博士在其自传中就曾提及，在孙中山被放逐期间，林文庆曾经为他做了许多事情。当林文庆逝世后，伍连德博士在写给《海峡时报》的公开信中说：

---
① 《孙文来叻缘由补录》，（新加坡）《叻报》1900年7月14日。

> 当孙逸仙博士在他那漫长的流放生涯中需要一个安逸的家的时候，他发现林文庆的家乃是摆脱一切惊吓的安乐窝。因此，接下来所发生的这一切也就丝毫不会让人感到奇怪了：当这位伟大的革命家（孙中山）受邀出任中国总统的时候，林文庆和他同乘一艘船前往南京，而1912年1月，当孙博士在明陵前发表那具有历史意义的演说、宣布共和国成立的时候，林文庆就矗立在他的身边。①

革命刚刚成功，新政府始宣告成立，可谓是百废待兴。万事无财不举，所以，刚刚成立的民国政府于1912年2月24日所发出的第二十一号《临时政府公报》就是：《大总统令财政部委任汤寿潜林文庆往南洋劝募公债并颁发委任状由》，②"特委任汤寿潜为南洋劝募公债总理，林文庆为劝募南洋公债副理"，前往南洋为新政府筹募资财。为了新生共和国的生存计，同时也是为了替孙中山排忧解难，林文庆毅然接受任命，回返南洋为新政府筹募到了一大笔可观的资金。

武昌起义爆发的时候，林文庆人在欧洲，听到消息后，他在第一时间乘船赶往中国，从而成为共和国诞生的目击者。林文庆首先抵达了汉口，与稍后抵达的孙中山以及黎元洪和黄兴四个人住在同一个帐篷里，外人不可以随便出入其间。由于当时没有理发师，几个月之后，林文庆竟然长出了长长的胡须，从此以后，这些胡子就陪其度过了一生，几乎成了林文庆的一个"注

---

① Wu Lien-The, "Lim Boon Keng: Scholar, Linguist and Reformer", (Singapore) *Straits Times*, 1957-01-07.
② 《令财政部委任汤寿潜林文庆赴南洋劝募公债文》，中国社会科学院近代史研究所中华民国史研究室、中山大学历史系孙中山研究室等：《孙中山全集》第二卷，中华书局1982年版，第125~126页。另，新加坡1912年4月份的《叻报》也曾多次报道过汤林二人的活动，如《叻报》4日报道：《汤寿潜抵叻》、9日"告白：定本晚七点半钟敦请新政府特派员汤寿潜、林文庆二位先生演说，敬邀各界共聆伟论为盼。元年四月九日，星洲书报社敬启"、10日报道：《演说纪盛：星洲书报社昨晚请政府代表员汤林二君演说》。

册商标",他自称其为"共和胡子"(Republic beard)。① 像这样与孙中山"同住共食"②的生活,从汉口一直延续到南京。南京临时政府成立,孙中山就任临时大总统,林文庆受委担任他的机要秘书及军医官,第二年升为卫生部总监督。当年孙中山政府所发出的致世界各国军政首脑的重要电讯及各种通电,大都是出自于林文庆的手笔。为了初生的共和国,林文庆协助孙中山日夜操劳,一直到袁世凯专权、孙中山辞去大总统之后,林文庆才辞去所兼各职,南返新加坡。

显而易见,孙中山十分赏识和重视林文庆的出色才干,伴随着两人之间的交情日益深厚,孙中山每每会在关键时刻想到林文庆。早在民国成立之前,孙中山就曾将自己的墨宝和亲笔签名的自己的照片赠送给林文庆以示纪念,孙中山亲书"博爱"二字赠予"梦琴先生",而当笔者从林文庆曾孙林苏民医生和曾孙女林星宝的手中看到那张已经泛黄、身穿中山装的孙中山遗照时,足可以想象得出当年两人之间的友情是多么的深厚了!孙中山对林文庆的重视可说是一贯的,当他于1921年5月在广州宣誓就任中华民国非常大总统之后,正值用人之秋,他马上就想到了自己这位可以信赖的老朋友,于是,孙中山立刻拍发电报给远在新加坡的林文庆,召其回国襄赞外交,准备让他担任外交部长一职。

孙中山签名照(林苏民供图)

伴随着林文庆和孙中山在国事、公事上越来越多的合作,两人不仅日益成为事业上志同道合的战友,他们两个

---

① "The Sage of Singapore",(Singapore) *Straits Times*, 1948-10-22.
② 《总理诞辰之纪念会》,《厦大周刊》总第174期。

人的家庭之间的私交也逐渐地密切起来，日渐产生了深厚的友谊。1923年，林文庆的一个儿子因为被疯狗咬伤，当时在厦门无法治愈，林文庆的夫人殷碧霞带他前往越南的西贡求医，在途经广州的时候，他们曾经登门拜访孙中山一家，结果受到了孙中山和宋庆龄夫妇的热情款待。

至于林文庆，则也对孙中山充满了知遇之恩，十分珍视两人之间长达"二十余年之友谊"。① 当孙中山于1925年3月12日逝世之后，林文庆闻讯十分悲痛，特用中文撰写了如下的挽联来抒发自己对于孙中山的哀思：

> 兰言犹在耳，记当年画策南洋，只为解悬苏后起；
> 蒿曲已伤心，偏此日观光东岛，不堪挥泪哭先生。

孙中山去世之后，林文庆在厦门大学积极遵行国民政府所发出的"总理纪念周"的训令，邀请留法画家高沛泽摹画了孙中山的画像，将其悬挂在厦门大学的大礼堂中，在例行的每个星期一的总理纪念周活动中，带领学生向画像鞠躬行礼，并念总理遗嘱以及静默三分钟等。不仅如此，林文庆还把"总理遗嘱"印在每一期的《厦大周刊》封面上，以非常醒目的字体提醒大家"革命尚未成功，同志仍须努力"！这样的做法一直延续了长达数年之久。1929年5月26日至6月1日，在孙中山灵柩自北京转运南京的奉安大典期间，林文庆不仅严格执行政府的训令，通告全校停止举行游艺及宴会等一切娱乐活动，并在此期间降半旗以示哀悼，他还特意用英文撰写了长达七十二行的长诗"Ode to Sun Yat Sen"（中山挽歌），并请朱桂曜教授将其翻译成中文，全文刊登在《厦大周刊》第210期上，以示悼念。在诗中，林文庆直指孙中山是"我们的英雄"（our hero），显示出了林文庆对孙中山的敬佩之情。一直到1930年，林文庆在倡设厦门公医院的时候，仍然不忘将医院的名字

---

① 《总理诞辰之纪念会》，《厦大周刊》总第174期。

命名为中山医院，除了弘扬孙中山先生"天下为公，造福社会"的精神之外，我们似乎也一样可以从中看出林文庆对孙中山的景仰之情。

在林文庆和孙中山的相互交往过程中，两个人之间似乎逐渐地形成了某种默契：林文庆虽然不是很赞成倾向于暴力流血的革命活动，但是他却仍然默默地支持孙中山的革命活动，而且在孙中山需要他的时候，总是会第一时间出现在他的身旁；至于孙中山，则显然也深知并了解林文庆教育救国的一贯主张，决不会以自己的革命行动来试图强行改变林文庆所信守的社会改良主义。林文庆的岳父黄乃裳在1906年8月15日写给张永福和陈楚楠的信函中，就曾明确地解说过林文庆的主张："功璧宗旨与文庆同，谓当从教育下手，五年后才可举事。"① 显而易见，林文庆和时功璧的观点是一致的，虽然并不是一味地反对革命，只是觉得应当先从教育入手，然后等待时机成熟了再进行革命亦不为迟，也就是说，在林文庆的理想中，教育救国是优先于流血革命的。孙中山既然与林文庆早就相识，故而孙中山不可能不知晓林文庆的这个一贯主张，因而，当1921年陈嘉庚和孙中山同时拍发电报给林文庆——一个邀其出任厦门大学校长，一个邀其襄赞外交时，林文庆给孙中山拍发电报请其代为定夺，而孙中山也很快地给林文庆复电，赞成他到厦大担任校长，于是，从此以后，厦大人人皆知：是孙中山把林文庆让给了厦大！② 其实，在做校长和做外交部长之间，孙中山和林文庆可谓是彼此心有灵犀：林文庆不愿负了孙中山的一片好心相邀，因而请其帮自己做出最终决定；而孙中山则因深谙林文庆教育优先的一贯主张，必定知道林其实内心里早就拿定了前往厦门的主意，故而顺水推舟鼓励林文庆出任大学校长。如果两人之间没有长期以来形成的一定默契为基础，又怎么可能形成这最后如此令人满意的结局？

通过孙中山帮助林文庆最终做出出任厦大校长的决定这件事情，我们或

---

① 张永福：《南洋与创立民国》，中华书局1933年版，第113页。
② 曾郭棠：《随林校长南渡所得的感想》，《厦大周刊》第363期。

许可以从中窥出,林文庆虽然并不是十分赞同革命的主张,但是却能够做到与革命并行而不悖,毕竟,教育也是为了救国,既然救国的最终目标是一致的,那么也就并不妨碍林文庆成为革命的先行者——孙中山的同路人了。

第九章 临危受命掌厦大

 林 文 庆 传

为社会作育英才义无反顾奔赴厦门
心怀祖国但求中华儿女不再被人侮

对于抱定要"为厦大奋斗到死"的陈嘉庚和林文庆来说，厦门大学既是他们共同的奋斗目标，也是他们人生的使命。因而才能心有灵犀，在危难之时会立刻想到对方。对于始终认定应该以温和渐进的改良方式来改造中国的林文庆而言，教育救国实在不失为一个上好的选择。一生"无党无派"的陈嘉庚，毫无疑问是少数几个能够真正理解并认同林文庆教育理念的人。如果理解了林文庆倾心于教育的一贯执着，那对于他最终舍弃担任风光无限的外交部长的机会，而甘愿从事清苦的教育事业，也就不是一件令人感到奇怪的事情了。

厦大成立不足一个月就发生了校长邓萃英辞职走人的事件，更兼因邓于辞职之际，将写给厦大筹备员的辞职信公诸报端，使得厦大面临的问题一下子被推到了媒体的端口，被放大到了全社会公众面前。恰在此时，又"因厦大办事职员，毫无学识、专摆架子、往往有妨害学生功课"的事情发生，从而引发了学生抵制学校职员的风潮：5月14日下午，"全体学生开会，讨论关于学生种种不方便之事，当场议决提出十九条件"，要求校方答复。[①] 学生们的要求重点，包括了关于讲义的印发、要求减少必修课时以及改良各分科科目等课程设置方面的问题，显示出了学校在教学方面的混乱无序。此外，学生们也针对生活方面的种种不便提出了申诉。这一切都为刚刚诞生的厦大前景蒙上了一层无形的阴影，也不能不令所有关心厦大前途的有心之人为之忧心忡忡。当时，只是全赖了校主陈嘉庚以他那百折不挠的坚强毅力亲自坐镇主持，才不至于使刚刚诞生的大学夭折于襁褓之中。

新开办的大学毕竟不能没有一校之长。陈嘉庚虽能游刃有余地驰骋于商场，但他很清楚，自己毕竟不是研究学术之人，不可能负起领导一所新兴大学的重任。此时此刻，陈嘉庚一回想起自己在创办集美学校的过程中，四处

---

① 《厦大之风潮》，(新加坡)《新国民日报》1921年6月2日。

寻觅师资以及"集校开办未及三年,四易校长"的惨痛教训,顿时感到有些不寒而栗:当年他几乎寻遍了福建省,才最终觅得了现任的叶渊先生愿意出来帮他,更遑论现在所要寻找的是一个大学校长的人选了,陈嘉庚几乎已经完全打消了在国内寻找厦大校长的念头。这时候,陈嘉庚的脑海中猛然出现了他一向十分敬重、学识渊博、远在南洋的林文庆博士的身影。林文庆不只接受过完整的大学教育,更兼有一贯的办学热心和丰富的办学经验,而且作为自己的好友,林文庆也曾不止一次地鼓励过自己办学,如果能够请得到林文庆相助、前来出任大学校长的话,那么,自己对于大学的未来前程,就再也没有什么好担心的了。主意一定,陈嘉庚立刻雷厉风行地行动起来,亲自拟定了电文,接二连三地将电报急如星火地发往新加坡,同时,也将自己筹办大学的经过和想法详细地写成一函,以快邮的方式寄给林文庆,以说服林文庆能临危受命接过厦大的帅印。

林文庆自然不会不知道,等待着他去开拓的将会是怎样一条布满了荆棘的险途,但他还是毫不犹疑地踏了上去,接受了陈嘉庚的邀请。1924年,时任暨南学校校长的赵正平在介绍林文庆时所说的一段话,或许可以更好地帮助我们理解为何林文庆当初会做出那样的选择:

> 华侨中通西洋物质之科学,兼具中国文化的精神者,当首推林博士,博士在南洋,声誉专业,皆历不小,乃竟能抛弃其向来之根据,回国任厦大校长,□不能不令人钦佩。年来教育之难办,人已尽知,此所以提倡新文化之蔡子民先生,逍遥于欧洲,倡导海外大学之吴稚晖先生,遁迹于海上。林博士本非教育界中人,有医学之根底,得海外之敬重,竟肯挺身回国,从事于此清苦事业,其牺牲之精神,于此可见。尝考林博士所以来华任厦大校长者,第一即为景慕陈嘉庚先生兴学之仁风;第二则因欲实现其素来提倡孔子教育之主张。□自欧战告终,西人之研究吾国文化者,日益增多,其中尤以德国

为甚。乃国人竟日醉心欧化，不为深究，未免可惜。林博士亦有心人哉。①

面对当时教育界的混杂局面和维持之艰难，就连身为教育家的蔡元培和吴稚晖都无可奈何。而原本并非教育界中人的林文庆，却是明知山有虎，偏向虎山行，抛弃了自己身在海外的优越生活条件，甘愿为清苦的教育事业做出巨大的牺牲，究其根本原因，正在于："第一即为景慕陈嘉庚先生兴学之仁风；第二则因欲实现其素来提倡孔子教育之主张。"林文庆自英国回返新加坡之后不久，就在新加坡发动了一系列的社会改革运动，其中的一个重点就是兴办教育，早在1895年，林文庆就假新加坡市政厅发表了"华人教育"的演说，显示出了他对于教育问题的高度关心和重视，其后，更是身体力行地创办新加坡华人女子学校、促成爱德华医学院的创办等，而在马来亚创办一所大学的想法，自1919年新加坡庆祝开埠一百周年的时候开始形成，就一直成为悬挂在林文庆心头之上挥之不去的一个强烈愿望。重视教育，可说是林文庆的一贯主张，在当时的社会环境下，林文庆明知兴学之路举步维艰，但他仍义无反顾参与和进行办学活动，关于这一点，正如他在《募创本坡女学堂缘起》中所说的那样："不佞此举，意欲补前人之未足，且便为大学之发。嗟集款不多，即能举事，学堂试办，借以呈功迹。虽邻于就易舍难，理不外乎因小生大，故力任而不辞也。"②其敢为天下先的率真态度，跃然于纸上矣。至于提倡孔子学说，试图恢复儒家文化的故有尊严，那更是伴随林文庆度其一生的最高信仰和理念。很显然，陈嘉庚创办厦门大学的做法，正吻合了林文庆故有的想法，所以，他才会毫不迟疑地放下了新加坡的一切，义无反顾地奔赴厦门，担任费力不讨好的大学校长。当然，我们也不能完全否认，他的夫人殷碧霞也渴望能回到自己的家乡——厦门，对于促使林文庆接受陈嘉庚的邀请，也可能多少产生了一点儿影响。毕竟，厦门是殷碧霞的出生地，那

---

① 《林文庆博士在暨南学校演讲会记（暨南通信）》，(新加坡)《叻报》1924年6月6日。
② 林文庆：《募创本坡女学堂缘起》，(新加坡)《天南新报》1899年4月18日。

里有着她熟悉的环境和许多令她难忘的回忆，更何况她的母亲当时正身染重病，也需要她回去照顾。

本来，在第一次世界大战以前，林文庆就已经在文化和情感上变得越来越认同和倾向于中国，几乎已经是全身心地投入到服务中国的事业中去了，只是因为第一次世界大战的爆发，再加上他的妻兄殷雪村医生身体不好，新加坡的诊所一时缺乏人手，急需林文庆的打理，所以他才被迫从服务中国的各项事业中抽身出来，暂且回到了新加坡。现在，陈嘉庚邀请他出掌厦门大学，这对林文庆而言，既可以施展和实现他培养领袖、作育英才的理想和抱负，又可以继续为祖国、社会做出贡献，实在不啻是一个绝好的机会。于是，他给陈嘉庚回电，希望能给自己一个月的准备时间（至于林文庆在此期间所处理的种种事项，将留待后面的有关章节中介绍）。

1921年的6月中旬，林文庆带领家人登上了从新加坡开往厦门的邮轮，

林文庆抵达厦门就任厦大校长后的第一个住所——鼓新路26号

陈嘉庚和林文庆等人视察建设中的厦门大学（陈共存供图）

于6月底抵达厦门。将家庭稍事安顿，林文庆就于7月4日到校视事，正式开始了其后长达16年之久的厦大校长生涯。林文庆到任校长的时候，厦门大学已暂时假借集美学校开学了，但摆在林文庆面前的，却实际上仍是白纸一张，因而事实上，林文庆其实就是"厦大实际上的第一任校长"。① 且不要说大学的建筑物才刚刚奠基，更因为邓萃英仓促辞职，致使学校"种种之组织均未完全就绪，大纲之修改、各种规则之制定、学校政策之采择、各学部及各学科之设立，均须通盘筹划"。更为严重的是，"邓萃英离校时，教职员强半辞职"，只有几名留美的博士尚在留守岗位之中，在他们的尽力协助之下，才不至于使得学校的运作完全停滞下来。② 林文庆到任伊始，当晚就与学生召开座谈会，宣称"要办成一生的非死的、真的非伪的、实的非虚的之大学"③，以鼓励大家的士气，恢复师生们对于大学未来前景的信心。接下来，林文庆

---

① 校史编写组：《厦门大学校史纲要上编（讨论稿）》，1986年，第6页。
② 《厦门大学民国十年度报告书》之《校长报告》。
③ 《厦门大学新校长林文庆到任》，原载《申报》1921年7月11日，转引自厦门大学校史编委会编：《厦大校史资料》第1辑，厦门大学出版社1987年版。

除了逐步调整现有教职员的工作，他也宣布将修改大纲、更换课表，并决定于秋季同时在上海和厦门两地展开扩大招生，"男女兼收"，显示了林文庆一向重视女子教育的主张。林文庆的及时到任及其到任后的一系列积极行动，无疑让正为自身未来和学校前景担心的厦大师生吃了一颗定心丸，这对于稳定师生情绪自是大有帮助，从而为学校未来的后续发展奠定下了牢固的基础。

林文庆就任厦大校长之后，首先是为学校确立了具有深远意义的校训："止于至善"。大学的校训虽然多数只是三言两语，甚至只有几个字，但它却往往是反映一所大学所注重和提倡的价值观取向的灵魂所在，也是一所大学将要奋斗的根本目标："我们要走上成功之路，第一要决定目的，就如出外游历，必须在事先预定目标一样。目的决定以后，竭全力向前做去，无论怎样艰难困苦，始终不懈，末了必可达到所预期的目的。"① 由此可见确立目标的重要性。一个好的大学校训要展示和带给大学生的，不止是要体现出一种良好的社会价值观，更重要的是，他应该能为大学生提供一个为之奋斗终生的人生目标，因而，林文庆以《大学》首句"大学之道，在明明德，在亲民，在止于至善"为依据，亲自甄选了其中的"止于至善"作为校训。对此，林文庆在庆祝厦大建校十周年的时候，又做了更进一步的总结：

> 每个大学，可算是一个有生命的有机体，各有各的特殊精神，本大学是以嘉庚先生的精神为精神，当然是基础稳固，生机正长，其原动力在于"博爱"，其进行目标为使吾人竭力行善，因之校训是"止于至善"。②

在林文庆的眼中，陈嘉庚无疑就是"止于至善"的化身，因而，他从不会放过任何一个可以称赞陈嘉庚的机会。林文庆为厦大所确立的"止于至善"的校训，成为一代又一代厦大学人的人生指南，让无数的厦大学子终生受用

① 林文庆：《大学生活的理想》，《厦大周刊》第319期。
② 林文庆：《厦大十周年纪念的意义》，《厦门大学十周年纪念刊》，1931年。

无穷："一位七十岁的菲律宾校友，看到学校当局赠给旅菲校友会的'止于至善'楷书中堂，曾激动地告诉我，这校训使他一生受用无穷。"①

为了更好地体现厦门大学办学的高远目标，林文庆还亲自绘制了大学的校徽。校徽将校训"止于至善"这四个字镌刻在校徽的内圆圈，显示了它作为大学核心价值观的灵魂作用，也不

厦门大学校徽

忘提醒在厦大就读的莘莘学子，时时刻刻不要忘记了人生美好的追求。校徽外圆圈的上面是中文的"厦门大学"四个字，而下面则配之以古拉丁语的"UNIVERSITAS AMOIENSIS"（厦门大学），显示了中西合璧的办学理念。校徽中内圆圈里的三颗星星，则分别代表了中国传统文化中之三才，即天然中之精神的、宇宙的、人类的三大元素；三颗星星之间的城墙及城门则为厦门之表记，同时也寓意厦大将奉行广纳贤才、开放发展的办学理念，虽然立足于厦门地方，却放眼全世界。

接下来，林文庆为学校制定了《厦门大学校旨》。将大学的办学目的、特点和追求等予以制度化，从而使得大学的传统可有一定的连续性，对于保障大学持续平稳的发展至关重要。从林文庆为大学所制定的《厦门大学校旨》中，我们可以看出，对于如何创办大学他是有自己的独特理念和主张的。《校旨》开宗明义便提出：

> 本大学之主要目的，在博集东西各国之学术及其精神，以研究一切现象之底蕴与功用；同时并阐发中国固有学艺之美质，使之融会贯通，成为一种最新最完善之文化。②

---

① 《菲律宾厦大校友会理事长庄汉水在校庆69周年大会上的讲话》，厦门大学校友总会编：《厦大校友通讯》第10期，1990年。
② 厦门大学校史编委会编：《厦门大学校史》第1卷，厦门大学出版社1990年版，第25页。

现代大学制度本是西方文化发展的产物,重视科学研究自不待言。值得关注的一点倒是,林文庆强调大学也应该"阐发中国固有学艺之美质",显示出了林文庆并没有一味地迷信于西方科学技术的进步,而是对于中国传统文化也予以了足够的重视。中国在先后遭遇了洋务运动、维新运动等一连串的失败之后,越来越多的知识分子开始对中国固有的传统文化失去了耐心和自信心,而对西方文化、科学和民主则日渐崇拜,1919年五四运动之后蓬勃发展的新文化运动,可说就是中国学界、文化人日益"妄自菲薄"的浮躁心理的全面爆发。林文庆在这个时候提出大学也要对中国传统文化加以研究,"凡属文言、白话、词章、考据、历史、哲学、伦理及文学之改革、语音之变迁,均莫不深为研究",以使"吾国数千年之文化赖以不堕"。① 如果林文庆的这些想法能够获得落实,对于抵御西方文化毫无节制地鲸吞和蚕食中国传统文化无疑可以起到一种很好的制衡作用,也有利于中国文化的全面健康发展。林文庆关于创办大学的这些独特办学主张,也预示了他与新文化运动旗手的鲁迅之间产生矛盾将是不可避免的。对于未来大学的发展,林文庆所预期的目标则是:能够创造出"一种最新最完善之文化",这不仅显示出他对大学寄予了极高的期望,而且这一点也恰好与校训"止于至善"相呼应:人生的目标是要达到"止于至善"、成为完人,大学办学的目标则是要创造出最新最完善的新文化!

从林文庆所拟定的《厦门大学校旨》和《厦门大学民国十年度报告书》的"校长报告"中,可以看出林文庆已经为刚刚诞生的大学勾画出了一幅恢宏远大的发展蓝图:

一、教学方面:"以切于实用造就应用科学人材为前提",旨在"养成专门人材,使之与世界各国大学学生受同等之教育","使本校之学生,虽足不出国外,而其所受之教育能与世界各国之大学相颉颃"。大学以国外的一流大学为办学目标,务必使学生能做到足不出国门而获得与出国留学同样的教育

---

① 《厦门大学民国十年度报告书》之《校长报告》。

结果，显示出了林文庆在这方面的宏大气魄和自信。

二、教师方面：由于教师的学术水平攸关学校的前途与未来，因此，学校除了"极力罗致各种专门人材，尽毕生之力以从事于科学之教授及研究"之外，还准备提供奖学金，"本校理科学生成绩优良者，将来毕业后或能得留学外国，奖学费优待，以为养成将来本校教授之材"。林文庆本身作为女皇奖学金得主，肯定对西方大学所实施的奖学金制度有着深刻的理解，因此而想到通过提供留学奖学金的方式，为学校在未来的可持续性发展广泛地储备人才。

三、教材方面：林文庆十分重视对于大学各个学科的中文教材建设，由于"我国现在各种专门学问尚为幼稚时代，故各门学科所用之教课书及参考书势不得不暂用西文书籍，以为研究之资料，但同时，本校拟对于各门学科之教授，极力提倡用国语及国文，以期本国之语言文字逐渐发达，于世界语言学中占一永久重要之位置"。因而，"拟用国文编撰各种教科书及参考书，使我青年子弟将来得以本国文字直接研究高深学问，不必专仰给于西国书籍"。不仅如此，"将重要之科学知识，变成中文，以期养成我国国民之科学精神"。林文庆在新加坡的时候，就曾发起过讲华语运动，自然深知统一语言的重要性，因而到了厦门大学之后，就更加不遗余力地推行"一切教授悉用国语"。"本校各科之教授，除有时采用英文外，余均一律用国语教授，凡各种土音，均完全摒绝不用。"①

四、重视科学研究：林文庆是接受过西方科学严格训练的，自然深知科学研究对于大学发展的重要性，鉴于"我国科学之知识尚属幼稚，故本校之目的，在设一极有精神之科学研究机关，此数年中，拟以全副精神注重于科学院之建筑及设备"，"实验室之设施，力求完备"。由于"凡科学如无专门研究之精神，必不能有进步"，因此，大学应该"注重各科学研究之工作，以期养成真正研究之精神，使各种学术，均能达到最高深之地步"。中国有着数千

---

① 《厦门大学民国十年度报告书》之《教务处报告》。

年的人文传统,但唯独欠缺了科学精神,因而,培养人们养成科学研究的精神,无疑是大学所面临的一项重要任务。林文庆更希望"将来厦门大学或成为我国南部之科学中心点",从而使大学成为"南方之强"!

五、重视外语教学:林文庆虽然极为重视和提倡中文,但他并没有因此而忽视了外语教学的重要性。"国文之外,尤注重英文,使有志深造之士,得研究世界各国学术之途径",学校不仅开设英文课,也开设了法、德、日三种语文课程,甚至准备"将来增设荷兰文、西班牙文、马来文等科,以便英荷法美等属之华侨子弟,得随意选习"。很显然,提倡多种外语的教学,不仅仅有利于学习和研究西方的先进科学技术,也是为了使大学能与数千万海外华侨,尤其是东南亚的华侨保持密切的联系,这就使厦大创立伊始就与海外华侨之间建立起了特别的关系:"本大学与海外各埠华侨关系甚深,故予华侨子弟以返国求学之机会,俾得发扬其眷爱祖国之热忱,使国内外之民族精神得以团结。"这与林文庆在新加坡发动孔教复兴运动,试图遏制华人日渐西化的趋势,使他们重新回归中华文化的怀抱,几乎是延续了同样的思路,显示了他忧国忧民的一贯主张。

六、提倡学生自治:林文庆虽然也主张和支持学生成立自治组织,但其目的显然是为了落实其培养仁人君子的教育目标:"提倡学生自治之组织,以期养成高尚之人格,发扬美满之民族精神,于学校内造成一种模范社会,以为将来服务之预备。"这一点与林文庆推崇儒家思想有着直接的关系,儒家的教育宗旨在于培养一个人能做到"修身齐家治国平天下",其终极目的则在于培养民族精神,淳化民风,提高人们的心灵素质,从修养身心开始,达到真善美和谐统一的最高人格境界。大学生虽然已经基本上具备了健全的身心与人格,但他们毕竟还年轻,缺乏基本的社会生活经验,因而,有必要让他们成立各种自治组织,以锻炼和提升他们将来踏入社会之后的适应能力。从上述文字中不难看出,林文庆所提倡的学生自治组织,是侧重于修身齐家的人格锻炼,而在参与治国的阶段之前,或者说是为将来踏入社会、治理国家所

做的准备,"故本校许学生自行组织学生会,掌理学生一切自治事宜"。学生自治强调的是学生对自我的管理,是正式踏入社会之前的一种自我模拟,而非借自治之名而行干预学校之事,所以,当后来爆发学潮,有学生指林文庆缺少民主思想的时候,林文庆十分生气,回称说:"在厦大无'德谟克拉西'可言。"① 在林文庆看来,身为学生而竟然敢于当面顶撞甚至责骂师长,这是严重地有违儒家伦理道德的行为,学生们的言行,显然已大大地超出了自治的范围,而是对于学校的校政建设采取了公然的干涉行动,这一点是为林文庆所始终无法予以接受的。

七、重视体育卫生:作为一个医生,林文庆自然深知体育锻炼和保持卫生清洁的重要性,而且,林文庆对厦门的医疗卫生条件之差,早就深有了解,早在1911年他就曾因目睹了厦门恶劣的医疗卫生状况而编写过《普通卫生讲义》一书,因而,当他主掌厦大之后,积极推动卫生体育运动也是理所当然的事。针对"我国中学学生往往对于体育一科根砥缺乏,不易引起其对于体育运动之兴味",林文庆特地于1922年秋季后,"聘定美国康奈尔大学工科硕士丁人鲲君为体育部主任,学生每日须习早操十五分钟,每星期并须习课外运动二小时,最少须选习游戏运动一种"。为了避免疫病的流行、保证学生能有一个健康良好的卫生学习环境,学校对学生施行严格的体格检查制度:"凡学生均须体格检查,及格方能入校,故学生体质大都甚为强

闽南运动会田径赛优胜者(1929年)

---

① 《私立厦门大学风潮记》,《教育杂志》第16卷第7号,商务印书馆,1924年7月。

厦门大学球队

健，凡负有传染病之学生，均不能入校。"林文庆对于体育运动的提倡，后来获得了丰硕的回报，厦大学生先后参与了福建省乃至全国的众多比赛，甚至代表国家参加国际体育赛事，都一再获得奖牌和各种奖励，实现了为校争光、为国争光的目标，尤其是厦大篮球队，在当时几乎是打遍天下无敌手，素有"常胜军"之美名，更在1932年先后与美国舰队篮球队展开两次大战，把人高马大的美国水兵杀得人仰马翻，令一向小瞧中国人为"东亚病夫"的美国水兵大惊失色：第一次"中美大战"发生于1932年10月31日，美舰黑鹰篮球队到厦大进行友谊赛，结果厦大篮球队以大比分58∶16大获全胜，其中厦大队的刘有土一人就独得30分，简直堪比今日的篮球巨人姚明；其后，美国另一艘军舰Asheville号听闻黑鹰队失败后颇不服气，特来函下战书，结果连赛三场均以大比分而败北，最后，心服口服的美国水兵还在舰上设宴款待厦大篮球队呢。①

八、从严治校：林文庆从一开始就为厦大确立了高标准的要求，对学生的品行和考试制度做出了严格的要求。"本校考试甚为认真，学期考试舞弊者，必受退学处分"，这可不是说着玩的，而是严格认真地加以执行，"本校试验采严格主义，十一年六月，有学生某三人，因考试舞弊，致受退学处分"。②仅仅因为在考试中舞弊，就被学校开除，这在今天听起来好像是一件不可思议的事情。厦大对待考试的严格要求，就连对林文庆持批评态度的鲁迅也不得不予以承认之："此地不但交通不便，招考极严"（《两地书》·四二）。③厦大的招生之严，或许可从如下一件事上反映出来：厦大成立未几，同是由陈嘉庚创办的集美学校校长叶渊就提出，希望让集美学校的毕业生能够免试升入厦大学习，对此，林文庆断然予以拒绝，以致引发了叶渊的不快。陈嘉庚为此还特意给叶渊写信予以解释："弟反复三思以为不合；林文庆先生性情质直，公心无私，对于集美学校不肯轻许至为可感，弟深知彼甚有从于集校，唯未经一二年之试验，立即许可，则厦大之价值何在，况欲示大公无我于全国乎？"④在集美学校的教学水准获得学界公认之前，林文庆拒绝让集美毕业生直接升入厦大的做法，显然也是为陈嘉庚所赞许的。

林文庆从严治校，不仅体现在考试方面，还体现在他那宁缺毋滥的态度上：宁可学生人数少，也决不降低要求随便扩大招生。厦大教师与学生的比率一直维持在较高的水平，譬如，1926年秋季开学的时候，全校学生共有330人，而教师则有75人，平均一个教师只教4.4个学生，有的专业课甚至只有一两个人选修。由于师生比率高，好多专业课实际上形成了个别授课的形式，这自然有利于提高教学质量。对此，鲁迅在《两地书》中也有过说明："来听我的讲义的学生，一共有二十三人（内女生二人），这不但是国文系全

---

① 有关两项赛事，参阅《厦大周刊》第297、300期。
② 《厦门大学民国十年度报告书》之《教务处报告》。
③ 本书中所引鲁迅《两地书》，皆从《鲁迅全集》第十一卷，人民文学出版社2005年版。
④ 陈碧笙、陈毅明：《陈嘉庚年谱》，福建人民出版社1986年版，第37页。

部,而且还含有英文,教育系的;这里的动物学系,全班只有一人,天天和教员对坐而听讲。"(《两地书》·四六)这在今天看来简直是一件不可思议的事情。

由于厦大在收生方面始终坚持高标准严要求,厦大一直到1935年的时候也不过只有六七百名学生,因而,就有人以上海某大学与厦大相比,"谓上海某大学较厦大迟办,而现下学生已千余人之多,厦大仅六七百名,反为落后云云"。对此,陈嘉庚在驳斥这种观点之余,更举出具体事例作为说明:

> 厦大收生严格,亦与上海不同。就鄙人所知而言,本坡华中前年有两学生,一为某君之子,在华中二年级,虽经某君介绍到厦大,经教师考试,只可在高中作旁听生,待程度及格,然后升入,可见厦大不为情面而破格超升,两俱不便。其他一生文凭,原系一年级,到上海入某大学,私将一字改为三字,变为三年级,亦经该大学试验收纳。该生乃来函告知华中某君,请求遇该大学函询时,须照三年级答覆云,可见其他等处招生之随便,或规定程度之浅低,而厦大则不然也。①

这私立时期的厦大对待学生的严格要求,是造就和诞生高素质人才不可或缺的基础。从后来的历史看,私立时期的厦大毕业生虽然人数不多,但却从中诞生了大批的知名学者、教授和科学家,其中光是新中国成立后当选院士的就有五位:伍献文(动物学系首届毕业生,也是该系该年度唯一之毕业生)、曾呈奎(毕业于1931年,该年份毕业生总人数计有12人)、卢嘉锡(毕业于1934年)、蔡启瑞(毕业于1937年)、柯召(1926年考入厦大预科,1928年升入数学系,1931年转学到清华大学算学系)。至于其他方面学有

---

① 陈嘉庚:《依赖外人出资兴学最为可耻——陈嘉庚先生在欢送厦门大学校长林文庆博士回国之演词》,原载(新加坡)《南洋商报》1935年3月7日,转引自杨进发:《战前的陈嘉庚言论史料与分析》,新加坡南洋学会1980年版。

专长的知名专家教授更是数不胜数，如历史学家叶国庆（教育系第一届毕业生）、傅家麟（1934年毕业于历史系）、庄为玑（1933年毕业于史学系）等，化学家陈国珍（1938年毕业于化学系），生物学家金德祥（1933年毕业于生物学系）、方宗熙（1936年毕业于生物学系），人类学家林惠祥（社会学系首届毕业生），香港金融家、爱国企业家黄克立（1935年毕业于经济系），以及后来先后出任新加坡驻日本、韩国大使的外交家黄望青（1935年毕业于政治经济学系）等等。另外，颇值得一提的是，曾先后担任过厦大中文系教授、中国科学院哲学研究所研究员、国务院古籍整理出版小组成员、中国文化书院学术委员会委员等职务的著名书画家虞愚，也是私立时期的厦大毕业生，他于1934年毕业于教育学院心理学系。虞愚之能于1931年进入厦大中文系学习，据说还是得益于林文庆的慧眼识才及其举荐之功："当年，虞父不过是厦门海关监督署的一名抄写文书，厦大校长林文庆先生，爱虞之才而怜其家境清贫，这时，恰学校聘请太虚法师前来为教师讲《法相唯识概论》，林文庆便命虞当'笔记'，略有津贴"，[①] 从而帮助虞愚得以完成学业。

林文庆在厦大招生方面所确立的高标准、严要求作为一种制度化的存在可谓是影响深远。1937年厦大改为国立之后的情况可以说明这一点，厦大数理系1946届的毕业生总共只有四个人，但却从中诞生了两位院士：曾融生和谢希德！

林文庆希望通过大学的建设，改善和推动中国当时落后的科学技术状况，同时弘扬民族文化，以使中国能昂然屹立于世界民族文化之林。"一方面研究学术，以求科学之发展，一方面阐扬文化，以促社会之改进，使我国得于世界各强国居同等之地位。"这充分地显示出，林文庆并没有忽略大学对于国家所负有的社会责任，提高中国在世界上的国际地位，似乎是林文庆始终念念不忘的一个追求。这与他身居海外有着直接的关系，因为只有中国的国际形

---

① 朱崇实主编：《南强之光——厦门大学知名校友传略》，厦门大学出版社2001年版，第118页。

象和国际地位改变了,才能真正从根本上改变几千万海外华人在国际上的地位和形象。林文庆这一教育思想是具有一定连贯性的,这在他于1924年所制定的《厦门大学的组织大纲》中,得到了更进一步的明确反映,《厦门大学组织大纲》第一章"总则"明文规定了大学办学的三大任务就是:"研究高深学术,养成专门人才,阐扬世界文化"。

林文庆到任之后,陈嘉庚将学校的一切校务、行政及人事等诸项工作一概交托给林文庆处理,自己则腾出手来全力督促校舍的施工建设。林文庆果然没有辜负陈嘉庚的厚托,厦门大学在他的主持下,很快就走上正轨。1921年8月,厦大同时在上海和厦门两地展开第二次招生活动,使得学校在秋季开学的时候,全校学生人数增加到了136名,这就是厦门大学的第一届学生人数,生源几乎涵盖大半个中国,其中包括了来自韩国和海峡殖民地的学生各一名。同时,林文庆也增聘了更多的教员,新聘的教员大多都是留学欧美的教授,从而形成了阵容可观的教师队伍。针对最初大学将学校划分为商学和师范二部,而在师范部下再加分文、理二科的做法,林文庆觉得这样的划分颇为不妥,显得有些不伦不类:"感觉到这种办法,仅仅是个大规模的师范大学,因此根本改组",①同时,这样的学科划分方法也与当时国内外各大学所通行的做法"殊为不合",因而,为了达到与国内外大学接轨的目标,林文庆决定,自1921年秋季开学开始,"改师范学部为教育学部,并增设文、理两学部,使与商学部等同为独立之学部,以期与国内外各大学编制相同"②。至此,厦大拥有了文、理、商、教育四个学部,作为一所刚刚成立的大学,算是已经初具规模了。

秋季开学的时候,林文庆亲自主持英语口试,结果发现学生的英语水平太低。他从最简单的问题问起,诸如你从哪里来,学生居然不能答,再问学生姓甚名谁,亦不能回答,由此可见当时中学的英文教育水准是何等低下,

---

① 林文庆:《厦大十周年纪念的意义》,《厦门大学十周年纪念刊》,1931年。
② 《厦门大学民国十年度报告书》之《校长报告》。

很多人根本无法达到大学的入学水准。因而，只好让他们先读两年预科，然后再升入大学就读。鉴于大部分学生都是福建人，"厦大为此即函告闽省各公私中学，从速改善致免贻误青年，此为厦大甫办，影响闽省教育之初步也"①。这对于改善福建省的外语教学实在是大有帮助。林文庆对于英语教学颇为重视，鉴于很多学生缺少接触英语的机会，为了提高学生们的英语听力水平，林文庆有时候故意以英语发表演说，譬如在1929年的秋季开学式上，林文庆就刻意以英语演讲："现用英语讲，使诸君得听英语演讲的机会。我们在大学读书的学生，除了本国文而外，应该注重英文，英文学得精深了，可以从此得许多新知识。因为最新的深奥的科学问题，都是用英文著成的，中文书籍中，难免一些较为粗浅的问题。"②林文庆在演讲进入正题之前，以大段的篇幅分析了英文、德文、法文三种语言的不同特点及其学习过程的难易度，并结合自己的经验教训，鼓励大家要学好英文。

在陈嘉庚的亲自主持和督促下，大学开学后的第二年，也就是1922年2月，第一批校舍终于落成。厦大便从集美迁回到演武场校址上课，厦门大学开始初现端倪、渐成雏形，而林文庆的办学速度，也开始明显地加快了。1922年7月，厦大在厦门、福州、上海、北京、广州、新加坡和菲律宾的马尼拉等7处同时展开了招考新生活动，最后录取新生152名，其中包括女生2名，是为厦大男女同学之始。在学科建设方面，本"拟增设医药、新闻诸学部"，③但由于各种原因，最终只增设了工学、新闻两学部。到了1923年春季，新学期开学的时候，厦大在校学生人数，本科生已经有119名，预科生149名，总共268名。这个时候，在学科建设方面，又进行了新一轮的调整，将学部改为科，全校计有文、理、教育、工、商、新闻等6科，至此，学校可谓是已经渐具规模了。

---

① 陈嘉庚：《南侨回忆录》，陈嘉庚印行，无出版日期，第15页。
② 《校长林文庆博士之训词》，《厦大周刊》第211期。
③ 《厦门大学民国十年度报告书》之《教务处报告》。

在积极增设学科、扩大招生的同时，林文庆也多方延聘教师、广揽人才。林文庆对受聘教师的要求颇高，他所延请到的教师中，多具有留学欧美的经历，大部分都拥有欧美大学的学位，有好多甚至拥有硕士、博士学位，鲁迅就曾说过："这里的教员是外国博士很多。"（《两地书》·五六）这些拥有留洋背景的教职人员，眼界比较开阔，不管是进行教学还是从事学术研究，都对提升学校的素质和扩大学校的影响是有很大帮助的。值得注意的是，在林文庆早期招聘的教师队伍中，有好多是外籍教师，如出生于瑞士的法国籍语言学教授戴密微（Paul Demiéville）、来自德国的哲学兼德文副教授艾锷风（Gustav Ecke）以及来自美国的动物学教授莱德（S. F. Light）等。戴密微后来成为法国著名汉学家、法兰西学院院士；艾锷风则成为美国著名汉学家。戴密微和艾锷风在厦大期间，曾经合著了 The Twin Pagodas of Zay Ton: A Study of Later Buddhist Sculpture in China（《刺桐双塔：中国晚近佛教雕刻研究》）一书，后来于1935年由哈佛大学出版社出版，影响甚大，成为后来"泉州学"研究的奠基之作。至于莱德教授，则是在林文庆《厦门大学民国十年度报告书》中所提出的"研究教侣"计划下前往厦大"采集编撰厦门一带动物标本，以为动物教授及博物院之用"。他在厦大仅半年的时间，就发现了数十种海洋生物，其中以文昌鱼的发现影响最大，因为当时生物学界多以为，这种由腔肠动物进化到脊椎动物的中间过渡生物是已经快要灭绝了，想不到却在厦门的水域中大量地生存和繁殖，并成为当地人的一道桌上佳肴，不能不说是生物学界的一大奇迹。文昌鱼的发现，引起了国内外各大学生物研究机构的惊疑和关注，纷纷来信询问详情并索购文昌鱼的标本，以做进一步的研究，一时之间，由厦大制作的文昌鱼标本，几乎遍及世界各个大学的生物实验室。要知道，在厦门文昌鱼没有被发现以前，中国的大学如果出于教学研究上的需要而要购买文昌鱼的标本，就只能被迫去美国购买，而当时一条文昌鱼标本的价格，竟然要价美金两角，这在当时可是一笔不小的外汇支出。莱德对厦门文昌鱼的研究成果《厦门大学附近之文昌鱼渔业》一文，发表在

1923年7月份的美国《科学》杂志上，引起了国际学术界的瞩目，使得厦大生物学研究由此开始而闻名于全世界，这时候，距离厦大创办才不过两年的时间而已。除了发现文昌鱼之外，莱德还于1924年在厦门海域中发现了一个水母新品种，后来被命名为"嘉庚水母"。

在1922年2月之前，陈嘉庚坐镇驻守厦门，亲自督促学校的校舍建设，使林文庆得以专心致志地投身于大学的教学、行政等方面的工作，但在1922年3月之后，因陈嘉庚的胞弟陈敬贤生病回国休养，陈嘉庚被迫南渡赴新加坡主持商务，由于陈敬贤病体羸弱，无暇顾及大学的建设，是故，自此之后，"厦大校务实际上是林文庆一个人负责"。陈嘉庚原本以为"此去不过数月"即可回校，然而，谁也没有预料到的是，陈嘉庚这一去，一直到1940年就再也没有回过国。因而，在其后长达16年之久的整个厦大私立时期，厦大的校务主要都是由林文庆单肩独挑的。

就整个私立时期的厦门大学而言，可以毫不夸张地说，林文庆是除了陈嘉庚之外，能维持厦大正常运转的灵魂人物。厦门大学创办后，虽然早在1922年就成立了董事会，但在1932年之前长达10余年的时间里，董事会成员只有三人，一是永久董事陈嘉庚，二是作为当然董事的校长林文庆，第三位就是陈嘉庚的胞弟陈敬贤。陈嘉庚自1922年3月南渡新加坡之后就没有再回过学校，而陈敬贤因为身体健康欠佳，对于学校的具体事务较少参与。至于学校的行政方面，除了在1927年到1929年不足两年的时间内，大学曾经委任张颐担任副校长之外，厦大一直就没有副校长这一职位，因而，大学中所有的一切事务，几乎全都落在了林文庆一个人的身上。为了促进大学更快更好地发展，林文庆在厦大成立之后，先后设立了一系列的常设和临时性质的委员会，林文庆一直担任多个委员会的主席，诸如评议会、校务会议、行政委员会、财政委员会、总务委员会、图书委员会、建筑委员会等，至于阶段性担任过主席的委员会则有职业介绍委员会、国学研究院筹备总委员会、博物院委员会、植物园委员会、纪念周演讲委员会、组织科学季刊筹备委员会以及校产委员会等。通过上述，可以从中看出林文庆在厦大建设过程中所承担的责任之大、之重。

在以往，由于种种原因导致国内学术界长期以来对林文庆的研究基本上处于一片空白，致使学者们凡是论及有关厦门大学的办学主张、办学理念的时候，就只能将之归于校主陈嘉庚的身上。事实上，陈嘉庚对林文庆是给予了充分信任和治校权力的。当时，新加坡遥距厦门数千公里，又没有像现在这样方便的通信设施，陈嘉庚长期驻守南洋，专心于商务活动，林文庆独自一人坚守厦门大学，陈嘉庚又怎么可能全凭遥控来督促厦大的发展呢？我们知道，知人善用而且用人不疑是陈嘉庚的一大长处，他既然肯聘用林文庆担任厦大校长，那就说明他是深刻了解并且欣赏林文庆各方面才能的，以陈嘉庚的精明强干，他绝对不可能任用一个没有主见、唯自己之命是从的人出任自己亲手创办的大学的校长。假设林文庆真是这样的一个人物，则陈嘉庚又怎么可能放心地将校务全权委托给他？他又怎么可能长时间地待在新加坡安心于他的商业事务，而对厦大仅限于财务上的支持呢？

林文庆在厦大期间，虽然十分欣赏并饮佩陈嘉庚，针对办学的宗旨他也经常主动地向陈嘉庚请示，但这并不表示林文庆事事都须仰赖于陈嘉庚而没有自己独立的办学理念和主张。林文庆的确曾在演说中提到："当陈校董在南洋聘予回国任校长时，予询以办学宗旨，陈校董答以当注重中国固有之文化。予是以欣然归国，予亦尊重中国固有之文化也。"① 这样的话语，与其说是对陈嘉庚的尊重，倒毋宁说是林文庆为了求证陈嘉庚是否与他有着相同的办学主张。在此仅举一例，以证明林文庆的确有他自己的独立办学理念，而并非事事都须仰赖于陈嘉庚。厦大刚刚创立时，只开办了师范和商科两科，基于当时师资力量极度匮乏，为了鼓励学生们报读师范科，陈嘉庚决定对报读师范科的学生予以特别的优待，当时规定，商科的学生需要缴纳学费、膳食费、

① 厦门大学校史编委会编：《厦大校史资料》第1辑，厦门大学出版社1987年版，第230页。

住宿费等各种费用，而师范科的学生不仅一概费用全免，另外每个月还有额外的四元津贴。两相对照，两者之间的待遇差别实在是很大，这在当时不仅引来商科学生的不满，而且以学科为判别收费与否的标准，也实在有浪费公费的可能。为此，林文庆到达厦大之后不久，不仅着手调整大学的部门设置，也同时改革了奖学金的发放标准和对待师范生的待遇，对此，林文庆在《厦门大学民国十年度报告书》中特意做了如下说明：

> 本校师范生照旧章免费，鄙意对于此举颇不以为然。盖学生之免费与否，应视其成绩之优劣与家境之贫裕为断。若不论优劣贫裕，凡属师范生，皆一律免费，则富者劣者虚耗公费，而贫者优者，无以自励矣。故拟自十年秋季起，凡教育部学生，均须与其他学部学生一律缴费。但其中成绩优良、境遇困难者，得于入学试验时，请求给予陈嘉庚奖学费之优待。此项奖学费，分甲、乙两等，其他学部学生，亦得请求奖学费，但其奖额不及教育学部之多耳。至于旧有师范生，除退学、休学丧失免费资格外，其余均暂照旧免费。

林文庆做出这样的改动，以刺激和鼓励学生追求学业上的进步为主，体现了奖勤罚懒的奖励原则，同时也照顾到了学生家境贫富之不同，真正发挥了奖学金的作用；而对原来师范生的待遇维持不变，也体现出了一定的人情味，可以说，林文庆的这些做法是相当合情合理的。

在林文庆改革师范生免费待遇之前，曾出现过一个相当有趣的插曲，或许正是这一事件促使林文庆加快了改革奖学金的步伐。据厦大商科第一届毕业生陈育崧记述，他们商科同学曾经屡次向学校交涉，要求享有和师范科学生同等的待遇，但屡次交涉未有结果。后来，在学校举办的一次同乐会上，商科同学特意排演了一幕讽刺喜剧：由一个人扮演校长林文庆，另一个人则扮演孔夫子。夫子说："闻先生在南洋创办'实得力'孔教会，现在来长大学，又提倡忠恕之道，真是吾道不孤了，特地乘桴浮于海前来拜访。"孔夫子在林校长的陪同下参观完毕，然后林校长问夫子："夫子何以教之？"结果，夫子喟然叹曰："师也过，商也不及！"①据陈育崧说，这一幕戏显然大奏其功，第二学期大学评议会议决师范科改为教育科，取消一切优待，与商科同学同样缴费。这样的结果虽然是商科同学所始料不及的，但这个"师也过，商也不及"的绝妙运用，倒也确是天造地设的最好幽默，也难怪陈育崧会为之得意洋洋了。林文庆在看过喜剧之后，也果然从善如流，立刻将原来不甚合理的地方予以改革，这显示出林文庆绝非如第一次学潮中学生所斥责他的那样是"十六世纪之脑筋"。看来，只要是合情合理的建议，林文庆又何尝不愿意接受并努力去加以改革呢？事实上，孔子的教训"过则勿惮改"一直是林文庆生活当中的一个座右铭，他曾经把这句话印在《海峡华人杂志》的封面上，既是在提醒读者，也是在提醒自己："有什么过失，只要知道了马上改正。"为了能使厦大更快、更好、更全面地发展，林文庆一直都很渴望大家能多提意见，他在1935年秋季开学式训词中，特意提醒和吁请厦大师生员工：

> 诸位觉得本校有什么地方应该改进的，随便提出来，都可得到改进，无论何人，上自本校各院教授、学生，下至本校工友，都可把学校的缺点随时告诉我，使我知道，并设法改进，我是欣然感谢的！因为我们的学校要有改进，才有进步，要有不断地改进，才有不断的进步啊！②

陈嘉庚在厦门大学处于危难之际，立刻想到了远在万里之外的好友林文庆；林文庆则手捧陈嘉庚一纸电文，就立刻抛却了新加坡的所有事业于不顾，毅然回归祖国接手创办刚刚诞生的厦门大学。万事起头难，对于已过"知天命"之年的林文庆来说，他不会不知道横亘在他面前的困难是什么，但他很可能并没有想到，他会在厦大坚守长达16年之久：从52岁开始，一直延续

---

① 洪炜堂：《林文庆博士》，《南洋文摘》第14卷合订本，1973年10月。
② 《林校长开学式训词》，《厦大周刊》第377期。

到了 68 岁。他常年奔波在厦门、南洋、福州和当时中国的首都——南京之间，为缓解学校时常捉襟见肘的财政窘况，利用各种关系向多方募求援助。一年一年之间，他以长者的仁慈目光目视着一群群年轻的学子，满脸稚气地走进校园，然后再信心满满地从校园走出去步入社会、参与改造社会的行动；他以欣喜的心情目睹着原本荒冢处处的野岭滩涂上一日日地耸立起了高楼大厦，读书声一日日地变得更加响亮起来；有时候，他也会以感伤落寞的目光送走一批批离职而他去的教授们。只有他，却是一年又一年地留守在这片土地上，似乎全然没有意识到日渐花白的头发又变得日渐稀少，如果不是因为陈嘉庚独木难支、厦大无以为继的话，对于执掌厦大 16 年的林文庆而言，真可谓是"发愤忘食，乐以忘忧，不知老之将至"了！当厦大于 1937 年终归国立之后，林文庆孑然南返新加坡，蓦然回首，这才赫然发现：私立的厦门大学从奠基到收归国立，前后凡 16 年之久的历史上，竟然只有他一个人才是真正伴随私立大学始终的唯一校长！顿然之间，一股莫名的孤独感不禁让人从心底油然而生！

第十章

悠悠厦大十六载

 林 文 庆 传

注重西方科学训练以孔孟陶冶灵魂
明知不可为而为之往事悠悠思明州

据说，当爱因斯坦最初提出相对论的时候，全世界的科学家之中，只有两个半人能看得懂他的论文。笔者不懂得物理学，自然也就更不可能明白玄奥无比的相对论了。然而，如果我们能变换一个角度来看问题的话，艰深难懂的理论也可能会一下子变得异常简单易懂。就拿林文庆主掌厦门大学十六年这件事来说吧，十六年，对于厦门大学来说是漫长的一段时间，它从一块平凡的奠基石开始，到成为在国内外有相当影响的一所大学，中间凝结了厦大人多少的努力、奋斗和汗水。这十六年，对于林文庆而言，本来也应该是异常艰辛、漫长的一段岁月，然而，当我们在回首林文庆在厦大期间的工作和生活时，却惊异地发现这十六年的漫长时光居然是如此地短暂：因为资料的贫乏，我们几乎连大概地描述出林文庆在厦大期间的部分往事都存在着困难，因而，十六年的漫长时光，竟然简短到只能用几句话来描述。

虽然厦大成立伊始就发生了校长更迭等一连串不尽如人意的事件，但林文庆到任之后，为了谋求大学的长远发展进行了积极的筹划：各种各样的组织机构被一个个地建立起来，各种各样的规章制度也逐渐地健全起来。虽然限于客观条件的制约，厦大开办首几年校舍仍不敷使用，学生和教职员人数也不是很多，但从制度建设方面来看，厦大却已经是相当的健全了。开办数年间，厦大就已凭借其在生物学研究领域上得天独厚的条件而取得了一系列影响深远的学术成就，再配之以各种完备的新式仪器和试验用具等实验设备，厦大很快就在全国的大学中崭露头角，与北京大学被公推为文史哲特长的大学、东南大学被公推为经济和教育特长的大学一样，厦门大学被公推为理科特长的大学，从而一举奠定了厦大在全国大学中的重要地位。

正当林文庆大展拳脚，准备使大学的发展更上一个新台阶的时候，却不幸接连爆发了两次学潮，使大学创建数年间所取得的一点儿成绩，顿时化为乌有，也使刚刚步上正轨的大学，差点儿因此而倒闭。厦大爆发学潮，不止震动全国学界，恐怕也有点儿超出了大学创办人陈嘉庚的预想。陈嘉庚一直主张，学生应以学业为重，不该动辄闹学潮以至影响了学业，早在1923年春，他在写给集美校长叶渊的信函中，在对学校未来充满了憧憬和展望的同时，也对国立大学之学生动辄发动学潮一事感叹不已："国立诸校之学生，徒事学潮及政治运动等，恐其将来无补于实际。"① 言犹在耳，集美、厦大就接连爆发了学潮，可见闹学潮在当时的中国教育界几乎已成一种风尚，并无公立、私立之分。俗语说："兼听则明，偏信则暗"，本来，要想知晓厦大两次学潮事件的真相，就应该针对争辩双方的言行、观点分别加以详细的分析、研究，以图能得出一个更加接近事实和更加客观的结论，但由于林文庆的所有个人遗物现今基本上已是荡然无存，再加上私立时期所有校方的公文、档案、文件等也在抗战中因学校迁徙而几乎丧失殆尽，因而我们无法从林文庆这一方找到哪怕任何只言片语的文件、资料可供查考，现在人们唯一能够依据的是当时各家新闻报章单位的有关报道以及当时学生会组织发给各家新闻单位的各种通电等资料。从《厦大校史资料》（第1辑）中所收录的资料情况来看，当时的各种通电、报道主要集中在上海的《申报》、《民国日报》以及《教育杂志》上，其中《教育杂志》上有关两次学潮的较大篇幅的叙述，而《教育杂志》又以"附注"明言："本篇纪事，根据上海申报，略加删节。"

在对具体事件展开分析说明之前，有必要先了解一下当时的大时代背景。关于这一点，笔者以为，身为陈嘉庚侄子、陈敬贤独子的陈共存在其口述的《陈嘉庚新传》中的一段说明，是非常中肯和值得关注的，下面谨引用如下：

  当时，中国正处于军阀混战之秋，社会激烈动荡，神州大地，风潮迭起。由于清末、民初曾发生"千名举子，伏阙请愿"和"北京学生，五四示威"两

---

① 转引自《陈敬贤致陈嘉庚家书摘录——1924年3月9日书》，陈嘉庚：《南侨回忆录》下册，新加坡陈嘉庚国际学会、陈嘉庚基金会1993年版。

次爱国运动，不少人由是误以为凡是学生掀起的学潮都是"爱国的"、"革命的"。因此，海内外对集美、厦大发生的学潮，普遍同情学生一方；南洋的华文报刊更是纷纷发表文章，支持罢课学生，抨击叶渊、林文庆和陈嘉庚，有人甚至指责陈嘉庚对学校实行"专制统治"。①

无独有偶，身为时代中人的动物学家秉志，在谈及当时大学的学风时，也持有类似的观点：

> 当时学风浮薄，青年学子多喜速化之术，汲汲欲借学校毕业为利达之资，而志在深造者殊鲜不可得。先生（指林文庆）力矫此弊，欲使学校蝉蜕日新，渐变而为高尚纯洁之学府；不惮瘏口焦音，以身作则，提倡高深之研求，对于校中各学科，悉以实事求是之精神求其改造，而于科学尤竭尽所能以图发展。故数年之中，厦校内容之充实，在国内各大学之中，实首屈一指焉。②

在如此的大环境之下，身居数千里之外的各家新闻单位，既不了解事件的真相，对于学生会组织的电文内容更无法予以核对、查证，但却是一律来电照登，这就很容易扭曲事件的真相，而当时新闻界和一些社会名流，在不明真相的情况下，出于各种动机动辄对学生运动予以声援和支持，以此彰显自己的"思想是进步的"，譬如，有人火上添油，鼓励"学生坚持到底，勿蹈集美覆辙，为资本家征服"，③而当时身为国民党中央执行委员的汪精卫，在听取了离校学生团代表的报告后，除了对学生"极表同情"之外，更是不问青红皂白地"立即以个人名义致函陈嘉庚、林文庆，予以'劝诫'，并准备到上

---

① 陈共存口授、洪永宏编撰：《陈嘉庚新传》，新加坡陈嘉庚国际学会、八方文化企业公司2003年版，第97页。
② 秉志：《前言》，《林文庆传》，林文庆博士诞生百年纪念刊，无出版信息。
③ 《私立厦门大学风潮记》，（上海）《教育杂志》第16卷第7号，1924年7月。

海召集前厦大筹备员开会,给厦大当局施加压力"①。汪精卫作为陈嘉庚、林文庆相识多年的老朋友,不可能不了解陈、林二人的处事为人,尚且做出如此大动作的夸张之举,至于其他一般不熟悉、不了解林文庆的社会人士,更或者别有用心者,其对待林文庆的态度就更加可想而知了。所有的这些,无疑都对愈演愈烈的学潮起到了推波助澜的作用,使得本已剑拔弩张的争辩双方关系更加紧张,同时,因为事件一下子暴露在公众面前,也使事情更难有回旋协商的余地。相对于学生会组织频频向报界拍发电报(学生会除了致电远在新加坡的陈嘉庚之外,还曾先后致电当时的北京教育部、上海全国学生联合会、江苏教育会及各家新闻单位等)、印发各种"宣示真相"的宣传品、上街游行示威、四处告急求援的积极行动,以林文庆为首的学校当局明显地处于被动的局面,他不可能像学生那样四处散发电报、传单为自己辩护,而且就算是这么做了,处在当时的社会环境下,恐怕也没有多少人有耐心去听取他的解释,并愿意相信他的解释。因而,就算是"林文庆登启事,谓世界大学无解教员职须宣布理由者,被辞四主任挟怨煽惑学生,鼓动风潮,非士君子行为"②这样的话语,也是显得如此绵软无力。如此情况之下,社会舆论呈现一面倒地倾向于同情学生一方,也就是理所当然的了。

今天,如果我们能以稍微审慎、理性的态度再来检视这些通电,将不难发现,其中确实存有夸张和不实之词。当然了,在对外发表的电文、传单中采用夸张性语言的做法,诸如"全体学生""全体教员"之类的用词,几乎是历来学运中的宣传惯例,很多时候纯粹是为了要引起观者注意的宣传手法,不见得就是说学生一定存有恶意。

下面谨以新加坡两大华文报《新国民日报》和《叻报》所刊载的学生会的有关电文内容为例,尝试予以说明之。《新国民日报》于1924年6月4日刊

---

① 厦门大学校史编委会编:《厦门大学校史》第1卷,厦门大学出版社1990年版,第48页。
② 原载1924年6月5日《申报》,转引自厦门大学校史编委会编:《厦大校史资料》第1辑,厦门大学出版社1987年版,第258页。

登学生电文:"本月二日厦门大学学生会来电:冬日(二号)校长林文庆<u>以金钱雇苦力流氓五百人,嗾使团攻学生,将学生痛殴,有学生三名失落,殆已死矣</u>。请主持公论,求各界援手。"《叻报》则于1924年6月2日刊登电文两则:其一,"厦大全体学生,要求撤换校长林文庆";其二,"厦大校长林文庆因学生反对益烈,<u>雇工人五百余名,将学生围打,三人受重伤,恐有性命之虞。各界颇愤林之横蛮,</u>厦大风潮,不可收拾"。(上述两电文中,下画横线为笔者所加)从上述电文中不难看出,学生会所发的电文内容确有不实之词,尤其电文中所说"有学生三名失落,殆已死矣",不仅严重地超出了事实,也是非常具有煽动性的。

1924年6月4日,陈嘉庚在由他所创办的《南洋商报》上发表了《厦大风潮之原因》一文,试图澄清事实,以解除众人在这个问题上的混淆,同时,也委婉地提醒《叻报》和《新国民日报》,不要再在这个问题上纠缠不清、推波助澜了:

> 厦大风潮余自客月卅日屡接林校长并学生来电,其所以未发表者,以近来我国内学校之风潮,几于无处不有,无月不生,视作常事,盖以国体改革,过渡时代,旧道德几于丧尽,新道德尚未造就,蜩螗嚣张,潮流难免,明于此,自有主持毅力,岂好事者流,能移我方寸哉?至此回肇事,原因系在前时教师有党派意见,林校长拟待本月放假辞退数位教员,故该教员上月乘林君因公往沪,唆弄学生反对校长,投稿报馆,设词毁谤,联络外省学生,组织团体,后被闽南教员学生反对,乃渐中止。及林君回厦,以例先期一月函辞数位教员,故发生罢课要求之风潮。至来电云全体者,余知闽南一部分学生决无加入,(其他亦有不加入者)而厦大教职员六十多人,据林校长来电,反对者只有五人,则教员会实只少数人。可想而知,又如他报所登专电,料必学生特电沪报,故由沪传来,事之虚实,稍明世事者,无待再审,立可明白。

文末,并将林文庆、厦大师生和陈嘉庚之间的往来电文,悉数公之于众,以正视听。

然而,这一切似乎并没有发挥多大作用,两家报纸后来还是陆续又"来电照登"了许多有关学潮的电文,这些都令陈嘉庚感到大为不快。于是,陈嘉庚罕见地采取了更为激进的做法,从1924年6月17日开始,以"新加坡厦门大学永久董事陈嘉庚"的名义,一连数日在《南洋商报》上刊登《辟诬》广告,公开点名严词批评《叻报》与《新国民日报》两家报馆,直指它们"捏造黑白,无中生有":

> 此次厦门大学校长林文庆,因辞退数教员,致有一部分学生罢课要挟。此等越轨侵权、嚣张成习之学生,动生风潮,原属司空见惯,在热心教育之报馆,虽得此激烈消息,而以该校前途之关系,正宜出之审慎,以保尊严,而杜利用,兹不唯不能如是,且无中生有。

陈嘉庚也在《辟诬》中义正辞严地为林文庆辩护,公开替林文庆鸣冤叫屈:

> 南洋数百万华侨中,而能通西洋物质之科学,兼具中国文化之精神者,当首推林文庆博士。林博士在南洋之事业,如数十万元之家产,与任数大公司之主席(华商华侨两银行、联东华侨两保险、东方碳矿、联合火锯)按年酬金以万数,姑不必论,但言其才德资望,而能于数百万华侨,仅占一席,叻屿呷三州府华侨义务代议士,独膺继任,十有七年,牺牲自己利益,又重且巨。稍明社会事者,对于林君之为人,莫不深致感激。厦大甫经成立,乃竟以鄙人数电之恳请,毅然捐弃其若"人旁"(庞?)大之事业,嘱托于人,牺牲其主席之酬金,让而不顾,舍身回国,从事清苦,力任艰巨,一则为厦

> 大关系祖国教育精神，人材消长，一则希冀华侨资本家，将来感悟，归办事业。其爱国真诚，兴学热念，尤为数百万华侨之杰出。

同时，陈嘉庚也再次试图解释厦大发生学潮的原因，并表明了自己绝不屈从于任何压力的决心：

> 厦大甫办三年，教职员六七十人，难免程度参差，品流庞杂之患，且多属欧美日留学生，意见分歧，遂分党派，而一般无气节者，甚至巴结学生，以固地位。林校长为整顿校风起见，拟乘暑假期间，尽行淘汰，由是彼辈乃利用学生，出头反对。学生复利用报馆，从中煽动，翼得推倒林校长，则彼辈地位自能保全，是以有一部分学生罢课要挟，又利用报馆为之推波助澜，则一部分，变为全部分，小风潮，变为大风潮，势固然也。当发生之初，教员学生来电云：林校长无故辞退数教员，故罢课要求。呜呼，为教员者，当具有充分气节：合则留，不合则去！庶免恋栈之讥，况更倚赖学生，鼓动风潮者乎？嗟呼，教育巨子，蔡子民之逍遥欧洲，吴君稚晖之遁迹海上，夫复何言？然今日厦大地位，固与国内他大学不同，任彼辈如何动摇，当局者自有辨明主持，总不能稍移方寸，以坠其奸计。

陈嘉庚的《辟诬》广告发表之后，立刻引来了《叻报》和《新国民日报》的强烈反弹。两家报馆联手对陈嘉庚发动了铺天盖地的大反击，以两报"联合重要启事"的方式，自6月17日开始，一连数天同时在两报刊登名为《敬告社会并质问陈嘉庚 为厦大风潮电讯译文事》的长文。6月25日之后，两报又开始以《厦大风潮中国内外各报之纪载汇录》为题，分工合作，将当时国内外各家报社有关厦大学潮的报道汇总在一起，连续数天予以集中发表："惟以一报之编幅有限，不能尽量发表，故与《新国民报》分负责任。本报专据《申报》，《新国民报》则分载上海《民国日报》《时报》《新闻报》《时事新报》等。至厦门各报,则吾两报均有采取,惟大致相同者均从略。"(《叻报》启事)两家报纸连篇累牍地刊载了大量国内报社关于厦大学潮的报道,从而使我们得以管窥当时新闻界在这一事件上的普遍态度。

历史上,人们多认为学潮是由林文庆引起的。这样的结论,放在今天来看,似乎显得有点儿过于简单化和武断了些。首先,关于引发这次学潮的原因,就存在着前后不一的说法,一开始是说因为林文庆尊孔,引来上海某报对厦大的批评,此事引发学生不满,遂召开学生大会,欲以全体学生名义函请林文庆退位,但因遭闽南籍学生的激烈反对最终无果而终。继而就转换成了是因林文庆辞退四教员而引发学生罢课。显而易见,学生们似乎并没有一个前后贯彻一致的统一缘由。厦大学生张祖荫在1924年6月4日厦门总商会举行的调停会上的供证,可以为证:

> 开学生大会,竟有少数激烈分子提议罢课,革退校长,及五教职员,学生听到罢课二字,有许多学生不赞同,然屈在激烈分子威迫之下,不敢反对,事遂表决。二九日上午代表会议请教职员列席,教员余泽兰、周学章态度最强硬,以为非根本解决不可。三十日上午再开全体大会,不意攻讦林校长时,竟云厦大大学为厦门人之大学,非福建之大学,亦非中国之大学,"闽南人""闽南人"之声不绝于耳,是则此次风潮,俨与闽南人为劲敌……此次风潮,本为挽留教职员,继而罢课驱逐校长及教职员,再继而有地域之分……可谓越出本来范围数千里矣。①

与当时各新闻报章大都对学生持支持态度形成鲜明对比的是,厦门总商会举行的调停会的当地各届代表,其态度全然相反,大部分都发言支持林文庆。参与这次调停会议的,除了商会的三位代表外,基本以教育界人士为主,

---

① 《各界集议调停厦大风潮详志》,原载(厦门)《民钟报》1924年6月6日,转引自(新加坡)《新国民日报》1924年6月27日。

如"教育会卢心启、陈秉涵，教员同盟会林东山，中华中学陈沙仑，寻源书院黄寿如、吴傅问，劝学所孙印川，华民公□黄廷元，青年会王宗仁，通俗教育社黄汉阳、周琛瑶，育才学校黄幼垣，厦南庄希泉，粤侨学校关汉文，女职学校林效厚，毓德女中学高思奇，艺术师范林邦翰，崇德女学校许文彬，民立女学叶思忠，桃源学校黄培理，紫阳学校陈王宗等代表。以个人名义出席者有李寿禧、杨景文、林启成，暨各报馆记者县统计数十人"①。作为厦门教育界的代表人物，这些人自然应该会对当时厦大的情况多有了解，不会像外地的新闻报章只能依据学生电文等来理解和想象厦大学潮，因而，这样的代表组成，应该说是具有一定代表性的。然而，令人意想不到的是，参与调停会的代表，本身意见就异常尖锐、无法统一，"众见已异常分歧，所谓调停会者，其自身业已先呈冲突之概"②。但与会者大部分是支持林文庆的：

> 几一致右林氏而左学生；为学生张目者，仅厦南女学校主任庄希泉及陈沙仑二人而已。会议中，厦门前教育会会长卢心启，即力斥学生之嚣张，林文庆在任务上实应予以制裁，吾人对林氏之执行其校长行政权，殊无干涉与调停之理由云云。座中和此说者甚众，惟庄希泉陈沙仑二人反对。③

相对于相隔数千里之外的外地各家新闻单位而言，这些参与调停会的人都身居厦门当地，而且多为教育界中人，应该说他们要比仅凭学生电文来了解是次学潮事件的外地新闻单位更了解事情的真相，因而也就更具有发言权。此外，陈敬贤对于学潮的态度也值得令人关注，调停会没有结果，于是会议决定兵分三路，分别征求各方意见，其中一组去见陈敬贤，"陈敬贤谓此次风潮须寻得真是非，然后可获裁判之头绪。若社会能主持公道，余无不乐从。

---

① 《各界集议调停厦大风潮详志》，原载（厦门）《民钟报》1924年6月6日，转引自（新加坡）《新国民日报》1924年6月27日。
② 同上。
③ 《私立厦门大学风潮记》，（上海）《教育杂志》第16卷第7号，1924年7月。

语虽不着边际,言外固认学生及掀动风潮之教员为非也"①。陈敬贤虽然一向并不干涉厦大校政,但他毕竟身居厦门,对厦大校内之情况应是有相当之了解的,决不至于说出毫无根据的话。

在这次学潮中,最为人所诟病的一点,就是酿成了"六一流血惨剧",致使多名学生受伤,从而使得林文庆又多了一大罪状。然而,细究其事,虽不能说林文庆与此全无干系,但如果将流血冲突的责任全都推到他一个人的头上去,倒也确实有失公允。以现有的资料来看,学生首先也是该要多少负起一点儿责任的,因为是学生挑衅在先,如果没有"学生围殴本校闽南籍教职员周辨明、林幽、黄开宗、薛永黎诸先生"发生在前,自然也就不会有建筑工人殴打学生的事件于其后。厦大流血事件发生后之翌日,据与林文庆接近之人士称:

> 林神态极为懊丧。询以对此事件作何感想?林喟然叹曰:此事所以闹得如此之糟,错在我,误在陈延庭。今者剑已出鞘,如何能收云云。其悔悟之意,不觉流溢言外。据闻六一事件,非出诸林文庆之本意,祸发然已莫及,盖陈延庭为陈嘉庚最亲信之一人,性粗暴,毫无学识,林文庆所谓误在陈延庭者,其殆斯也。②

林文庆对于整个冲突事件的发生,显然是毫不知情,他是在接获薛永黎的报告之后才得知事情已然发生了:薛永黎"见已肇事,亟驰报校长,同往警厅。在厅未久,忽接电话,谓学生二人被工人击毙,余与林校长异常焦灼。后以电话询问炮台驻兵,得回讯谓并无其事,心始释然",③从接谎报学生死亡,林文庆"异常焦灼",到过后得知并无其事"心始释然"这一过程中,自

---

① 《私立厦门大学风潮记》,(上海)《教育杂志》第16卷第7号,1924年7月。
② 《厦大激潮中之所闻》,转引自(新加坡)《新国民日报》1924年6月25日。
③ 《各界集议调停厦大风潮详志》,原载(厦门)《民钟报》1924年6月6日,转引自(新加坡)《新国民日报》1924年6月27日。

可以看得出林文庆在这一事件中所扮演的角色。无论如何，造成厦大第一次学潮的原因之错综复杂程度，恐远非我们今日所能想象，也决非三言两语可以解说明白，因而，自然也就不应该简单地将责任一概推到林文庆的身上。

另外值得关注的一点，就是陈嘉庚对林文庆毫无保留的支持态度。陈嘉庚由始至终都是站在林文庆这一边，给予了林文庆最强有力的支援。1924年5月30日，陈嘉庚一天接获三通电文，除了两通电文为厦大学生发出外，林文庆在来电中称：

辞去三教员，故本日学生罢课。大学规矩必不许侵越，祈勿介！

陈嘉庚接获电文后，即刻火速回电：

林文庆先生鉴：赞成先生宗旨，切盼毅力主持，以维校纲而戒将来。至荷至幸！

同时，在给学生的回电中，则毫不含糊地告诉学生：

全体学生鉴：两电均悉，然余信仰林校长，无殊集美校长，前车可鉴，请诸君明白。①

警告学生切勿再轻举妄动。陈嘉庚也给厦大教员回电：

教员会鉴：来电敬悉。然进退教员，权操校长，余不合干预。至学生被禁，必非无故。希服从校规！②

---

① 《厦大风潮之原因》，（新加坡）《南洋商报》1924年6月4日。
② 同上。

在学潮最烈之时,陈嘉庚甚至来电说:"学校可以关门,但林文庆校长我还是要用的",①从而给予了林文庆以最大的支援。之后,陈嘉庚又先后在《南洋商报》上刊登《厦大风潮之原因》及刊登"辟诬"广告,以至引发了他与《叻报》和《新国民日报》之间的矛盾。6月23日,陈嘉庚借在新加坡华侨中学发表演讲之机,再次为林文庆公开鸣冤叫屈:

> 林文庆校长无故而受诸报馆之毁谤,实属有冤莫白,鄙人若不据实宣布于中外,谁能为之吐气。辟诬广告其目的在乎维持厦大之安全,第一慰无故被诬之林校长,第二挽留善良之教员,第三爱护良好之学生。②

激愤之余,陈嘉庚也以辩证的方法、乐观的态度来看待学潮事件,努力变坏事为好事,甚至因此而倍感庆幸:

> 自前年集美两次风潮,敝人受报馆之毁骂,屈指难数。然世间事,有欲害之,而反适成之。敝人因维护善人而受骂,则校长之感激愈深,毅力愈固。志同道合,与厦大同休咎,如林校长者,更不忍舍我而去矣。岂不幸哉,岂不幸哉!③

在当时新闻、社会舆论几成一面倒地倾向于学生这一方的风口浪尖之上,除了陈嘉庚之外,还能有谁可以替林文庆出头?而陈嘉庚的大声呼吁,也进一步突显了他和林文庆患难与共的紧密关系,士为知己者死,这换作陈嘉庚看来,又何尝不是如此呢?当时错综复杂的状况要远远地超出我们今日的想象,在那时值社会大变动之际,学生们大多情绪偏激,稍有不满,就动辄罢课,翻查每所大学的历史,这几乎已成为当时所有大学的常态,难道我们有

---

① 陈碧笙、陈毅明:《陈嘉庚年谱》,福建人民出版社1986年版,第56页。
② 《敬告关心厦大诸君》,(新加坡)《南洋商报》1924年6月25日。
③ 同上。

必要在肯定学生们有着良好动机的同时，就一定要否定林文庆的办学主张吗？难道林文庆和陈嘉庚不是为了学校的前途着想吗？尽管后来陈嘉庚生意遭受失败，厦大开始面对持续的经济困难，而学校在林文庆的主导下，虽步履蹒跚，但仍持续发展前行，并在1928年成为中国第一所获准立案的私立大学，在30年代就巍然屹立于"南方之强"。假设当时学生们驱逐林文庆的目的达到，究竟是幸耶，还是不幸？之后的厦大又将会何去何从？陈嘉庚能否寻得另外一人来代替林文庆主掌厦大？而此继任者是否又有足够的毅力和平坚守厦大其后长达12年之久的时间？笔者实在不敢在此妄然做出另一番假设。

那么，在这次整个学潮事件当中，林文庆是否就完全没有任何责任？答案当然是否定的。当时陈嘉庚不在厦门，陈敬贤虽在厦门，但却因身体孱弱等原因从不过问学校事务。林文庆作为仅有三名成员的学校董事会的当然董事和校长，事实上是厦大整个私立时期的唯一最高全权负责人。林文庆作为厦大一校之长，总管全校的一切行政事务，自然该为学潮的发生负起一定的责任。笔者认为，林文庆的主要问题在于用人不当，且对突发事件的处理缺乏相应的敏感度和灵活性。正如吴浪天在分析造成学潮的原因时所说的那样："林文庆对于国内教育界情形，差不多一点也不知道"，这自然与林文庆久居海外有关，尤其是林文庆接受的是英文教育，虽然后来重新转回到儒家文化的怀抱，但他却永远不可能完全了解中国人之间的复杂人际关系。在这种环境下成长起来的人，很多时候行为处事会显得"认真"、"执着"甚至是"固执"。这一点在林文庆的身上可谓是展露无遗，譬如，在这次学潮中最大的一个争议点，就是关于解聘四教员的理由不能宣布，时人多不能理解：

> 林之为人，熏染洋气太重，性过执拗，观其应付此次风潮之笨钝……既不能防范于未然，又不能转圜于事后，欲以独一无二之威权，临于思想激进之学生，此种劣点，至足愤事，纵不演祸于今日，亦必燃发于来时。……综

> 观此次风潮之争端，其焦点不过在"理由不能宣布"而已，并无何等不了之症结……据林所持意思，谓宣布理由，不但不利于四主任，且不利于厦大。此种见解，骤闻之不无情理，熟思之绝对不通。何则？四主任果有可去之道，去之宜不，为爱四人计，宣布之尚有其辩白之余地也。然冒此"莫须有"不白之名，爱之适以害之，隐之适以扬之耳。为厦大前途计，宣布之适足以除恶，何尝有不名誉事乎？只此一端，已可见林文庆之思想迟钝，脑根糊涂，其不见戴于人也宜矣。①

林文庆始终不肯宣布四教员遭解职的真正原因，也可能与他终生坚守儒家的信义有一定的关系。儒家的利他主义思想一再告诫他："人不应只为个人而活着，作为人类社会中的一员，他必须为全体人类而生活。"在利他主义精神的感召下，时刻为他人着想，成为林文庆无意识中刻意遵守的人生信条，他甚至将利他主义视为"既是关于真理的标准，也是人类与兽类的分别之处"：

> 作为个体的人必须清醒地意识到利他主义的要求，必须将仁爱培养成为一种生活的力量并在现实生活中体现出来，从生到死都将父母之爱当作永恒的楷模予以珍爱，以便将这种仁慈的善行推展到所有的人，只有这样，从家庭里的满足与和谐开始，然后依次延伸到国家的安宁与秩序，才能最终达到天下的和平与幸福。②

由上述可以想见，利他主义观念在林文庆心目中的地位之高。在林文庆那相对于国内人而言要单纯得多的思想观念中，他很可能从一开始就以为，如果将遭解职职员的私下行为公之于众，很有可能会因此而毁了他们的

---

① 《厦大激潮中之所闻》，转引自（新加坡）《新国民日报》1924年6月25日。
② Lim Boon Keng, *The Great War From the Confucian Point of View, and Kindred Topics*, Singapore: The Straits Albion Press, Ltd. 1917, pp.7,2,24.

后半生，至少也会影响他们接下来的求职工作。正如《教育杂志》的作者在分析厦大爆发学潮的原因时所说的那样："林文庆为一好好先生"，①林文庆作为"好好先生"的一面，从他对待具有不良风气的教师身上充分体现了出来："林文庆则着重进行规劝和帮助，从正面鼓励大家上进，尽量避免采取有伤教师自尊心的做法。"②提倡要宽容地对待他人，几乎是林文庆信守终生的信条之一，他在 88 岁生日前夕接受新加坡《海峡时报》记者采访的时候，仍然不忘借机呼吁人们："在这变革的时代要宽容"，他告诉记者说他是生活艺术的毕业生，主修的科目是宽容。③动物学家秉志在回忆早年与林文庆共事的时候亦说："余昔年执教厦门大学，获与校长梦琴先生相识，先生爱人下士，有古君子之风。"④因而，我们几乎可以立即猜想得出来，完全是出于同样的心理意识，当后来鲁迅在厦大周会上大讲"少读中国书"，而要"做好事之徒"的时候，林文庆进而附和鲁迅"做好事之徒"的说法，"说陈嘉庚也正是'好事之徒'，所以肯兴学，而不悟和他的尊孔冲突。这里就是如此胡里胡涂"（《两地书》·五六）。在此，林文庆并非真糊涂，而是难得糊涂，盖不愿当面批驳鲁迅的"少读中国书"，以免伤害了鲁迅的自尊心是也。这就如同在第二次学潮中，尽管刘树杞事实上已经辞职，但林文庆却始终不愿意按照学生驱刘委员会的要求，明令宣布辞去刘氏的职务一样，前后的做法实际上是如出一辙。或许这就是林文庆宁可选择被人误解也不肯宣布解职的真正原因，只是按照聘约所规定的"各方如中途不同意，得于三月前预告之"的理由来宣布解约，这在林文庆看来，是完全符合法制精神的，然而，他却怎么也无法意识到，在中国人的传统思维中，这一点儿却是很难令人接受的。林文庆的"好好先生"还体现在他对待学潮中出走另立大夏大学的师生的态度上。"1930 年 4

---

① 《厦门大学第二次学潮之爆发》，《教育杂志》第 19 卷第 2 号，1927 年 2 月。
② 厦门大学校史编委会编：《厦门大学校史》第 1 卷，厦门大学出版社 1990 年版，第 64 页。
③ Lloyd Morgan: "Singapore's Grand Old Man (88 Tomorrow) Calls for Tolerance in This Age of Change", (Singapore) *Straits Times*, 1956-10-17.
④ 秉志：《前言》，《林文庆传》，林文庆博士诞生百年纪念刊，无出版信息。

月，厦门大学校长林文庆到大夏大学参观访问，受到原厦大去职教授及离校学生的欢迎。欧元怀、王毓祥、傅式说亲出接待，前离校学生倪文亚、刘思职、王韬石代表同学作陪。访问期间双方交谈甚欢，1924年学潮中的嫌隙自此解消。"①

总而言之，笔者在此决无意于替林文庆推卸他在这次学潮中的责任。但正如俗话所说，人非圣贤，孰能无过？林文庆确有其本身的不足之处，但无论如何，学生们所宣布的林文庆的所谓"四大罪状"：资格不称、办事无能、思想陈腐以及心术不正等，除了"思想陈腐"这一条，如果考虑到时代因素的话，确与林文庆有一定的关联之外，至于其他的另外三条罪状，是不能强行加到林文庆头上的。更何况，林文庆的弱点是他本身所处的社会生活环境及教育阅历等所带来的，单靠他自身的力量是不足以克服的，如果在这方面对他过于苛责，因此而抹煞了他对厦大的贡献，也是不符合历史事实的。毕竟，在当时"打倒孔家店"业已成为文化界主流的情况下，林文庆却反其道而行之主张尊孔，如此逆潮流而动的行为，自然难以获得学生们的谅解和同情。

厦大经历1924年学潮之后，过半学生出走上海另立大夏大学，教员辞职者亦不乏其人，这使得学校元气大损。尽管学校在接下来的两年里连续进行了两次较大规模的招生，然而学生人数却始终未能恢复到学潮前的水平。在厦大遭遇挫折的时候，陈嘉庚在南洋的实业却获得了长足的发展，到1925年年底的时候，陈嘉庚公司的雇员达到了两万多人，其商业分支机构几乎遍布全球，而陈嘉庚公司的实有资产总额更是达到了一千二百万元，陈嘉庚庞大的商业王国发展到了其历史的巅峰。以此强大的经济实力为后盾，陈嘉庚和林文庆决定采取积极的策略，以便使厦门大学能够获得进一步的发展。这

① 厦门大学校史编委会编：《厦门大学校史》第1卷，厦门大学出版社1990年版，第50页。

个时候，中国正值多事之秋，军阀割据混战，政治形势一片混乱，受此影响，国立的各所大学大都经费无着，教职员被拖欠薪酬几乎已成为一种普遍的现象，尤其是北京的各所大学，情况更为糟糕：学生纷纷闹学潮，校长被迫集体辞职，教授衣食无着，只好被迫纷纷另谋出路，这对厦大来说，无疑是一个广揽人才、图谋扩大发展的大好良机。

1925年12月下旬，林文庆南渡新加坡，与陈嘉庚"面商校务进行事宜"，并向社会各界广泛宣传、介绍厦门大学的办学进展情况。相对于新加坡莱佛士学院发展缓慢的情况，林文庆"在厦门大学建设方面所具的速度，就被认为是出奇的成就"①了，为此，就连对中国事务一向采取漠不关心态度的新加坡英文报纸《海峡时报》都专门刊发了以《厦门之模范》为题的文章，"对厦门大学之创办备加赞扬"。②林文庆这次返新，受到了新加坡社会各界人士的热烈欢迎，1926年1月29日晚，新加坡绅商各界特意在中华俱乐部设宴款待林文庆，"到者一百五十余名"。陈嘉庚在晚宴上的发言中，盛赞林文庆"牺牲一己之权利，虽年有数万元入息，舍而不顾，不宁唯是，尚有数十万元之家资，委托于他人，不思再事经营，希冀百万或数百万元，故谓置自救于不顾……而思大规模之救人"，陈嘉庚并将林文庆之所以愿意前往厦门创办大学的原因归之为三：

一、林先生出于良心上之天职以尽义务；

二、不忘为学生时代在英伦大学受教师之训戒，当力行博爱及大规模救人之宗旨；

三、不敢违背本坡政府官费生之主义，尽政府培养优秀分子，莫非希望他日成才，为大规模之救人且无界限地方种族。③

---

① 《林文庆传》，林文庆博士诞生百年纪念刊，无出版信息，第49页。
② 厦门大学校史编委会编：《厦门大学校史》第1卷，厦门大学出版社1990年版，第65页。
③ 《陈嘉庚先生在中华俱乐部欢迎林文庆先生之演说词（壹）》，（新加坡）《南洋商报》1926年2月1日。

林文庆则在宴会上利用致答谢词的机会，不失时机地热切呼吁到场绅商踊跃为厦大捐款：

> 该大学虽名曰厦门大学，实则为世界之大学，所收学生，不唯中国十余省子弟，即外国……亦有学生来肄业，至于捐款虽是陈君一人担负，照弟希望列位诸君不可放弃责任，如现拟倡办之厦门大学公立医院，需款颇巨，望诸君解囊相助。①

1926年3月，林文庆自新加坡回返厦门。在全校师生大会上，林文庆报告了"在南洋之经过情形及本校前途发展之希望，谓陈校董竭力维持，五年间计划可积极进行"，②开始着手落实在新加坡时与陈嘉庚协商的结果，雄心勃勃地准备推进厦大的发展。鉴于厦门地处东南一隅，相对比较偏僻落后，并非经济文化中心，因而名气较大的教授一般都不愿意前往厦大执教，就算是已在厦大执教的教员，也多不安于久留："此地的生活也实在无聊，外省的教员，几乎无一人作长久之计"（《两地书》·五三）。为了吸引并留住教授，林文庆在征得陈嘉庚同意后，于1926年6月颁布了《厦门大学优待教职员规则》，分为"优待教职员规则"和"教职员养老金规则"两个方面，对于长期在厦大服务的教职员规定了种种优待措施，其中就包括了为生病的教职员提供抚恤金、为年长者发放养老年金以及子女可以免交学费进入大学学习等等。这在当时中国很多大学连教授的薪水都不能保障按时发放的情况下，的确是一种非常之举。从林文庆对于大学教授的重视程度上，足可以看出他对于创办大学的认识是极其深刻的，厦大在初创阶段，他一方面致力于校舍建设，一方面致力于吸引知名教授前往厦大执教，而且，两者相比，他显然更加重

---

① 《林文庆先生在中华俱乐部之演说词（一）》，（新加坡）《南洋商报》1926年2月2日。
② 厦门大学校史编委会编：《厦门大学校史》第1卷，厦门大学出版社1990年版，第66页。

视对大学教授的吸纳,也就是说,他更加重视大学的内容和实质,他说:

> 我们办学的目的,不在乎校舍美丽,取快人心于一时,而在内容完善,得谋发展于将来,其最重要问题,当然是良好教授之聘请,实验室之设备,以及各种图书之充实,如果我们急其所缓,而缓其所急,为求美观,将全部经费移用于建筑方面,根本上就是不妥当的。①

林文庆的上述这段话,与清华大学校长梅贻琦所说的"所谓大学者,非谓有大楼之谓也,有大师之谓也"实在是有异曲同工之妙!林文庆的看法甚至要比梅贻琦更为完整和全面,因为林文庆深知巧妇难为无米之炊这一道理的玄妙所在,即,有了大师之后,还需要为之提供相应的配套服务,否则,大师没有了实验设备及相关的图书等设施相配合,恐怕最后也会陷入英雄无用武之地的窘境!

为了谋求学校的发展,林文庆不惜重金诚招天下英才、高薪礼聘教授。教授的月薪最高可达 400 元,而当时同为私立大学的复旦大学专任教授的最高月薪只有 200 元,就算是鲁迅离开厦大之后前往执教的国立中山大学,所能提供给鲁迅的月薪也不过 280 元而已。由此可见厦大教授待遇之优厚。而此时的北京,却正因军阀段祺瑞占领北京后的残暴统治而陷入了一片白色恐怖之中。1926 年 3 月 18 日,北京各大院校学生以及各团体等数万民众进行反对帝国主义干涉中国内政的示威游行,结果却遭受北洋军阀政府开枪镇压,酿成了震惊中外的"三一八"惨案。接着,《京报》社长邵飘萍和《社会日报》社长林白水又先后被杀害。面对北洋军阀的倒行逆施,北京大学一些同情和支持学生爱国运动的进步教授被迫展开大逃亡。时为北大教授的林语堂为躲避北洋军阀的通缉,躲藏在林文庆长子、时任协和医学院教授的林可胜家中长达三个星期之久。但这样的躲藏终不是长久之计,因而,他决定离开北京

---

① 林文庆:《厦大十周年纪念的意义》,《厦门大学十周年纪念刊》,1931 年。

返回故乡厦门。在林可胜的牵线搭桥帮助下，林语堂于1926年5月回到厦门，一到厦门就被正广揽人才的林文庆聘为厦大文科主任兼国文系教授。

厦门大学国学研究院的成立，使厦门大学开始迈上了一个新的台阶。早在1925年下半年，林文庆本就已着手筹划成立国学研究院，在12月成立了国学研究院筹备总委员会，自己亲任主席，并初步拟定了《厦门大学国学研究院组织大纲》，后来由于南渡新加坡，才使得筹备工作被迫暂时中断。林语堂的到来，使林文庆大喜过望，马上又将本已陷于停顿的国学研究院筹建工作重新提上了工作日程。而此时的北京文化界，在北洋军阀的统治下正陷入一片萧瑟之中，"为了暂避军阀官僚'正人君子'们的迫害"（《两地书》·一○二），鲁迅等一大批原属北大的名师，在林语堂的大力举荐下，纷纷大雁南飞、迁徙厦门，如国学大师沈兼士、历史学家顾颉刚、哲学家张颐、中西交通史家张星烺、考古学家陈万里、编辑家孙伏园等先后接踵而至，让厦大文科一时盛况非凡，"颇有北大南迁的景象"，以至于有人戏称：林语堂把半个北大搬到了厦门大学！经过一番紧锣密鼓的准备之后，厦大国学研究院终于在1926年10月10日举行了隆重的成立大会，林文庆在会上发表演说：

> 鄙人于十余年前，因北京政府召集医学会议，曾在北京一次。在会议席上，一般人对于医学名辞，多用洋文，将中国固有名辞，完全废弃，不禁生无限感慨。因念中国数千年来固有文字，竟衰替一至于此，真足令人痛心切齿。未几适陈嘉庚先生请鄙人来长本校，鄙人即询其将来对于本校之宗旨，究竟注重国学，抑或专重西文。陈先生即答以两者不可偏废，而尤以整顿国学为最重要。故鄙人来校之后，对于国学，提倡不遗余力。此次特组织国学研究院，聘请国内名人，从事研究，保存国故，罔使或坠。①

---

① 转引自洪峻峰：《厦门大学国学研究院史迹》，厦门大学，2006年。

厦大国学研究院是继北大和清华国学门之后，在我国大学中所设立的第三个国学研究机构。研究院集中了当时国学研究界的众多名士，提出要以现代科学方法整理研究中国固有的传统文化。《厦门大学国学研究院组织大纲》第二条规定：

> 本院研究之目标：（一）从实际上采集中国历史或有史以来之器物或图绘影拓之本，及属于自然科学之种种实物为整理之资料；（二）从书本上搜求古今书籍或国外佚书秘笈，及金石骨甲木简文字为考证之资料，并将所得正确之成绩或新发现之事实，介绍于国内外学者。

这样的研究方法和理念，在当时的学术界可谓是独树一帜，因而倍受学界的关注，厦大国学研究院甫经成立，就已成为全国国学研究的中心之一。尽管由于种种原因，厦大国学研究院只存在了短短几个月的时间，但它"所开辟的研究领域已为厦门大学诸多学科的发展奠定了基础，而它所开创的学术传统则影响了一代代厦大学人"。因而，厦大国学研究院不仅是"厦门大学发展史上的辉煌篇章"，更因为它为"我们留下一笔丰厚的精神财富和人文遗产，在中国现代学术史上也留下不可抹灭的一页"①。

国学研究院创办之后，一时名师荟萃，让厦大登时闻名全国，的确为厦大带来了诸多荣耀。然而，正所谓成也萧何，败也萧何，令林文庆完全无法预料到的是，一场新的危机却也正因此而悄然兴起：厦大旋即爆发了第二次学潮！今天，笔者重新检视发生于1927年的这场厦大学潮，感到有几点应该引起人们的重新关注。首先，关于引发学潮的原因，研究者多附和当时《教育杂志》上《厦门大学第二次学潮之爆发》②一文中的说法，该文将爆发学潮的原因分为："近因鲁迅之辞职"以及"厦大组织上之缺点"及"此次学潮之

---

① 洪峻峰：《厦门大学国学研究院史迹》，厦门大学，2006年。
② 《厦门大学第二次学潮之爆发》，（上海）《教育杂志》第19卷第2号，1927年2月。

间接原因"等数个方面,分析颇为详细。但笔者不能全然赞同该文作者的观点,就以该文所说"厦大组织上之缺点"及"此次学潮之间接原因"来看,作者显然并没有顾及厦大办学的具体过程、性质及特点。厦大作为一所私立大学,事实上一直是主要依赖于陈嘉庚的个人捐款,虽然陈嘉庚一再坚称自己是"倡办"而不说"创办",目的就是希望能有更多的人加入到资助厦大的行列中来,然而,历经三次募捐失败之后,陈嘉庚心灰意冷,对向别人募捐丧失了信心,因而,在很长的一段时间里,从出资人的角度来说,厦大事实上是陈嘉庚独资拥有的大学,于此情况之下,自然很难组织起一个具有一定代表性和权威性的董事会,而退一步来看,就算是能组织起一个较为健全的董事会,也难保就能避免学潮的爆发。关于这一点,只要看一看当时国内各所大学的情况就可知道,在当时军阀割据混战、社会动荡不安、国将不国的特殊情况下,学潮几乎成为各大学的一种普遍现象,谁又能保证董事会不会成为学生攻击的目标?厦大初创乍办,万事初兴,为了保证来之不易的建校经费不被乱用,有必要使校务和行政合而为一。由于校主陈嘉庚必须长期在新加坡主持实业的发展,以便能为大学提供长期的运作资金,假设真的设立一个处于校长对立面的所谓"学校立法机关"——学校评议会,那很可能会因校长与评议会之间互相扯皮而大大地降低学校的运作效率,从而延宕学校的发展与建设,而万一双方发生纠纷,又该到哪里去找寻另一个仲裁机构?实际上,以厦大的运作形式来看,陈嘉庚实际上是把厦大的所有事务全权交付给林文庆去处理的,也可以这么说,林文庆就是厦大整个私立时期陈嘉庚的最高全权代表,这一点可以从陈嘉庚对林文庆的绝对信任与支持上看得出来。无论是处理一向被陈嘉庚视为亲信的陈延庭营私舞弊事件,还是先后两次学潮期间,陈嘉庚都毫无保留地给予了林文庆以绝对的信任和支持。陈嘉庚除了在写给叶渊的信中一再强调"先生并林君文庆与我皆同志""先生与林君知我最稔"之外,还说"国内方面,因有林文庆、叶渊两位校长,自己可

免后顾之忧"①等等。反过来看，林文庆也的确没有辜负了陈嘉庚对他的信任，十六年如一日，兢兢业业、精打细算地为厦大的建设与发展操心费力，不敢有丝毫之懈怠，尤其是在陈嘉庚实业失败、公司被清盘之后，厦大遭遇前所未有的经济困难，林文庆三次南渡筹募巨款，帮助学校渡过了一次又一次的难关，从而使得厦门大学能够在艰难的国内外环境中维持办学。试想，在当时的情况之下，舍若林文庆，陈嘉庚还能到哪里去找一个如林文庆这般为厦大"鞠躬尽瘁死而后已"的第二人？因而，如果从某种程度上说林文庆就是陈嘉庚在厦大的化身，亦不为过。因而，空言"厦大组织上之缺点"引发学潮这样的说法是没有顾及厦大办学的特殊历史与当时的现实。关于厦大有别于一般学校的组织机构，陈嘉庚在1935年欢送林文庆回国的演说中曾对之做出过较为详细的说明：

> 普通学校，无论规模大小，多先组织董事部，董事有多至二三十人者。以厦大之规模，而董事仅有三人，此问题社会上多有不解者，今日鄙人谨表明原因有二。（甲）不拘各界，若有忠诚维护或赞助厦大之人，厦大甚愿推举为董事；（乙）如经费是向社会捐募，当然要推举多数董事组织董事部，如此回之募捐是也，为以上原因，故前时未便多举，而与普通学校一样，且厦门政局屡有变动，得彼失此，尤当审慎。至资本家方面，畏厦大如蛇蝎，谁敢参加，其他挂空名无裨事实，更非厦大所宜。最当注意者，恐董事中受人嘱托，屡介绍教员或学生，职员及其他等等。若不接受，则恐发生恶感，如接受，则最高学府机关，权限不明，贻误非轻。自厦大开办迄今十余年，鄙人未曾介绍一位教职员，或保荐一位学生。②

---

① 陈碧笙、陈毅明：《陈嘉庚年谱》，福建人民出版社1986年版，第37、36页。
② 陈嘉庚：《依赖外人出资兴学最为可耻——陈嘉庚先生在欢送厦门大学校长林文庆博士回国之演词》，原载（新加坡）《南洋商报》1935年3月7日，转引自杨进发：《战前的陈嘉庚言论史料与分析》，（新加坡）南洋学会1980年版。

如果能联想到当时教育界错综复杂的现实状况，则陈嘉庚的担心显然也是不无道理的，而他为维持厦大的长远发展所进行的深谋远虑的安排，也是可以接受的。

事实上，林文庆为厦大所制定的一系列校政校务制度建设是颇为有效的，这在厦大后期的实际运作中尤其能体现出来。1929年之后，厦大办学经费日益紧张，林文庆为学校四处筹募款项，经常长时间不能待在校内，而在他离校期间，厦大之所以能依旧照常运作，就是得益于林文庆早期为厦大所确立的完善的组织制度。厦大在林文庆离校期间，"所有校长办公室事务悉由大学秘书执行，各学院院务，由院长负责办理，遇有特别或重大事务，由行政会议解决；行政会议由委员公推一人为主席，兼其他重要会议之主席"。① 这与《教育杂志》在叙述厦大"组织之不良"第二点的时候，似乎是在暗示说林文庆在厦大所实行的是家长式的独裁统治方式，显然是完全不相符的。试想，在林文庆前往南洋为学校筹款期间，动辄需要数个月时间不在校内，如果厦大没有完善的行政组织制度，又如何能保证学校安然运作？若说林文庆是个家长式的独裁校长，则一旦他不在校内坐镇高压，厦大岂不是要乱成一锅粥？可是这样的事情却并没有发生，反而是一切秩序井然。

1927年，厦大第二次学潮爆发的原因至为复杂，其复杂程度就连当时抵达厦门帮助调解集美学潮的蔡元培，都以情况复杂而不肯接受邀请再继续帮忙调解厦大学潮。不管学潮爆发的真正原因有多么复杂，至少有一点却是可以肯定的，那就是这场学潮的爆发，很大程度上是与鲁迅的辞职有关。虽然顾颉刚所说的"厦大的风潮，起于理科与文科的倾轧，而成于鲁迅先生的辞职"② 并不完全准确，但至少有一点却是被他说中了的，那就是这次学潮"成于鲁迅先生的辞职"。

---

① 《林校长孙院长晋京》，《厦大周刊》第230期。
② 《顾颉刚就厦大第二次学潮致胡适函》，转引自厦门大学校史编委会编：《厦大校史资料》第1辑，厦门大学出版社1987年版，第281页。

以今天的眼光来看，林文庆为了谋求学校的发展而聘请鲁迅等到厦大任教，虽然于厦大确有一定的好处，但就他个人来说，却不幸成为他的一大悲剧之源。之所以这么说，是因为前面已经说过，林文庆对于中国教育界的情形差不多是全然不知。退一步讲，就算是林文庆知道鲁迅是当时中国新文化运动的旗手，他也未必然完全清楚鲁迅打倒孔家店的决心与他尊孔崇儒的思想是多么的背道而驰。他自然就更不可能知道鲁迅在北京时与"现代评论派"之间的矛盾冲突是何等的激烈了。当然了，这也不能全然怪罪于他的孤陋寡闻，且不说林文庆长期身在海外，执业医生却长期致力于宣扬儒家文化，自然不太可能对国内势如风火般燃烧的新文化运动有多少了解。其实，就算是当时对新文化运动旗手鲁迅早就景仰不已的厦大莘莘学子，包括有"鲁迅在厦大最后一个学生"之称的陈梦韶在内都还不知道，其实鲁迅就是周树人：

> 鲁迅先生到厦门大学后，于九月二十日开学之前，在群贤楼下教务处的布告牌上，曾有这样的一张布告："周树人先生，已到校多日，其所担任之'中国文学史'、'中国小说史'及'声韵文字训诂研究'三门功课，定于下星期起，开始上课讲授，希各注意，此布。"当时有许多学生，包括我在内，看了布告，都很惊愕。大家纷纷议论："不是说鲁迅先生要来担任'中国小说史'吗？怎么又改请周树人呢！"真的，那时有好多人，还不知鲁迅就是周树人。①

相信以当时林文庆对中国文化界的了解程度，他自然也不会完全明白鲁迅在当时青年学子们的心目中有着多么崇高的地位。

鉴于有关鲁迅和林文庆关系将在本书的专门章节中予以详述，故在此不予赘述。

在第二次学潮爆发之后，鉴于文、理科师生之间的争斗十分激烈，为了

---

① 陈梦韶：《鲁迅在厦门》，作家出版社1954年版，第17页。

维持学校的发展不至于使学校陷入破裂的境地,林文庆竭尽所能试图弱化学潮对学校的伤害和冲击。早在学潮爆发之前的11月25日,林文庆就邀请鲁迅共进午餐,尝试挽留鲁迅不要辞职离开厦大,无奈鲁迅去意已决,林文庆无功而返。在鲁迅已经递呈了辞职信之后,林文庆似乎仍不死心,特意委托刘树杞于1月3日前去鲁迅住所予以挽留并致送聘书,到了第二天上午,林文庆更是亲自前往鲁迅的住处,试图再做最后的努力挽留鲁迅。可以说,几乎就是在鲁迅离去已成定局的时刻,林文庆都没有放弃最后的希望,他于1月9日再次邀请鲁迅至鼓浪屿的住家共进午餐,但很明显的是,对于这个时候的鲁迅来说,任何挽留的言辞都显得是多余的了。为了不让鲁迅的辞职事件在学生中间产生更大的波折,林文庆特意于1月13日,也就是鲁迅离开厦门的前三天,在鼓浪屿最大、最豪华的大东旅馆设宴为鲁迅饯行,同席邀请了四十余人作陪。为了尽量减少鲁迅辞职事件所带来的冲击和不利影响,不给学生发起的驱逐刘树杞运动以借口,林文庆还特意邀请了刘树杞同席参加给鲁迅的饯行宴会。然而,这一切都徒劳无功,在1月15日上午鲁迅"寄林梦琴信再还聘书",于午后乘坐"苏州"号邮轮飘然离去之后,学潮仍然还是无可避免地爆发了,林文庆不得不开始设法去收拾残局。

也许,在第二次学潮中,唯一让林文庆稍微感到有一些欣慰的是,辛苦经营数年刚刚取得了一点儿成就的理科,没有因这次学潮而垮掉。虽然在学潮中,理科教授们曾经恫言要与理科主任刘树杞共进退,但在最终,林文庆对待刘树杞的态度和对教授们的挽留措施还是发挥了效力,除刘树杞辞职离开厦大之外,其他的教授都没有走,从而使得理科得以继续维持并发展。在学潮之中,林文庆自始至终都坚决不允许明令免掉刘树杞的职务,即使是在刘树杞已经辞职离去成为事实之后。从维护学校的整体利益来看,林文庆认为,刘树杞乃"为国内有数科学家,厦大得之,方引为幸,焉有听其引去之理,而周鲁迅先生,余也极力挽留。余之任人,一以人才为标准,初无成见

于其间"①。在林文庆看来，刘树杞自厦大创办之始就在学校服务多年，如果在没有明显过错的情况下任意给予免职的处分，这不只对刘树杞很不公平，而且极有可能因此而堵塞了厦大将来延聘人才之路，因而，决"无听去理"。此外，从教育的角度而言，延聘和辞退教授都是学校当局的权力和职责，学生作为接受教育的对象，如果动辄对师长的任免予取予求，那岂不是有越俎代疱之嫌？关于这一点，林文庆自己虽然没有明确的言论，但陈嘉庚的言行在某种程度上却可以说是代表了林文庆的心声。早在1923年5月集美学生闹学潮，要求撤换校长叶渊一事，陈嘉庚在给集美校长叶渊和陈敬贤的电文中就明确指出："曩数易校长，前车可鉴，若轻易更动，集校恐无宁日，我兄弟又未暇兼顾，况权操学生，教育何在？余绝端反对。"②陈嘉庚以为，学生"血气未定，自由误解，以罢课为爱国，以不敬为勇敢，既无尊师重傅之念，安能爱家爱国之行？不晓权限，不计是非，之主持能力，复以不同为耻"。在如此情况之下，如果听任"学生之意旨更动校长，以迁就之，则校中规则亦当任学生可否，而教师当奉迎听命于学生，管理员可以免设，此后学生便可气高志扬实行自由之目的"。然而，这样一来，则教育的意义又将安在？岂不是本末倒置，学生因指导学校一切行径而自然升格为管理者，而师长则下降为被教育者，只是不知道，这样的师生位置互换之后，沦为"学生"的师长，是否也有罢课的权利呢？

　　林文庆在历次学潮中对待学生要求的鲜明态度，就刚好证明了上述这一点。第一次学潮中，林文庆宁愿被学生骂为是16世纪的死脑筋，也决不向学生的要求妥协；第二次学潮中，即使是在刘树杞事实上已辞职离开厦大的情况下，他也不肯顺从学生驱刘委员会的意愿明令免去刘树杞的职务；1929年6月，厦大再次爆发了理科学生反对代主任钟心煊的学潮，在钟心煊应学生

---

① 原载《申报》1927年1月17日，转引自厦门大学校史编委会编：《厦门大学校史》第1卷，厦门大学出版社1990年版，第83页。
② 《陈嘉庚先生在道南学校演说词（三）：事关集美学校风潮之真相与高小毕业生升学之将来》，（新加坡）《新国民日报》1923年7月20日。

法学院全体师生合影(1931年)

文学院全体师生合影(1931年)

教育学院全体师生合影(1931年)

理学院全体师生合影(1931年)

商学院全体师生合影(1931年)

附设高级中学全体师生合影(1931年)

要求提出辞职之后，林文庆却不肯满足学生要校长准予钟氏辞职的要求，后来在钟氏辞职志坚，离厦赴省之后，林文庆仍然"以学生反钟，限期去不合"为由，将领头闹学潮的学生予以处分："首事四人记小过二次。"①由此可以看出，在时局混乱、学潮频发之际，林文庆为了捍卫教育的主导权，的确是曾经做出了一番努力的。然而，这一番苦心却似乎并没有获得后人的谅解，反而在很大程度上加重了他莫须有的罪状。

正所谓鹬蚌相争、渔人得利，厦大第二次学潮之后的一大不良后果，就是让一直觊觎厦大的国民党乘机将"党化教育"的触角伸进了厦大校园。林文庆和陈嘉庚一样，虽然并不反对革命，但对于国民党的"党化政纲"措施却一直持敬而远之的抗拒态度，他们都竭力希望能保持学校作为教育机构的纯洁性，不希望政党之间的纷争干扰学生读书的兴趣以至影响了学业，至于学生走出校门毕业以后是否参与政治则悉听尊便，甚至在校读书期间也可以修读政治学说，但却始终不赞成学生在校读书期间参与过多的政治活动。在厦大爆发第二次学潮之后，刚刚成立的国民党厦门市党部，会同厦门警备司令部趁机以调停学潮为名，开始将"党化教育"的议题名正言顺地强行塞进了厦大的教育体制之中：厦大实行党化教育被列为解决学潮四个条件中的首要条件，国民党厦门市党部与司令部参谋长林国赓甚至以"为厦大调停条件"为名质问林文庆，公开施压，逼使林文庆不得不"将有表示"，②至此，林文庆和陈嘉庚曾经长期死守的教育中立原则终于被打破了。回想起来，这场学潮本来是以挽留鲁迅为始，继之以驱逐刘树杞为中，结果竟然是以国民党主导的厦大实行党化为终，想起来真是令人不胜唏嘘。

厦大第二次学潮之后，国学研究院被迫停办。因为国学院本来就是初开乍办，所以这次学潮对学校各方面的正常发展并没有带来太大的负面影响，

---

① 《厦大风潮已平》，原载《申报》1929 年 6 月 16 日，转引自厦门大学校史编委会编：《厦大校史资料》第 1 辑，厦门大学出版社 1987 年版，第 286 页。
② 《〈申报〉电讯》，原载《申报》1927 年 3 月 24 日，转引自厦门大学校史编委会编：《厦大校史资料》第 1 辑，厦门大学出版社 1987 年版，第 276 页。

但在这之后,厦大却开始了自从它创立以来最大而且是从此以后持续不断的困难:陈嘉庚在南洋的实业已开始走下坡路,这必然地导致了厦大的办学经费也相应地被一减再减,再也不能如1925年之前那样充裕了。尽管厦大的经费越来越紧张了,但为了保证厦大的持续发展,林文庆仍然竭尽所能地补充师资,自1927年以后,先后引进了大批的知名学者前往厦大任教,其中不乏留学欧美的博士。为了吸引并留住人才以保持师资队伍的稳定,林文庆在1927年寒假南渡新加坡与陈嘉庚面商校务时,又提出要在1926年《厦门大学优待教职员规则》的基础上,再进一步鼓励教授长期在厦大任教:对任职七年以上的教授给予休假一年的优待,教授在休假期间可以领取全薪,以资鼓励。这一点很类似于今日大学所施行的学术假期,相信这在当时的中国大学中应该是一个创举。

教育科全体合影(1929年)

文科全科合影(1929年)

理科同学会合影(1929年)

林文庆在加紧补充师资力量的同时,也不忘加强学校的管理工作并大力进行校园建设。厦大于1927年进一步修订了各项有关的规章制度,根据厦大的具体情况制定出了适合于自身特点的一系列校规，以奖罚分明的手段，加强对招生和在校学生的管理工作。在学校的建设方面，除了继续增建校舍、添置先进的教学设备之外，还专门为教授们建造了十座楼房，以便改善教职员的居住环境，使教授们能够更加专心于教学和研究工作。学校图书馆也大量购置图书增加藏书量，到1928年的时候，图书馆已拥有各类中文书籍34000余册、外文图书16000余册，而新订购的大量中外文图书更是源源不断地陆续运来，与此同时，新的图书馆也在动工兴建之中，新馆的设计藏书量多达20余万册，由此可见厦大当时的宏大气魄。关于厦大图书馆的丰富藏书情况，我们可以从浦江清在1942年10月9日参观迁徙到长汀的国立厦大图书馆后所写的日记中略知一二：

> 是日上午，蛰存领余参观厦大图书馆。西文书，凡语言、文学、哲学、历史、医学、生物皆富，物理、化学、数学书亦可。而关于中国文学之书籍亦多，出意料之外。据云语言、文学为林语堂，生物为林惠祥所购，故有底子。人类学书亦富。中文则丛书甚多，地志亦不少，顾颉刚所购。金文亦不少。①

从日记中说"语言、文学为林语堂，生物为林惠祥所购，故有底子"以及"中文则丛书甚多，地志亦不少，顾颉刚所购"等字眼可以知道，国立后的厦大图书馆的丰富藏书实际上多是从私立厦大继承过来的。可惜的是浦江清并没有说明当时图书馆的藏书量是多少，但据私立时期的厦大校友王诚回忆，当他于1936年从厦大毕业的时候，校舍面积有"三万平方公尺，图书馆存书十一万册"，② 这是厦大改为国立前一年的状况。改为国立以后的厦大经费比私立时期更加紧张，甚至私立16年期间从来没有欠发过教职员薪水的厦大，在改为公立后首次出现了薪俸未能如期照发的尴尬局面，之后更是被迫

---

① 浦江清：《清华园日记·西行日记》，生活·读书·新知三联书店1987年版，第170页。
② 王诚：《怀念我的母校——厦门大学》，厦门大学校友总会编：《厦大校友通讯》第11期。

实施按比例发放薪水的办法。在经费如此紧张的情况下，厦大显然不可能有多余的款项去购买图书以增加和扩大图书馆的藏书量。退一步讲，就算是国立后的厦大有多余的款项欲去购买图书，在那烽火连天、生存条件异常艰难困苦的战争年代里，它恐怕也很难购买到图书，因为，厦大于1937年7月改为国立后不久，就因为日寇侵袭厦门，厦大被迫于1937年12月份开始就陆续撤往闽西的山区长汀去了，厦大虽然在长汀暂时得以继续生存，但是，在周围沦陷区的重重包围之下，要想增购图书则几乎是一件不可能的事情。

除了校舍、教授住宅楼和图书馆之外，厦大也兴建了其他许多与教学、生活相关的设备、设施。诸如厦大气象台、制革厂、煤气厂、动物博物馆、植物博物馆等，足以供给师生进行教学、科研、实验和实习之用。除此之外，其他的生活设施，如电灯厂、自来水厂、医院、浴室等等生活设施也是一应俱全。厦大日臻完善的设备、设施不仅为师生的学习、研究和生活提供了方便，也让到访的外国友人感到惊叹不已，1927年12月初，曾访问过多所中国大学的英国伦敦教会海外秘书霍金斯等人到访厦大，在林文庆的陪同下到各个学院及图书馆等处参观，厦大给他们留下了深刻的印象，过后，霍金斯还特意给林文庆写信，以表达自己对于厦大的景仰之情，信函内容不长，兹全文抄录如下：

>文庆博士有道，敬启者，上星期鄙人偕同史巴黑姆 Sparham 及伯朗 Brown 两先生参观贵校，荷承殷勤款待，不胜感激，前鄙人屡闻史巴黑姆先生道及贵校，固已心向往之，此次幸得亲瞻贵校之宏施，实更令人惊叹不置，盖贵校建筑之宏大及设备之完善，洵为鄙人所意想不到，先生建立如此伟大之事业，鄙人谨掬诚奉贺，溯自鄙人来华后，曾参观大学数处，且熟悉其内容者有二，但就开办及经常等费之撙节及成绩之优良而言，从未见有胜于贵校者，侨居新加坡之陈嘉庚先生慷慨捐资，创办贵校，知其捐款之使用，如是适当及经济，且所费省而收效若是之巨，其欢慰之深，实可断言，忆前承

博学楼（教职员宿舍）（1929年）　　　教职员家眷住宅之一（1929年）

教职员家眷住宅之二（1929年）　　　笃行楼（女生宿舍）（1929年）

学生宿舍之一部（1929年）　　　生物院化学院（1929年）

校植物园（1929年）　　　校游泳池（1929年）

台端告知，陈先生尚未亲见贵校今日之规模，倘彼能一见其慷慨捐资而得创设之伟大事业，则其欢慰，当更有逾昔者，窃维贵校之创办及发展，端赖先生之学识经验以及热心毅力，故对于先生，深愿天假之年，长得主持校务，并祝贵校将来之发达及进步，专此申谢，顺请

　　台安

伦敦教会海外秘书霍金斯 F.H Hawkius
十二月五日 ①

霍金斯在信中自称"来华后，曾参观大学数处，且熟悉其内容者有二"，可见他对中国当时的大学情况是有相当之了解的，既然厦大建筑规模之宏大、设施之完备能让他惊叹不已，且超出了他的想象之外，由此可知当时厦大情况之一斑了。

为了使厦大能早日纳入到国家教育体制之内，以便使私立的厦大获得"合法"的资格，争取获得国家教育主管部门的立案，一直是林文庆为之奋斗的一个重要目标。早在1926年，厦大就"曾向北京政府教育部请求立案"，② 但却未得要领。国民政府在南京成立之后，厦大再次向南京国民政府请求予以立案，由于程序上需要先由福建省教育行政机关转呈，而福建省教育厅鉴

---

① 《外人赞许本校办理之良善》，《厦大周刊》第177期。
② 《本校呈请立案之经过情形》，《厦大周刊》第180期。

厦门大学成立八周年纪念（1929年）

于厦大"办理完善，成绩斐然"[1]，因而欣然同意厦大的立案申请，"即经转呈中央教育行政委员会核示在案"，南京主管高等教育的大学院遂即委派艾伟博士、丁巽甫博士二人先后到厦大作进一步的调查，其中丁巽甫认为：厦大"基金充裕，成绩甚佳，各种设备，亦极完善，方之他处，有过无不及，立案一事，当可不成问题"[2]。1928年3月26日，国民政府大学院院长蔡元培就厦大立案一事发出了第二三一号"中华民国大学院训令"：

令福建私立厦门大学校长林文庆

为令行事：查福建私立厦门大学，开办有年，前接福建教育厅厅长黄琬呈送该校表册，转请立案前来，当经本院派员前往该校详细调查。兹据复称："该校办理，与私立大学立案条例第三第四两条完全符合"等情：并将新填表册二十六本转交到院。据此，该私立厦门大学，应即准予立案。除令行福建教育厅遵照外，合行令仰该校长遵照此令。

院长蔡元培

中华民国十七年三月二十六日

自此以后，厦门大学正式获得了政府的官方认可，成为中国大学教育发

---

[1]《本校立案消息》，《厦大周刊》第174期。

[2]《本校呈请立案之经过情形》，《厦大周刊》第180期。

1933年秋季毕业同学暨教职员合影（戴岩供图）

展史上第一所获得政府批准立案的私立大学。其后，其他的私立大学如：金陵、复旦、燕京、南开等也纷纷效仿厦大的做法，向政府提出立案申请，截至1929年6月，全国获准立案的私立大学已经有八所之多，这对于推动中国私立大学的健康发展无疑是非常有意义的一件事情。

在办学经费日渐紧张的情况下，厦大仍然继续向前发展，取得了一系列的重要成就。纵观整个私立时期的厦大，办学成就最为突出的当属生物学和教育学这两个学科，尤其是厦大的生物学研究，更是在全国独树一帜，自1930年起与中华教育文化基金会连续举办了四届"暑期生物研究会"，几乎每次会议都集中了全国生物学界的精英参加，影响极大，有力地推动了全国生物学研究的进展。厦大在生物学研究方面之所以能在较短的时间内，取得如此令世人瞩目的成就，显然是与林文庆本人的大力支持分不开的，关于这一点，在首届"暑期生物研究会"上，担任研究会筹备员的陈子英在叙述研究会的宗旨时就特意指出："去冬有两生物学家来厦大参观，建议设海滨生物馆，俾生物学家有研究机会，敝校林校长（文庆）亦生物学家，极赞其议，即组织筹备委员会"，①林文庆不仅在会议开幕式上亲致欢迎词，还在会上发表了主题演讲《君子之演进》。陈子英在报告中说林文庆是生物学家，绝非是阿谀之词，而是事实：林文庆身为一位杰出的医生，本身一直有着收集动植物标本的嗜好；即使担任厦大校长之后，学校建设、校务、校政等琐事繁多，但这一切也并没有打断他研究的兴趣，在《厦大周刊》第191期上就有"林校长发明新植物"的记载："本校校长林文庆博士，好学之心，老而弥笃，对于中外植物学，悉经研究。最近与钟心煊主任，复在厦岛白石炮台后高山上，发现一种新植物，属茶科植物，Euryale属，现正在详细研究，一俟研究完毕，即可登表。"在第一届"暑期生物研究会"上，与会学者发起成立了中华海产生物学会，并在厦大设立了海洋生物研究场，公推林文庆长子、时任北平协和医学院教授的林可胜为主任。鉴于厦大在生物学研究方面的突出成就，中央研究院及太平洋科学协会海洋组，特意委托厦大筹建海洋生物研究室，该研究室最终于1935年8月正式成立，厦大一举奠定了它作为中国南方研究海洋生物主要基地的地位。基于林文庆对生物学研究方面的大力支持及对厦大所做出的种种贡献，早在1927年厦大动物学系就将在鼓浪屿水域所采集到的一种新的星鱼，经由英国伦敦博物院鉴定后，由"该院专家司密斯佐治君George A. Smith定名Asterina limboonkengi，以林梦琴校长之名，名之，以为纪念"②。

林文庆在厦大的辛勤付出终于开始有所回报。大学创办仅十年之间，就已经名声鹊起，不仅崛起为南方之强，而且伴随着其声誉日渐隆起，也逐渐地与国内外众多的知名大学建立起了日益密切的联系。国内外大学纷纷来函来信，向林文庆索取题词或撰文，仅于1930年12月止，国内向林文庆提出

---

① 《暑期生物研究会情况》，原载《申报》1930年7月24日，转引自厦门大学校史编委会编：《厦大校史资料》第1辑，厦门大学出版社1987年版，第144页。
② 《新种星鱼之发现》，《厦大周刊》第177期。

索取题词和撰文的大学就有：南京中央大学体育科发行体育杂志，林文庆为之题赠"训民御暴"四字；福建协和大学十五周年纪念会函请林文庆前往演讲，因时间紧张无法成行，最后林文庆特寄祝词"百年计远"四字，一表贺忱；上海暨南大学菲律宾华侨学生会函请林文庆为该会会刊《菲律宾研究》撰文，林文庆专门撰成《厦大与华侨》一文邮寄给该会。① 厦大声名远播，不仅与国内大学之间互动频繁，就连远在欧洲的荷兰阿姆斯特丹大学和法国巴黎学院周年校庆，厦大都寄去祝词一表祝贺：1931年6月27日，阿姆斯特丹大学（The University of Amsterdam）三百周年校庆，厦大特意赠予中英文祝词：

> 猗欤荷大，规模宏备；械朴菁莪，多士济济；历三百年，颠播不坠；日就月将，永垂令誉。②

1931年6月间，法国巴黎学院举行四百周年纪念，林文庆也特地寄赠中英文祝词以表庆贺：

> 猗欤盛欤！巴黎学府。遗大投艰，证今论古。巍巍焕焕，作育英贤。历四百载，如日中天。文教毕宣，声誉洋溢。纪念年年，一堂跄济。③

厦大的良好声誉，也促使南洋各地华校纷纷来函请求厦大推荐毕业生前往担任教员，同时，南洋各地的学校、社团组织等也纷纷来函向林文庆索取题词：林文庆为菲律宾中华总商会题词："华侨中枢"；为菲律宾青山学校题词："提倡教育，惠及华侨，三载努力，成绩孔昭，从前奋勉，高树一标，鹏抟万里，直上扶摇"；为菲律宾中华什品商同业公会题词："扶助侨商，瞬届

① 《校长馈赠各处题词及撰文》，《厦大周刊》第249期。
② 厦门大学校史编委会编：《厦门大学校史》第1卷，厦门大学出版社1990年版，第134页。
③ 《赠送法国巴黎学院四百周年纪念中英文祝词》，《厦大周刊》第257期。

厦大全体教职员合影（1937年）

一周，策来溯往，大展鸿献，蒸蒸日上，誉满五洲，商场战胜，祖国蒙休"；为菲律宾三宝颜教育委员会题词："树人计远"等等。厦大的影响越来越大，1930年4月，吸引了美国一个三百多人的参观团写信给厦大，提出要求前往参观，"该团参观时，均用摄影机将本校建筑内外景摄去；内有意利诺大学某教授，对于生物院内之动物博物院，极为赞美不已"。①

关于林文庆在厦大期间的个人生活状况，由于资料的欠缺，现在几乎无法予以准确的还原或给予恰当的描述。厦大首届毕业生黄天爵的简略描述，或许可以让我们多少了解一点儿林文庆在厦大期间的生活情景：

（自从厦大爆发第二次学潮）以后十年，亏他坚强支撑，才把完整的厦门大学交予萨本栋先生。他博学多能，对学生和蔼可亲，从未板着严厉面孔。他提倡自由研究学术风气，他比较受英国式大学教育影响，他不斤斤于呆板的查勘点名等具文，他很乐观幽默，并不禁止学生吸烟饮酒，他总是说烟酒是人类文明的象征。他口不离雪茄，也许他要比邱吉尔大几岁，雪茄就是他

---

① 《美国参观团三百余人在校参观》，《厦大周刊》第230期。

的标帜,而不专属于邱吉尔。他了解人生,他富有人生的乐趣,他的生活是多彩多姿的。他喜欢音乐、戏剧,他喜欢驾船、骑马、舞蹈、下棋。……林先生在任厦大校长之前,也是橡胶园主,他为了教育,他教导了别人,却牺牲了自己,今日华人在南洋的地位持橡胶界的牛耳,应该归功于他的倡导。他确是校长而兼事业家,他在南洋华侨社会,有崇高不拔的地位。①

从黄文的叙述中可以看出,在平时生活上,林文庆实在是个不拘小节之人。从笔者所收集的有限的《厦大周刊》中,也多少可以窥探到一点儿林文庆在厦大期间个人生活的端倪:虽然主持校务工作十分繁忙,而且时常需要离开学校前往南洋、福州、南京、上海、广州等地为学校四处筹款,但林文庆仍然保持了对科学研究方面的浓厚兴趣,而且他似乎很喜欢和厦大学子分

---

① 黄天爵:《厦门大学三校长——为纪念邓芝园校长八十寿作》,原文载《教育与文化》第332期,转引自程光裕:《传奇人物林文庆》,《星马华侨中之杰出人物》,台湾华冈出版有限公司1977年版。

己巳年毕业典礼（1929年）

享自己在这方面的经验和体会，这一点可从《厦大周刊》中频繁出现他为各个学生会组织举办各种学术报告上看得出来，而且他也接受一些学生团体的邀请，担任他们的名誉顾问、指导，譬如他受邀担任国际关系学会名誉指导等等。从林文庆的学术报告题目上来看，他对科学方面的兴趣是十分广泛的，譬如他的演讲题目就包括了："林校长讲演进化论之科学及哲学观""林校长两次演讲星象""化学与哲学和实业的关系""科学在现代文化之地位""和平及国际亲善问题"等等。林文庆对天文学具有十分浓厚的兴趣，笔者于2008年夏天在电话中采访私立厦大时期毕业生、年逾九旬的蔡启瑞院士时，他曾向笔者说明这一点：林文庆经常在天气晴朗的夜晚组织学生利用学校天文台的天文望远镜，观察星象一直到深夜！作为一个医生和公共卫生学家，林文庆对于厦大及其周边环境的卫生状况十分关注，他经常到学生膳厅检查学生饮食的卫生状况；当伍连德博士于1930年组织成立厦门海港检疫所的时候，林文庆受邀担任顾问。新生报到之日和毕业生离校之时，只要林文庆身在厦大，他总会为他们举办茶话会，以示欢迎或欢送，有时候他甚至会邀请学生们到鼓浪屿他的住家举办茶会。林文庆在担任厦大校长之余，也受邀担任多项社会兼职，如厦门中山医院院长兼董事长、闽南医院名誉董事、行政院华侨委员会委员、国民经济建设委员会总会委员、教育部华侨教育设计委员会委员、福建建设委员会委员、厦门嵩屿开埠促成委员会以及上海英文杂志《民族周刊》总编辑等等职务。林文庆在厦大期间，尽管公务繁忙，但他仍然勤于研究和著述，先后完成了下列著作：《东方生活的悲剧》（英文，1927年）、《英译离骚》（中英文对照，1929年）、《中国文化要义》（英文，1931年）、《厦门——思念明朝之岛》（英文，1936年）以及英译汉《基督教辟谬（上编）》（又名《李鸿章杂记》，即 *Li Hung Changs Scrap*，1921年）等。

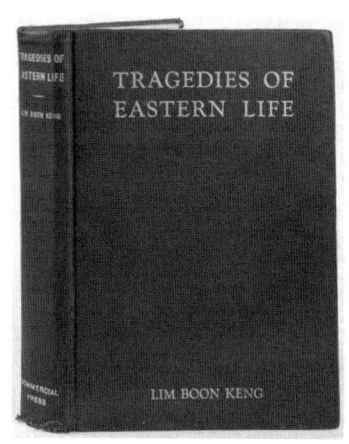

Tragedies of Eastern Life
（《东方生活的悲剧》）

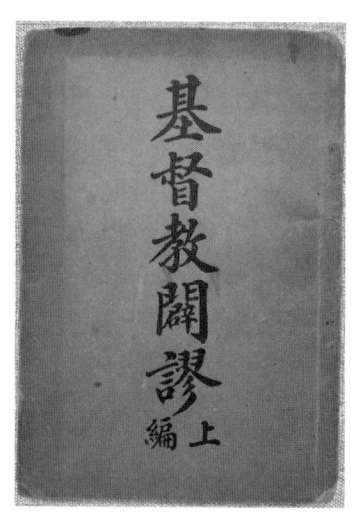

《基督教辟谬（上编）》

就在厦大办学成绩初现，各方面的发展都蒸蒸日上、日渐赢得世人瞩目的时候，对林文庆来说，更大的严峻考验却开始接踵出现了。厦大创办前期，虽然陈嘉庚连续三次募捐都归失败，但由于陈嘉庚在南洋的事业一帆风顺，盈利甚巨，因而他仍然能独立支撑、为厦大提供较为充足的经费，这使林文庆在经济上没有后顾之忧，基本上不需要为学校的经费操心，可以倾尽全力于校舍、校政、校务诸方面的建设。然而，伴随着1929年蔓延整个资本主义世界的全球性经济危机的大爆发，一向盈利甚丰的陈嘉庚公司开始出现了巨额损失，而英国政府为了维护其自身的殖民利益，更是趁机着手进行扼杀陈嘉庚公司的行动，终于，在空前惨烈的经济危机和英国政府的联手夹击下，陈嘉庚被迫于1934年2月将企业收盘，结束了营业，从此陈嘉庚"资本实力丧失殆尽"："他撤出了商战，离开了家庭，住进他任总理的怡和轩俱乐部，潜心读书。"①陈嘉庚公司的收盘，对于厦大来说几乎是一个灾难性的事件，虽然陈嘉庚在结束营业之前曾经绞尽脑汁预先做出了一些安排，以便尽可能地为厦大和集美学校继续提供经费，但厦大创校前期经费充裕的状况从此风景不再，自此之后，厦大就陷入了持续的"经济危机"之中。这一切对全面主持厦大工作的林文庆而言，不啻一个不醒的梦魇：他不仅需要时时刻刻精打细算节约仅有的宝贵办学资源，更需要经常地盘算如何去筹募捐款，以便补充陈嘉庚所提供经费的不足。从此以后，除了在校主持校务校政之外，四处筹募捐款，几乎就成了林文庆后期主掌厦大期间的一项最重要任务："一年中他几乎半年在校内，半年在校外。半年在校外，就是要在五个中心去接洽联络，这五个中心是南京、上海、福州、广州和南洋。"②正是因为有了林文庆的不停奔波，四处募捐筹款，才使得私立的厦大在岌岌可危的情况下，仍能维持教学和科研的正常运作，甚至取得了有限度的继续发展。在林文庆和全体厦大学人的共同努力下，

厦门大学校长林文庆博士（1937年）

---

① 陈共存口授、洪永宏编撰：《陈嘉庚新传》，新加坡陈嘉庚国际学会、八方文化企业公司2003年版，第117页。
② 黄宗实：《作为爱国教育家的林文庆》，厦门大学校友总会：《厦大校友通讯》第6期，1987年。

私立的厦大一直勉力支撑到1937年实在不能再支撑为止，林文庆这才受陈嘉庚委托，于5月份代表陈嘉庚从厦门亲赴南京，拜谒当时的国民政府教育部长王世杰，经过多次的请示与协商，最终将私立的厦大交归国有，亲手为自己为之奉献了长达16年之久的私立厦大画上了一个还算是完美的休止符。

鸟倦飞而知还。林文庆在他68岁的时候，也就是1937年的7月底，亲手将自己一手发展起来的私立厦门大学，正式移交给了前来接管的新任国立厦大校长萨本栋。其后，一向紧绷身心的林文庆，在赫然间轻松下来之后便无心于世事了，退居鼓浪屿的半山别墅，手捧一部线装《论语》，闲看浮云淡然飘过双眉间，俯视鹭江深且长，千帆百舸竞相争流，放眼远望五老峰下演武场上那出没于林荫之间的众多亭台楼阁，涛声中似乎隐约还能听见厦大师生那抑扬顿挫的吟诗声，偶尔一杯在手，不知人间有忧。假若不是因为日寇犯我厦门，迫使厦门大学流亡山城长汀，林文庆很可能甘愿陪伴在厦大的身边，以这样闲散的生活方式在祖国终老天年。日寇攻陷厦门之后，厦门大学

萨本栋校长与林文庆校长交接仪式后合影（戴岩供图）

的师生挥别演武场，慨然踏上了流亡之路，而顿然间失去了精神寄托的林文庆，也只好强打起十二分精神，收拾好破落的心情，于匆忙间携同家人，离开了自己曾经为之魂牵梦绕的思想故乡，南返新加坡——这个生他养他的家乡，回到了这时候实际上已经几乎是荡然无存的"家"中！①

---

① 据新加坡专门研究林文庆的学者李元瑾揭示：林文庆因前往担任厦大校长而放弃了自己在新加坡辛苦经营多年的各项业务，后来又因为托人不当，以至于蒙受了惨重的损失。当林文庆从厦门回返新加坡之后，他几乎已经是一无所有，就连他晚年在彼得逊路（Paterson Hill Road）得以遮雨避日的寓所还是由友人赠送给他的。——参见李元瑾：《林文庆的思想》（新加坡亚洲研究学会，1991年）一书中的有关章节内容。另外，1957年1月4日新加坡《南洋商报》在林文庆去世之后所刊发的《悼林文庆先生》一文中亦有"等到他告老归来，重整旧业的时候，他的家产已经荡然无存"这样的说法。

第十一章

绕不开的迅哥儿

 林文庆传

为一流大学广纳大师聚天下豪杰
与鲁迅纠葛拨开疑云释误解真相

研究林文庆在厦门大学期间的历史，必然要涉及鲁迅。尽管鲁迅在厦大的时间极为短暂，但因为鲁迅在中国现代文化史上所具有的特殊地位，使得任何针对林文庆的研究工作都不可能绕过鲁迅这堵移动着的文化长城。然而，在学术界中长期存在的、关于鲁迅与林文庆之间的所谓"矛盾与冲突"，却是一个被后人想象出来的、彻头彻尾的伪命题。

由于事关林文庆在厦门大学期间的资料大多已经散佚，迄今为止没有发现林文庆遗留下来能反映他与鲁迅之间关系的只言片语，因而，要想研究林文庆与鲁迅在厦大期间的关系，就唯有从鲁迅那极为有限的、记述林文庆的只言片语中去寻找蛛丝马迹。而这样的研

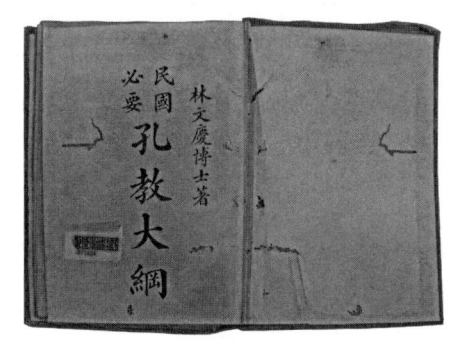

《孔教大纲》

究，对林文庆来说，无疑是有失公平的，因为在仅存鲁迅一面之词的情况下，很容易导致后人在探讨林文庆与鲁迅的关系时产生误解，而这也是多年来学术界出现夸大林文庆与鲁迅之间矛盾的根本由来。譬如，林文庆终生追求并服膺于儒家学说，是一个对儒学传播与发展做出了很大贡献的人；而鲁迅也极有可能从林文庆那里获赠了其中文著作《孔教大纲》的，① 可令人啼笑皆非的是，就因为鲁迅语焉不详的几句话语，竟然致使林文庆本该被镌刻在中国儒学史上的大名，却阴差阳错地闪现在了中国现代文学史上。

厦门大学于1926年创办国学研究院，林文庆延聘、罗致了一批名师前往厦大任教，这对于抬升和扩大厦大在全国大学中的地位和影响，无疑具有极

---

① 《鲁迅日记》1926年8月5日中有"得顾颉刚信并《孔教大纲》一本"这样的记载。

为重要的意义。然而,十分可惜的是,好景不长在,厦大国学研究院创立后只存在了短短数个月的时间就被迫关门大吉,其中最主要的原因是厦大爆发了第二次学潮,而直接导致第二次学潮爆发的主因就在于鲁迅的辞职并离开厦门。

在当时国学院的诸教授中,毫无疑问是以鲁迅的名气为最大,最受当时学生们的欢迎。而鲁迅在当时青年学子们心目中所树立起来的声誉,首要的并不是来自于他在大学里的研究工作和他所开设的课程,而是源自于他作为新文化运动旗手的特殊身份、毫不妥协的革命斗争精神以及他那犀利无比、堪称辛辣刻薄的文学语言方式。虽然其他教授也是大师级的人物,譬如历史学家顾颉刚、文学家林语堂等,但由于特定学科性质的原因,限定了他们在社会上的影响力,是故,他们受学生欢迎的热烈程度,自然无法与鲁迅相提并论。正当学生们群情激愤之际,1927年1月4日下午,"厦大学生开送别大会,全体学生都出席"。① 试想,如果当时辞职离开厦大的不是鲁迅,而是换作任何其他一位别的教授,相信都断不至于给学生以如此巨大的震撼和刺激,以至于最终引发了影响全校的学潮。从学潮爆发的过程上来看,挽留鲁迅的运动和驱逐刘树杞的运动是前后延续、一脉相承的,或者也可以这么说,挽留运动直接转化成了驱刘运动。对此,鲁迅本人作如是说:"校内大约要有风潮,现正在酝酿,两三日内怕要爆发。这已由挽留运动转为改革学校运动"(《两地书》·一〇九),鲁迅"原以为这里是死海,不料经这一揽,居然也有了些波动"(《两地书》·一〇五),"如果我安心在厦门大学吃饭,或者没有这些事的罢,然而这是我所意料不到的"(《海上通信》)。因而,不管厦大爆发学潮的原因是多么的错综复杂,但至少有一点却是让顾颉刚给说中了的,那就是学潮"成于鲁迅先生的辞职"。鲁迅的辞职是导致学潮爆发的最直接的原因,而引发鲁迅辞职出走的原因,现在看来至少有这样三个方面:第一,月亮(许广平)不在厦门(内因);第二,国学院内部的矛盾(北京旧矛盾的延

① 陈梦韶:《鲁迅在厦门》,作家出版社1954年版,第73页。

续）；第三，鲁迅与学校之间的冲突。

让鲁迅不能在厦大久留的首要原因就是许广平当时不在厦门。本来鲁迅和许广平离开北京时曾有"做两年工作再作见面的设想"，但是，两人才分开没几天，许广平就首先感到有些坚持不住了："临行时所约的时间，我或者不能守住，要反抗的。"（9月6日，指写信时间，以下同）至于鲁迅，则在前往厦门的船上就开始找人打听"从厦门到广州的走法"了（14日）。鲁迅到达厦门后的第八天，除了盼着快点儿开学，就是盼着"合同的年限早满"（12日），我们总不能说，鲁迅到达厦大才八天，在学校尚未开学，可以说对厦大不甚了解、还很陌生的情况下，就已经和厦大或者与林文庆之间产生了不可调和的矛盾吧？而此时的鲁迅已然流露出希望合同早满的心情，只能说明他与许广平之间难分难舍的爱情，是促使鲁迅心生去意的最根本原因。纵观鲁迅在厦门期间的生活，简直只能用度日如年来形容："我之愿合同早满者，就是愿意年月过得快，快到民国十七年，可惜来此未及一月，却如过了一年了"（30日）。鲁迅到达厦门四十天后，就已开始心生去意了："我现在很想至多在本学期之末，离开厦大"（10月16日）。10月20日，鲁迅还差点儿和孙伏园同船到广州去，但后来因为鼓动林语堂不成功，而且考虑到自己"已经收了三个月薪水，而上课才一月，自然不应该又请假"，拿了厦大这么多钱，就连鲁迅自己都有些感到不好意思马上又请假，这才不得已打消了去广州的念头。虽说去广州的目的"大部分却是为公"，但鲁迅自己也不得不承认："要同行的理由，小半自然也有些私心"，到底是为公抑或是为私？或者私心大于公心？对此，相信读者自会明白。在风景那边独好的情况下，鲁迅自然是"于这里毫无留恋"（21日）之意了："到此刚五十天，而恰如过了半年"（23日）。至此，可以说鲁迅已做出了最终的决定："不作长久之计"，最大限度也不过是以半年为计而已："倘无别处可走，就仍在这里混半年。"（29日）至于不能让鲁迅下定决心于年底决然离去的原因，则是因为他"怕广州比这里烦劳，认识我的人们也多，不几天就忙得如在北京一样"（11月7日）。

当广州的工作一时无法落实,鲁迅考虑到厦门又"难以久留,此外也无处可走,实在有些焦躁"(9日)。至于许广平,这时候更是无法抑制其内心的思念之情,主动提出要到厦门去看鲁迅:"你愿否我趁这闲空,到厦门一次,我们师生见见再说,看你这几天的心情,好像是非常孤独似的。还请你决定一下,就通知我。"(16日)鲁迅始终还是无法抗拒离别之苦,这促使他终于痛下决心:"决计要走了",本来"时期是本学期末抑明年夏天,却没有定,现在是至迟至本学期末非走不可了。……无论如何,年假中我必到广州走一遭,即使无噉饭处,厦门也决不住下去的了"(18日)。宁愿到广州去过没有饭吃的生活,也一再下定决心渴望着能"从速离开此地"(25日),因而,"决计不再敷衍了,第一步我一定于年底离开这里,就中大教授职"(28日)。鲁迅甚至开始迫不及待地计算离开的时间了:"计算起来,我在此至多也只有两个月了"(12月2日),只是因为要拿走一月份的薪水,才迫使他不能立刻离开:"离校恐当在二月初,因为一月份薪水,是要等着拿走的。"(14日)因过于心急,以至于让鲁迅连离开厦门的时间都计算错了:"我离厦门的日子,还有四十多天,说'三十多',少算了十天了"(16日)。离开厦门的日子越来越近了,"算起来只有一个多月了"(24日),心情也愈发迫切,让鲁迅越发急不可耐,希望"能早走则早走"(12月29日)。

  人非草木孰能无情,相信曾坠入过爱河的成年男女,都应该有过"一日不见如三秋兮"这样的体验。鲁迅和许广平也是人,自然也难以抵御爱神丘比特那利箭穿心、犀利无比的攻击。两人天各一方,唯有依靠鸿雁传书来化解相思之苦,据《鲁迅在厦门》一书的作者陈梦韶统计:鲁迅在厦门134天,总共给许广平写了40封信,平均三天多写一封(有些信虽然是作为一封信寄发出去的,但其内容却是分时段写的,因而,很多时候一封信实际上是等于好几封信的内容,也就是说,鲁迅写给许广平的信实际上不止40封)。虽然这期间鲁迅也给他人写信多达140封,但相较于信中内容大多为就事说事、三言两语近乎公函式的简短说明,则给许广平洋洋洒洒的每一封信,几乎都

算得上是长篇巨著了，因而，这些信件几乎构成了"鲁迅先生在厦门大学的短短四个月中，写了许多有重大意义的文学作品"①中的最大一个份额。收看许广平的来信，则无疑也成了令鲁迅最为开心的一件事："得到你六月八日的两封来信，高兴极了。"为了不至于错过许广平的来信，邮务代办所便成了鲁迅"每日去看的"（9月14日）地方，除了"每日自去看一回"（9月25日），甚至连在开会的时候都神不守舍，要"溜出会场，再到代办所一看"（12月12日），平时则借着上厕所的机会，一天更是去看上个三四次："我到邮政代办处的路，大约有八十步，再加八十步，才到便所，所以我一天总要走过三四回，因为我须去小解，而它就在中途，只要伸首一窥，毫不费事。"（9月30日）处于热恋之中的鲁迅，有这样的行为是完全合理的，也是可以理解的，这可以看成是促使鲁迅必然离开厦大的内因。

　　至于让鲁迅不能在厦大久留的第二个原因或者说外部原因之一，则是国学院内部的人事矛盾，即他与隶属"现代评论派"的顾颉刚等人之间的矛盾。这些原本在北京时就业已产生的旧矛盾来到厦门之后仍然持续燃烧，也是迫使鲁迅必然要离开厦大的一个很重要原因。《两地书》将鲁迅和顾颉刚等人之间的矛盾暴露无遗："在北京是国文系对抗着的，而这里的国学院却弄了一大批胡适之陈源之流……所以我现在很想至多在本学期之末，离开厦大。他们实在有永久在此之意，情形比北大还坏。"（第五十六封信，以下仅写数字）《两地书》中至少有8封信11次直接提到了顾颉刚（朱山根）的名字，下面分举如下，至于《两地书》中所提到、同属于"现代评论派"的其他人则予以省略："在国学院里，朱山根是胡适之的信徒，另外还有两三个，好像都是朱荐的，和他大同小异，而更浅薄"（四二），"朱山根是自称只佩服胡适、陈源这两个人的……我是不与此辈共事的；否则，何必到厦门"（四六）。"此地所请的教授，我和兼士之外，还有朱山根。这人是陈源之流，我是早知道的，现在一调查，则他所安排的羽翼，竟有七人之多……他已在开始排斥我，说

---

① 陈梦韶：《鲁迅在厦门》，作家出版社1954年版，第21页。

我是'名士派'"（四八）；"'现代评论'派的势力，在这里我看要膨胀起来，当局者的性质，也与此辈相合"（五八）。"一个教员和我谈起，知道有几个这回同来的人物之排斥我，渐渐显著了……北京的学界在都市中挤轧，这里是小岛上挤轧，地点虽异，挤轧则同。但国学院内部的排挤现象，外敌却还未知道"（六〇）；"山根先生仍旧专门荐人，图书馆有一缺，又在计画荐人了，是胡适之的书记，但这回好像不大顺手似的"（六六）。"先前朱山根要荐一个人到国学院，但没有成。现在这人终于来了……'现代'派下的小卒就这样阴鸷，无孔不入，真是可怕可厌。……'现代'派学者之无不浅薄，即因为分心于此等下流事情之故也"（六八）。"本校并无新事发生。惟山根先生仍是日日夜夜布置安插私人"（九五），"朱山根已经知道我必走，较先前安静得多了"（九六）。这些与鲁迅"常在一处的人，又都是'面笑心不笑'，无话可谈，真是无聊之至"（四一）。这就是令鲁迅待"在这里不大高兴的原因，首先是在周围多是语言无味的人物，令我觉得无聊。他们倘肯让我独自躲在房里看书，倒也罢了，偏又常常寻上门来，给我小刺戟"（五四）。当鲁迅说"我是不与此辈共事的；否则，何必到厦门"的时候，就已经明白无误地表明了他的决心：他是决不会在厦大待久的。在当时的整个国学院里，只有孙伏园算是能与鲁迅说得上几句话的人："孙伏园便要算可以谈谈的了"（四二）。虽然基于林语堂的举荐之恩，鲁迅时常有维护林语堂的言论，但两人之间的关系毕竟尚未达到他和孙伏园之间那样的亲密程度："我于这里毫无留恋，吃苦的还是玉堂，但我和玉堂的交情，还不到可以向他说明这些事情的程度。"（六〇）所有的这一切，都于无形之中加重了鲁迅在厦大时孤独、苦闷的感觉，使鲁迅对厦大不再有任何的留恋，进一步刺激鲁迅使他渴望能早日离开厦大。

从鲁迅的书信中可以看出，他对顾颉刚等人的憎恶程度是远远地超出了一般人想象的。他甚至对顾颉刚等人以"敌人"称之，大有不共戴天之意，其激烈程度由此可见一斑。鲁迅不是只在给许广平的信中攻击顾颉刚等人，

在同一时期给友人的信件中,他也毫不掩饰自己的态度。譬如,他在给川岛(章廷谦)的信中也说:"北京如大沟,厦门则小沟也,大沟污浊,小沟独干净乎哉?既有鲁迅,亦有陈源。……要做事是难的,攻击排挤,正不下于北京,从北京来的人们,陈源之徒就有。……有几个人也在排斥我。"①大有"既生瑜,何生亮"之慨。因为憎恶顾颉刚等人,鲁迅到厦大不足一个月的时间,就要辞去国学院的兼职,只是因为林语堂的缘故才暂时作罢:"上月因嫌黄坚,曾辞国学院兼职,后因玉堂为难,遂作罢论。"②

由上述可以看出,鲁迅与顾颉刚等人之间的矛盾,是促成鲁迅离开厦大的最重要的外部原因。尽管鲁迅在书信中明白无误地说出了他与顾颉刚等人之间的矛盾,但非常滑稽的是,不但很多研究鲁迅的学者不愿意承认"排挤说"的存在,就连顾颉刚本人显然也完全没有意识到这一点,以至于当厦大学潮爆发之后,他还在以历史学家的那份严肃认真态度,在为学潮的爆发总结原因呢,真不愧是治学严谨的历史学家了:"厦大的风潮,起于理科与文科的倾轧,而成于鲁迅先生的辞职。"③假如顾颉刚看过了鲁迅的《两地书》之后,再让他来谈对于学潮的看法,相信其结论肯定会大不一样。在《两地书》中,鲁迅首次提及文理科之间的矛盾是在10月23日:"理科诸公之攻击国学院,这几天也已经开始了",但那时候,鲁迅基本上已是去意已决,因而,对此事采取旁观态度:"因国学院房屋未造,借用生物学院屋,所以他们的第一着是讨还房子。此事和我辈毫不相关,就含笑而旁观之,看一大堆泥人儿搬在露天之下,风吹雨打,倒也有趣。"(六〇)身为国学研究院的教授,鲁迅居然说出"此事和我辈毫不相关"这样的话语,足以显示出鲁迅当时"身在曹营心在汉"的心境。鲁迅的离去,已经不是可能的问题,而只是一个时间早晚的问题了。

---

① 《261023 致章廷谦》,《鲁迅全集》第11卷,人民文学出版社2005年版,第583页。
② 《261004 致许寿堂》,《鲁迅全集》第11卷,人民文学出版社2005年版,第563页。
③ 《顾颉刚就厦大第二次学潮致胡适函》,转引自厦门大学校史编委会编:《厦大校史资料》第1辑,厦门大学出版社1987年版,第281页。

导致鲁迅辞职离开厦大的第三个原因，就是鲁迅与学校当局之间的冲突。这其中当然也包括了身为大学秘书的刘树杞对国学院和其教授们的一些做法，鉴于这一点在多数的文章中已有大量的记载，故在此不予赘述。另外，事关学校当局的行为之中，自然也不应该回避林文庆的某些做法。当所有的这一切都集中在一起之后，就更加刺激了鲁迅那颗原本就已十分敏感的心，从而使得鲁迅离开厦大的时间表被一步步地提前了。当时厦大初办，仍处于起步发展阶段，物质、生活设施等尚不尽如人意，学校对教授们的衣食住行等生活各个方面照顾不周，甚至连喝白开水都成问题，鲁迅对于这里的饭菜尤其感到不习惯，"此地最讨厌者，却是饭菜不好"①。类似这样一再抱怨的话语，在鲁迅的信函中几乎是随处可见，故不予另举。另一方面，因为学校刚刚开办，需要临时变更的计划太多，而校舍也不敷使用，这就使得教授们常常居无定所，需要不时地搬来搬去，几成为旅行式教授，这些也都让鲁迅感到大为不满。至于令鲁迅对林文庆感到不满的地方则主要集中在这样几个方面：林文庆催问教授们的成绩，但当鲁迅真的把稿子拿出来之后，学校却又不准备马上安排出版。而伴随着国学院经费预算的一步步缩减，更是让鲁迅的不满程度达到了最高点，从而爆发了他与林文庆之间唯一有确切文字记录的一次正面冲突："近日因为校长要减少国学院豫算，玉堂颇愤慨，要辞去主任，我因劝其离开此地，他极以为然。今天和校长开谈话会，我即提出强硬之抗议，以去留为孤注。"（《两地书》·八一）当时因为陈嘉庚在南洋的生意已经开始出现亏损的局面，迫使他不得不进一步压缩划拨给集美学校和厦大的办学经费，这就导致林文庆不仅无法兑现他曾向林语堂承诺过的给国学研究院的研究经费，更无法安排出版教授们的著作，甚至于连小小的《国学研究院周刊》，都不得不建议让它与业已存在的《厦大周刊》合而为一，这一切自然也都让林语堂和鲁迅等人对林文庆产生大大的不满。实事求是地说，他们的不满的确是在情理之中，但反过来看，正如俗话所说，不当家不知柴米油盐

① 《261130致章廷谦》，《鲁迅全集》第11卷，人民文学出版社2005年版，第637页。

贵,尤其是对于像厦大这样全赖于陈嘉庚一个人捐款基础上的私立大学,几乎自始至终都一直在办学经费上面临着捉襟见肘的困窘,如果在这方面对掌握、支配全校仅有的宝贵办学资金的林文庆提出过于苛责的要求,那也是不甚合理的。很遗憾的是,鲁迅并"不了解陈嘉庚办教育的精神,自然也不体谅厦大草创时期的财政困境"。因为,"鲁迅在世的时候,看不到陈嘉庚办学的大部分过程,因此他根本不会了解厦大的筚路蓝缕的艰苦创校过程"①。自然,鲁迅也就更加不能理解林文庆当时所面临的困难了。针对鲁迅对于厦大的种种看法,我们也只能够说,假如鲁迅能在厦大待得更久一些,或者是他能看到厦大后来的发展与成就,或许他极有可能会改变当初他对厦大的那些看法。

大部分研究鲁迅的学者,包括一部分海外研究林文庆的学者,似乎一向都很喜欢强调鲁迅与林文庆在厦大期间的冲突。然而,笔者在仔细研读鲁迅书简和日记的过程中,却有这样一种很强烈的感觉,那就是,鲁迅和林文庆之间的矛盾似乎并没有以往学者们所想象中的那样严重。关于这一点,笔者十分认同海外华人史学家王赓武对此问题所做的一个注释:"鲁迅对国学院几乎一开始就持批评态度,但是并不始终责怪林文庆领导无方。他还认为国学院教务主任沈兼士能力不强不负责任,对他的朋友林语堂的行政才干也没有好印象。他的生气,很多时是冲着顾颉刚和他从北京带来的人。"②的的确确,在鲁迅的日记和书简中,鲁迅都极少提到林文庆的名字,就算是提到林文庆的地方,也并没有出现很偏激的言辞。当然了,也许会有人提出异议,认为鲁迅在日记和书简中故意不提到林文庆的名字,那是出于蔑视他因而不屑提起他的名字。虽然无法排除这样的可能,但如果我们能联想到鲁迅一向光明

---

① 叶钟铃:《鲁迅和林文庆在厦大的一场冲突》,(新加坡)《人文与社会科学论文集》第4期,1984年。
② 王赓武:《中国与海外华人》,香港商务印书馆有限公司1994年版,第190页,注释(22)。

磊落、爱憎分明的性格，再加上他对其他人，尤其是他对待"现代评论派"顾颉刚等人公然敌视的态度的话，我们似乎没有理由去怀疑鲁迅会将他对林文庆的不满深深地隐藏于内心而不说出来。更何况，鲁迅所写的日记和信函都是私底下的个人行为，他实在没有必要去掩饰自己内心的真实想法。再说，林文庆的名字提到一次是提，提到两次也是提，鲁迅又何必委屈自己而少说几次林文庆的名字呢？

《鲁迅日记》中先后5次提到林文庆。第一次是在1926年11月25日："午林梦琴邀午餐"，后面几次提到林文庆都是在1927年1月份，也就是鲁迅提出辞职之后，分别为4日："上午林文庆来"，9日："午林梦琴饯行，至鼓浪屿午餐，同席十余人"，13日："午林梦琴饯行于大东旅馆，同席约四十人"，最后一次是15日："上午寄林梦琴信再还聘书。"日记极为简单，语气甚为客气，这使我们无法从中获得很有价值的信息，因而也就无法从中判断鲁迅对林文庆的态度到底是怎样的。

在鲁迅的信函，尤其是《两地书》中，对林文庆的记录稍微多了一些。第一次出现在9月28日："玉堂对于国学院，不可谓不热心，但由我看来，希望不多，第一是没有人才，第二是校长有些掣肘（我觉得这样）。"鲁迅特意说明"我觉得这样"，显示这仅是他个人的一种猜疑，而并没有多少事实上的证据；退一步讲，即使林文庆确有从中掣肘，这在鲁迅看来也只是影响国学院发展的第二位的因素而已。第二次是在10月4日："校长是尊孔的，对于我和兼士，倒还没什么，但因为花了这许多钱，汲汲要有成效，如以好草喂牛，要挤些牛乳一般。"看起来鲁迅对于林文庆的尊孔，也并没有人们想象中应该表现出来的那种特别反感，反而是对林文庆予取予求的做法颇有微词。第三次是在10月16日："这里的校长是尊孔的，上星期日他们请我到周会演说，我仍说我的'少读中国书'主义，并且说学生应该做'好事之徒'。他忽而大以为然，说陈嘉庚也正是'好事之徒'，所以肯兴学，而不悟和他的尊孔冲突。这里就是如此胡里胡涂。"尽管是第二次重复"校长是尊孔的"，但

平和的语气中似乎依然没有表现出愤怒情绪。相信几乎所有的研究者都不会忘记这次的演说,而且往往过分强调鲁迅和林文庆相冲突的一面,但很多学者似乎都忽略了,针对这次演说的两个内容,林文庆和鲁迅之间其实是彼此有一个交集存在的:鲁迅提倡"少读中国书"无疑让林文庆感到难堪,但鲁迅主张要做"好事之徒"的想法却是与林文庆相合的,所以林文庆才会接着鲁迅的演讲,进一步发挥说陈嘉庚也正是"好事之徒"。而从事后鲁迅的反应来看,似乎也看不出他对林文庆因此而产生更大的不满和怨气,鲁迅除了延续他以往对林文庆的看法,是"尊孔的"之外,对于林文庆腰斩他的演讲词也并没有表现出过激的反应。或许,在鲁迅的眼中,林文庆最坏也只不过就是一个多少有点儿糊涂,因而让他觉得有些好笑的孔教徒罢了。第四次是在11月25日:"近日因为校长要减少国学院豫算,玉堂颇愤慨,要辞去主任,我因劝其离开此地,他极以为然。今天和校长开谈话会,我即提出强硬之抗议,以去留为孤注,不料校长竟取消前议了。"这是鲁迅与林文庆之间最为直接、尖锐的一次冲突,但如果考虑到此事发生之前后的因果关系的话,则鲁迅这次对林文庆的当面抗议,与其说是对林文庆个人不满的表达,倒毋宁说是鲁迅出于同情林语堂辛苦维持国学研究院的一个打抱不平的义举,因而,似乎不宜将这一次的正面冲突视为是鲁迅和林文庆两人之间的个人冲突,就事论事,自然就更不是两个人之间思想观念上的冲突了。《两地书》中最后一次提到林文庆是在12月12日:"又恭听校长辈之胡说至十一时。"虽明言是"胡说",但至少还是在鲁迅可以容忍的程度之内,否则,依鲁迅惯常的性格,他哪里还会坚持听到十一时?恐怕早就该跳起来大发其难了吧?

1月15日,也就是在鲁迅离开厦门的前一天,他给林文庆写了一个简短的便函,全文不长,谨抄录如下:①

---

① 转引自探秘:《鲁迅君的作风》,原载(香港)《华侨日报》1927年2月17日,收入郑树森、黄继持、卢玮銮编:《早期香港新文学资料选》,香港天地图书有限公司1998年版,第54页。

文庆先生足下：

前蒙惠书，并嘱刘楚青先生辱临挽留，闻命惭荷，如何可言。而屡叨盛饯，尤感雅意，然自知薄劣，无君子风，本分不安，速去为是。幸今者征轮在望，顷即成行。肃此告辞，临颖悚息。聘书两通并还。

周树人　启
一月十五日

函中称呼客气、言词谦谦。充其量可说是言辞冷淡、或有隔膜，但绝无矛盾与冲突可言。

鲁迅最后一次直接提到林文庆应该是在《海上通信》中："校长林文庆博士是英国籍的中国人，开口闭口，不离孔子，曾经做过一本讲孔教的书，可惜名目我忘记了。听说还有一本英文的自传，将在商务印书馆出版；现在正做着《人种问题》。他待我实在是很隆重，请我吃过几回饭；单是饯行，就有两回。"①其实，鲁迅本人是拥有《孔教大纲》这本书的，②虽然没有证据显示鲁迅曾经通读过这本书，但至少可以断定鲁迅是翻阅过这本书的，而鲁迅在这里有意不提起书名，其含义只能有二：其一，鲁迅因看不起林文庆而不屑于说出书名；其二，鲁迅和林文庆"道不同不相为谋"，因而不愿意说出书名，也就是说，鲁迅这么做的目的是有意将自己的思想与林文庆进行切割并撇开关系：你照旧去读你的中国书，而我继续做我的好事之徒，大有井水不犯河水之意。从鲁迅那冷淡甚至于有几分客气的说话语气上，笔者更倾向于相信鲁迅是在第二种意境下来谈论林文庆的。此外，在《海上通信》中，还提到各种谣传，涉及林文庆的有"排挤说"："这回是说我的辞职，和刘博士无干，乃是胡适之派和鲁迅派相排挤，所以走掉的。"对此，林文庆是予以公开否认

---

① 《鲁迅全集》第3卷，人民文学出版社2005年版，第418页。
② 《鲁迅日记》1926年8月5日。

的。鲁迅还听到林文庆"在宣传,我到厦门,原是来捣乱,并非豫备在厦门教书的,所以北京的位置都没有辞掉"。鲁迅只说是"听到的",但鲁迅却没有明确地说是当面听说呢,还是听别人谣传。照字面的一般理解,应该是听别人说,否则,如果是林文庆当着鲁迅的面说出这样的话,那么按照鲁迅的性格,他必定会当时就做出激烈的反应。在当时谣言满天飞的情况下,林文庆到底有没有说过这样的话? 除了鲁迅上述的一面之词外,其他的一切现在已经都无从得知。

综合比较来看,鲁迅对林文庆的不满程度远远地比不上他对那些包围在林文庆身边的"敌人"的敌视程度。"对面是'吾师'和'先生',背后是毒药和暗箭,领教了已经不只两三次了。"[1]鲁迅在提到"现代评论派"的成员时,其说话的语气和讽刺的力度,都明显要远远地超出了他对林文庆的不满意程度,譬如,鲁迅称"'现代'派下的小卒就这样阴鸷,无孔不入,真是可怕可厌"(《两地书》·六八)。而鲁迅对黄坚的嘲弄,简直堪称是一段讽刺人的经典之作:"白果从北京到了,一个太太,四个小孩,两个用人,四十件行李,大有'山河永固'之意。"(《两地书》·九五)这才是鲁迅行文的典型风格。与此相反,从鲁迅对于林文庆那一向显得略微有几分客气的称呼上,也大体可以反映出他对林文庆的不满程度实际上是要远远低于对"现代评论派"的不满程度。鲁迅最后一次提到林文庆时是这样说的:"校长林文庆博士是个英国籍的中国人",而反观鲁迅对"现代评论派"的成员则动辄以"陈源之流""朱山根(顾颉刚)之流"来称呼之,难道从"校长林文庆博士"这样客气的称呼中,还不足以看出鲁迅对待林文庆的真实态度是怎样的吗?

在鲁迅的信函中,除了上面五次直接提到林文庆之外,尚有几次是间接地提到林文庆。"国学院是一时不会倒的,不过不死不活,'学者'(指顾颉刚)和白果,已在联络校长了,他们就会弄下去。然而我们走后,不久他们

---

[1] 鲁迅:《海上通讯》,《鲁迅全集》第3卷,人民文学出版社2005年版,第419页。另:《两地书》·一〇九:"连白果也称我为'吾师'了"。

也要滚出去的。为什么呢,这里所要的人物,是:学者皮而奴才骨。他们却连皮也太奴才了,这又使校长看不起,非走不可。"(《两地书》·一〇一)林文庆的形象再不讨好,但看在鲁迅的眼中,显然还是有区别的,林文庆不仅没有被鲁迅视为是"敌人"阵营中的人,而且因为"校长看不起""现代评论派"的人,那是否暗示着,在鲁迅看来,林文庆是比较地、更加靠近他自己这一边呢?"这里的风潮似乎还在蔓延,但结果是决不会好的。有几个人已在想利用这机会高升,或则向学生方面讨好,或则向校长方面讨好,真令人看得可叹。"(《两地书》·一一二)那些终日包围着林文庆、予取予求的人,在鲁迅看来,才是真正的"至死不悟"了。至于林文庆,身为校长,却一再受包围着他的那些人的愚弄,而又不能明辨是非,如此"糊里糊涂",倒也着实让鲁迅"看得可叹"了。

笔者查阅鲁迅著作中有关林文庆的论述和记载,发现鲁迅对林文庆所提出的最严厉的指控,无非也就只有"尊孔的"这句话了。这话放在当时的时代、社会大背景下,尤其是在鲁迅的语境中,"尊孔的"这种说法,毫无疑问充满了贬义的成分,然而,这话如果换转到林文庆身上来看的话,我们也只能说它是一种更加接近事实的描述。伴随着时代的变迁,"尊孔的"这句话,如果换到今天来看的话,反倒是颇有几分值得令人欣赏的余地了。研究鲁迅的学者为了突出林文庆与鲁迅之间的对立,大都强调鲁迅是因为对厦大的整体不满意而辞职的。鲁迅对厦大处处弥漫着孔教的浓郁气息不满意这一点可以说是肯定的,但因为他并没有在这方面留下过多的记录,因而无从知道他的真实态度是怎样的。他在致川岛信中所说的一句话,似乎从一定程度上反映出了鲁迅对于厦大的整体观感:"学校的精神似乎很像南开,但压迫学生却没有那么利害。"① 张伯苓在南开大学施行的是家长式的治校方式,鲁迅能说出这样的话,显示出他对于厦大(自然也包括对林文庆)虽然并不喜

---

① 《261023 致章廷谦》,《鲁迅全集》第 11 卷,人民文学出版社 2005 年版,第 583 页。

欢，但也不能说是多么地反感，情况至少要好过南开。鉴于林文庆一直不遗余力地鼓吹和提倡儒家学说，而儒家学说正是基于伦理基础之上的，因而，厦大会显示出一些"很像南开"的地方倒也并不令人奇怪，更何况当时厦大的教授，很多都是刚从欧美留学归来不久的后起之秀，相对于林文庆这个已近于"耳顺"之龄的耄耋老者，他身上所散发出来的长者的宽厚仁慈，令一些年轻的教授不自觉地将其视为长辈，也自是在情理之中的事情。关于这一点，鲁迅在《两地书》中的一次记录，可以反证之："下午有校园恳亲会，我是向来不到那种会去的，而一个同事硬拉我去，我不得已，去了。不料会中竟有人演说，先感谢校长给我们吃点心，次说教员吃得多么好，住得多么舒服，薪水又这么多，应该大发良心，拼命做事，而校长如此体贴我们，真如父母一样……我真要立刻跳起来。"(《两地书》·七五)鲁迅之所以当时并没有立刻跳起来，是因为讲话者林玉霖是林语堂的二哥，因为顾忌到林语堂的面子，而且一旦翻脸，"玉堂必大为敌人所笑"，所以鲁迅最后只好"哑子吃苦瓜"——说不出的苦了。从鲁迅后面所说的话中，"还有希奇的事情。教员里面，竟有对于驳斥他的教员，不以为然的"[1]。可以从中推断出来，林玉霖所表达出来的意思，在当时绝非仅是他个人孤立的想法，实际上是具有一定普遍性的。在厦大第一次学潮中被辞退的英文教师林天兰的一段话语，也可以为上面的观点提供进一步的佐证："校长之意，略谓我与同事不合，但我老实说一句，我只与黄开宗不合而已，至于校长，乃是甚爱惜我之老人，我有一日曾对校长谈及，你这样年高我看你如我之父亲，有话尽管教训……"[2]

鲁迅并不了解厦大初创时的艰难，不了解厦大一直面对着的财政危机压力，自然也就更不可能体谅身负创校使命的校长林文庆在当时实际上所面临

---

[1] 《261118致许广平》，《鲁迅全集》第11卷，人民文学出版社2005年版，第619页。
[2] 《各界集议调停厦大风潮详志》，原载(厦门)《民钟报》1924年6月6日，转引自(新加坡)《新国民日报》1924年6月27日。

的种种困难。为了学校的长远发展,林文庆不得不想方设法惨淡经营,从各个方面节约开支,而这一切显然并没有能获得鲁迅的谅解,反而引来鲁迅对当时厦大贫乏的物质条件颇有怨言。譬如,鲁迅初到厦门时,就因对当地的情况不甚了解而对当地的听差大加抱怨,然而,等他了解了事情的真相之后,也就诚心地坦承这其实只是他自己的一种误解,体现出了鲁迅宽容的另一面:"我前信似乎说过这里的听差很不好,现在熟识些了,觉得殊不尽然。大约看惯了北京的听差的唯唯从命的,即容易觉得南方人的倔强,其实是南方的等级观念,没有北方之深,所以便是听差,也常有平等言动,现在我和他们的感情好起来了,觉得并不可恶。"(《两地书》·四一)。不仅不再觉得"可恶",字里行间反倒是透露出了对于南方"平等"观念的几分欣赏。

尽管当时的厦大已面临相当大的经济压力,但在林文庆的通力协调之下,教授们的薪酬待遇并没有受到影响。以鲁迅为例:鲁迅虽然是于9月4日抵达厦门的,但厦大支付给他的薪水却是从7月算起,其中7月份的薪水连同一百元的旅费还是厦大给他汇寄到北京去的:"收厦门大学薪水四百,旅费百"。① 鲁迅虽然在厦门住了134天,但他却是于12月31日"辞厦门大学一切职务"的,如果从9月4日算起,鲁迅在厦大实际上仅工作了118天。而厦大却支付给了他整整6个月(半年)的薪水,再加上旅费,总共是2500大元整!

学者们之所以喜欢过分地强调林文庆与鲁迅之间的冲突,或许是考虑到林文庆的尊孔与鲁迅的打倒孔家店二者之间没有任何可以妥协的余地。的确,林文庆的尊孔和鲁迅的打倒孔家店都是不争的事实,因而,如果仅是从思想根源上来看的话,两个人之间的确是应该存在着激烈冲突的,但我们也应该想到,思想上的冲突,未必然会立刻在行动上表现出来。从鲁迅的信函中可以看出,在鲁迅在厦大的短短一百余天当中,时时刻刻让他感到恼怒不已的,是弥漫在国学院里的"现代评论派"成员经常给他制造的一些"小刺戟":"他

---

① 《鲁迅日记》1926年7月28日。

们倘肯让我独自躲在房里看书，倒也罢了，偏又常常寻上门来，给我小刺戟。"由于工作上的关系，鲁迅无可避免地需要经常与这些人打交道，而伴随着"'现代评论'派的势力，在这里……膨胀起来"，鲁迅敏感地预测到："从此《现代评论》色彩，将弥漫厦大"，而这一切都是令鲁迅感到忍无可忍的。至于他和林文庆之间，则因为林文庆当时身为校长，需要他亲自去处理的事情实在是太多了，他根本无暇去顾及到每一位教授的日常工作和生活，自然也不可能会对鲁迅表现出格外的关注。林文庆虽然名义上是国学研究院的院长，但从资料上来看，他的这个院长职务在很大程度上可以说是挂名的，平时并不参与研究院的日常工作，就算是国学研究院的某些事项需要交由校方来处理，中间还隔着诸多层级。至于鲁迅这一面，以鲁迅的性格，他也决然不会趋炎附势去巴结在他看来已被他的敌人包围了的一校之长！由于鲁迅和林文庆之间缺少直接交流的机会（林文庆和鲁迅之间的直接接触，基本上只是局限于几次宴饮之间，而且大多发生在鲁迅已经决定离开厦大之际），这就使得两人之间也就相应地减少了摩擦的可能，因而使得鲁迅在其书信中不只缺少对林文庆的评述，甚至也较少地出现对于林文庆的批判，因为鲁迅显然更介意那些包围着林文庆的人，因而对那些人表达出了更多的不满：厦大已经聘请了他鲁迅来任教，这难道还不够吗？为什么还要聘请他的敌人——"现代评论派"的人到厦大来？"国学院中，佩服陈源之顾颉刚所汲引者，至有五六人之多，前途可想。女师大旧职员之黄坚，亦在此大跋扈，不知招之来此何为者也。"[1]"朱山根（顾颉刚）之流已在国学院大占势力，周览（鲠生）又要到这里来做法律系主任了，从此《现代评论》色彩，将弥漫厦大。在北京是国文系对抗着的，而这里的国学院却弄了一大批胡适之陈源之流，我觉得毫无希望。"（《两地书》·五六）

与上述鲁迅对待"现代评论派"丝毫不加掩饰的公然厌恶比较起来，反观鲁迅对待林文庆的态度，我们可以发现，林文庆和鲁迅之间的对立与冲突

---

[1]《261004 致许寿堂》，《鲁迅全集》第十一卷，人民文学出版社 2005 年版，第 563 页。

并没有以往人们所想象中的那样严重。也就是说,过去长期以来广泛流行于学界的、所谓存在于鲁迅与林文庆之间的矛盾与冲突,事实上是一个被误读并被人为地夸大了的伪命题:在林文庆和鲁迅之间,远没有爆发如学者们想象中那样激烈的冲突,尤其是鲁迅对林文庆的尊孔言行,并没有表现出如人们想象中的那种反感和愤怒。他们两人之间的交往,或者一定要说成是"冲突"的话,主要集中于鲁迅从厦大辞职并准备离开厦门之际,其时两人仅有的往来都局限于几次宴饮之间,虽不能说把酒言欢,但恐也没有冲突的必要。退一步讲,就算是两个人之间存在着对立和冲突,也并不是如以往人们所认定的那样是思想观念上的对立与冲突,而是集中在有关国学研究院的内部事务及其人事上的纠纷。后来更因为学潮即将爆发,各种谣言满天飞,在无法分辨谣传真假的情况下,鲁迅显然是将之前就业已存在于其大脑中的想象成分愈发当成是一种现实了,因而不自觉地选择了相信谣言的真实性。这就必然地导致了他对林文庆的不满情绪呈逐渐增强的趋势,因而,鲁迅对待林文庆的言辞相对而言也就显得愈来愈严厉了,这一点是可以从鲁迅著述中他对林文庆仅有的那些记载中反映出来的。

最后,需要特别予以说明的是,本章之所以不惜耗费庞大的篇幅来论证鲁迅离开厦大的原因及与学潮之间的关系,并非有意要偏离本书的主题,而是因为鲁迅与林文庆的关系问题,在过去很长的一段时间内,是影响人们对林文庆评价的最重要因素之一。因此,要正确、全面地理解和评价林文庆的历史地位,就不能假装这个问题不存在:因为这对林文庆研究来说,是一个无论如何都绕不开的坎!

第十二章 「完美的」教育思想

 林 文 庆 传

废墟中欲挽狂澜力排众议培养君子
求止于至善逆风雪孑孓独行孔教徒

在国内学术界中,除了研究鲁迅的学者偶尔会提到林文庆之外,其他各个学术领域的学者几乎没有人知道林文庆其人其事,更不可能有人去注意研究林文庆的教育思想。林文庆作为确曾从中国近代史的上空中悠悠划过的一个杰出历史人物,却在很长的一段时间里,迷失在了空旷的历史空间之中。然而,对于厦门大学来说,林文庆曾经全程担任私立厦大校长长达十六年时间这一段历史事实,却不可能不留下许多他关于大学教育的思想和言论,而在林文庆主导下私立厦门大学十六年的辉煌历史,也从并不太遥远的历史背面隐隐地映射出,林文庆确有他自己独树一帜的教育思想。

笔者虽然于教育学领域是个门外汉,但为造成抛砖引玉之效果,将努力根据林文庆一贯坚持与追求的儒家思想及主掌厦大期间的有关言论、文章及其行动等诸方面,试图为林文庆的教育思想梳理出一个大体的轮廓,以希冀将来或许能引起教育学家们的注意,竞相引来教育学领域的专家参与研究,也未尝不是一件可能的事情。

由于林文庆终生追随并服膺于儒家思想,他在前往厦门主掌厦大之前曾在新马地区发动和领导过一场长达十余年的孔教复兴运动,因而,如果说林文庆的教育思想与儒家思想密不可分或者说其中蕴含了十分浓厚的儒家思想,那是一点也不足为奇的事情。早在1898年,林文庆就在《中国的改革》一文中,初步提出了关于中国教育方面的设想:"中国所需要的是公正的哲学思想和健全的科学……中国的旧哲学已经尽其所能地促进中国人的发展,在文明社会中自有他的位置,在中国文化的要素中将会一如既往地继续保有他的重要地位。"因而,对中国而言,当务之急就是要普及和提升教育:

> 只有当年青的一代接受了适当的训练之后,才能避免重蹈世代沿袭下来的那些老毛病,这些新中国的国民将会以自然的眼光看待问题,从而得以彻

底摆脱所有虚幻的假象，如"风水"、龙、凤凰等等。然而，这只有在所有的乡村都建起了学校、省府设立了学院和大学之后，才能实现上述目标。同时，要么引进外国教师，要么本国的学生就必须走出去，到当今西方最优秀的教育机构去接受教育，在接受了全部艺术和科学的教育训练之后，再回返祖国以使自己的国家受益。①

林文庆一生推崇儒家思想，并把它灵活地运用于实际生活当中。他曾将儒家思想作为19世纪发动新华社会改革运动的理论基础；他也曾在第一次世界大战期间，将儒家思想化身为反对侵略的思想武器；因而，在他主掌厦大之后，他会以儒家思想作为为祖国培育英才的指导思想，也就是顺理成章的事情了。从林文庆到达厦大之后为学校所确立的校训"止于至善"这一行动上，就足可以看出林文庆教育思想的核心之所在，那就是教育的最终目的是培养能统帅一般民众的仁人君子、领袖人物！儒家经典《大学》开宗明义先说："大学之道，在明明德，在亲民，在止于至善。"其后，再对之做出更进一步的解释："古之欲明明德于天下者，先治其国。欲治其国者，先齐其家。欲齐其家者，先修其身。"从此以后，"修身齐家治国平天下"就成为儒家知识分子尊崇的最高信条，成为数千年来中国知识分子的人生最高理想和奋斗目标。林文庆选择以"止于至善"为厦大校训，显示出了他要将厦大建设成为培育能促进国家发展、造福人类社会的仁人君子、领袖人才的机构的远大追求和宏伟目标。对此，厦大首届毕业生、南洋史学家陈育崧说：

> 他对于中国青年的大学教育，自有他本人的理论，他认定中国的古代文化，特别是儒家学说，要是能适当地加以运化，那就可以成为制造民族领袖的最佳手段，最主要的是一种道德训练，使这些领袖们成为孔子所说的"君

---

① Lim Boon Keng, "The Renovation of Chinese", *Straits Chinese Magazine*, 2(7), September, 1898.

子"。……他认为民族领袖,应该受过专业的训练,不管是技术的、职业的或文学的都好。厦门大学的目标,就是要把道德训练在和技术上、职业上或文艺上的修养,融洽起来,来培养为国为民的领袖人物。①

换言之,林文庆施行教育的目的,就是要为国家社会培育优秀的领袖人才,他眼中的领袖人才是融合了良好的道德人格修养与高超的专业技术于一体的人,相对于社会上的一般民众而言,这样的领袖人才,因为具备了优秀的道德品质和高深的专业技术,因而是一个完美无瑕的人,故此,笔者将林文庆的这种教育主张,称之为"完美的"教育思想。

在林文庆看来,大学作为教育的最高机构,其最根本的任务自然就是为国家、为社会培养仁人君子、民众领袖。对此,他直言不讳地指出:

> 大学是培植领袖人才的地方,因为大学能给予个人以最高的思想和学问,具有最高的思想和学问,做起事来,自不会和常人一样的认错目的或是欠缺能力。假使没有大学,最高的学问和思想就无从获得;但是有了最高的思想和学问以后,还要具有自知,自信和自助的精神,这一点凡是大学生都不可忽略的。还有一层:我们在大学研究学问,培养人格,是为了将来替社会国家服务,而不是为个人达到享乐目的的工具。②

上述这段话清楚明了地告诉我们,设立大学的最根本目的就在于为国家、为社会培养领袖人才。因为,作为领袖人才所必须具备的"最高的思想和学问",只有大学这一级的教育机构才能够提供:"大学是设教的最高学府,正所谓入德之门,从此便升堂入室而臻于至善之域。"③在林文庆看来,大学作为"高等教育机关,是为国家培植人才的,现在的大学生,都是将来国家的干部

---

① 陈育崧:《林文庆论》,(新加坡)《南洋学报》第19卷第1、2辑合辑,1965年。
② 林文庆:《大学生活的理想》,《厦大周刊》第319期。
③ 《1936年秋季开学式林校长训词》,《厦大校刊》第1卷第2期。

人员"①。既然大学是为国家培养未来的领导干部的专门机构,那么,林文庆对于大学的发展目标会提出更高的要求,也就是顺理成章的事情了,而这也正是大学不同于一般普通教育机构的地方之所在。既然林文庆立意高远,那么他为厦大所确立的奋斗目标,自然也就不会仅仅只是局限于地处中国东南一隅的福建一地:"夫大学教育,为研究专门科学,造成领袖人才,以本校目的之宏远,非但关系福建一省,抑且影响于全国。"②将厦门大学发展成一所在全国乃至全世界都有一定影响的大学,始终是林文庆为厦大所设定的一个最高理想和最终目标:"本校之目的在养成各种高等专门人才,使本校之学生虽足不出国外而其所受之教育,能与世界各国之大学相颉颃。"③使厦大成为南方之强只是厦大的一个阶段性目标,而将厦大建设成为世界一流的名牌大学才是林文庆为厦大所设定的最终目的,这一点也恰好与厦大校训"止于至善"相暗合:人要达到"止于至善"的最高境界,大学自然也要以追求"止于至善"——世界一流大学为最终目标。

那么,林文庆为什么特别重视并一再强调,设立大学的目的是要为国家社会培养领袖人才呢?这自然是基于儒家思想中所一贯主张的社会分工的理念。儒家是十分强调社会分工合作的:"劳心者治人,劳力者治于人",国家要发展,社会要进步,不仅需要劳力者的苦干实干,更需要劳心者的出谋划策和精心组织,"要成就事业,分工合作是最好的方法"④。在当时中国民智未开、社会一片混乱、人民生活极端贫困落后的情况下,领袖人物的指导作用就显得更加重要了:"国家进步之迟缓,由于民众无相当之普及教育,又无领袖指导,故人民个体,不得良好的修身途径。"⑤假如没有领袖的正确指导,国民再多也无益于国家的进步与发展,因为"民众如不经过完备组织,成为有

---

① 林文庆:《中国如何救亡图存?》,《厦大周刊》第333期。
② 《十周年纪念大会志盛》,《厦大周刊》第255期。
③ 《厦门大学民国十年度报告书》之《校长报告》。
④ 林文庆:《敬告全国同胞用固有民族精神应付国难》,《厦大周刊》第312期《厦门大学第十二周年纪念专号》。
⑤ 《省庆纪念林校长演讲福建光复史及革命成功之途径》,《厦大周刊》第268期。

机团体,则民治主义之难期,譬犹镜花水月之不可扪搎也。多数的文盲,究与海岸之一撮散沙何异。是徒任海水之漂荡,与旋风之卷而成飞砂耳,此外更有何能?纵施以适当的训练及完备的组织,脱非有贤能的领袖为之指导控制,终亦演为乌合的暴动与狂乱的破坏耳"①。如此一来,就算是拥有再众多的国民,若无领袖的正确指导,于国家的未来发展又有何益?因为如果没有领袖的组织和指导,众多的国民即使不是一盘散沙,也是一群乌合之众,连自身的治理(民治)都难以达到,又谈何抵御外侮呢?"如若没有领袖来指导一切,则社会必不能循序发展,甚至流于腐败崩溃";②如若没有领袖的英明领导,则"民众散漫,毫无国家观念;长此以往,就是外人不来灭中国,在不久将来,中国也自然要受外人同化了!"③中国出现这样的最终结局,自然是为林文庆所极不乐意看到的,这也就可以解释,他为什么要一再突出和强调为国家培植领袖人才的重要性了。同样的,如果想要在中国施行"民主政治,无论如何,都少不了要有才能的领袖来指导",④由此可见领袖的重要性。一旦有了领袖人物的正确指导之后,情况那可就大不一样了:"有了领袖人才,社会始可进步,民智才能开展。……有了领袖,才可领导民众,才能推动社会向前迈进。"为什么领袖人才会有这样巨大的作用?那是因为领袖人才就如同人类社会的大脑,作为一般社会民众的"五官四肢当然应受脑筋的指挥,所以我们应当明了,大家在同一社会中,应在领袖指导之下分工合作,不可误解了'平等'的意义"⑤。总之,"教育的目的,是在培植一般促进社会,造福人类的份子,并不是制造一种优越生活的特殊阶级"。⑥大学作为最高的一级教育机关,自然应该以培育能担负起领导民众重任的领袖为目标,而作

---

① 林文庆:《三民主义救国真诠》,《厦大周刊》第 237 期。
② 林文庆:《大学生活的理想》,《厦大周刊》第 319 期。
③ 林文庆:《1936 年春季开学式训词》,《厦大周刊》第 391 期。
④ 林文庆:《敬告全国同胞用固有民族精神应付国难》,《厦大周刊》第 312 期《厦门大学第十二周年纪念专号》。
⑤ 林文庆:《大学生活的理想》,《厦大周刊》第 319 期。
⑥ 林文庆:《大学生应有之态度》,《厦大周刊》第 292 期。

为大学生本身,也应该立意高远,以救国救民为自己当仁不让的责任,"在大学里要注意养成君子的人格,这种人格的养成,丝毫不能赖人,全靠自己的努力。我们要养成牺牲个人为人不为己的精神,并且还要求真理存在内心"。①因此,林文庆对厦大的莘莘学子给予了很高的期望,他热切地呼吁:

> 大学生,必须以社会的国民的领袖自任,且须表示有指导民众之才干,使民众敬仰其智慧与学力。民治国的基础,必须得适当之领袖,肯为公众牺牲,而后巩固安宁。②

既然领袖人才对国家对社会具有如此重要的作用,那么,林文庆又是如何去培养他心目中的这些领袖人才的呢?林文庆认为,培养领袖人才应该从个人的修养开始:"修养为教育之基础,亦即整个文化之根基。"③林文庆显然没有忘记,要想治国平天下,那就必须首先从修身齐家开始。既然大学是"入德之门",那么,一个人在大学里应该怎样提升自己的个人修养呢?林文庆提醒大学生们,应该要特别注意如下四个方面:

> 第一要注意吾国固有的道德。吾国固有道德,如忠,孝,仁,爱……都有相当的价值,其价值并不因时代潮流的变迁而稍磨灭;大学生对于这些旧道德,更有保存兼发扬光大之的责任。第二要有自立的勇气。所谓自立的勇气,就是自己努力奋斗而不依赖他人的意思。第三要坚忍不拔。无论做什么事,总要有始有终的干下去,抱定百折不挠的决心。第四要明礼。所谓"礼",就是君子之道。④

---

① 林文庆:《大学生活的理想》,《厦大周刊》第319期。
② 林文庆:《三民主义救国真诠》,《厦大周刊》第237期。
③ 林文庆:《个人修养论》,《厦大周刊》第279期。
④ 林文庆:《大学生活的理想》,《厦大周刊》第319期。

林文庆认为，如果大学生能够正确地理解了传统文化中的智、仁、勇的真实含义，那么，一个人就可以"从怎样明'明德'方面努力，然后再从'新民'的途径上着手，这样循序做去，自可达到'止于至善'的地步，那么大学生活的理想才算是见诸实现了"①。这实际上也就是从修身齐家开始，最后达到或止于治国平天下这一最后、最高的理想与追求。

在林文庆事关教育的大量言论中，笔者发现其中有一个非常明显的侧重点，那就是林文庆特别重视和提倡旧学。因而，如果不考虑鲁迅说话时那种刻意的轻谩语气，说林文庆是"尊孔的"，那倒的确是一个实事求是的客观描述。为什么林文庆要一再强调并提醒大家"不要忽略了我国的旧学"？那是"因为我们是中国人，应明了我国民族文化的精神之所在"②。深谙西方文化精髓，自然对西方文化之种种缺点了然于胸的林文庆，在痛惜于西方文化始终无法克服自身不足之余，却无意中从中国的旧文化中发现了疗治西方文化怪病的良药，这也就难怪他在主掌厦大之后，会"对于国学，提倡不遗余力"了。在关于文化的说明中，林文庆是这样说的：

> 文化是一个民族在过去生活上所遗传下来的种种精神上的特质，借以维持其生存的，中华民族生存了四千多年，完全是靠旧有文化的力量。③

因此，他坚持认为：

> 我们固有的文化，维持了中国数千年的社会，现在虽说有一部分不适用，然而大部分的，还是很有价值，应该加以发扬光大的。④

---

① 林文庆：《大学生活的理想》，《厦大周刊》第 319 期。
② 同上。
③ 林文庆：《中国如何救亡图存？》，《厦大周刊》第 333 期。
④ 林文庆：《大学生应有之态度》，《厦大周刊》第 292 期。

对于当时新文化运动提倡打倒孔家店的做法，林文庆是持反对态度的，他始终相信：

> 孔子是一个中国文化的代表者，他所代表的是真理，中国所以不亡，大半是靠着"真理"的存在。我们研究真理的态度在于格物致知，最要是推陈出新。现在一面要破坏真理，一面又不能翻新，所以社会不能进步。①

因而，我们在学习西方科学的同时，并不需要把旧有的文化完全抛弃：

> 我们学外国文化，不能完全仿效他。比较上，我们所缺乏的是科学，除外我们都很好，不要破坏了，只可略为修正。……学新科学不要忘却了旧文化，这是救中国的不二法门。②

林文庆坚信，中国的旧文化只要经过适当的改造，是完全可以适应于现代社会需要的，因为现代社会中的很多新的主义等，其实早就存在于中国古代文化中了，譬如，林文庆在分析、宣扬三民主义的时候，就不忘提醒大家：

> 国之本实在于民，此义已经孟子在二千余年前揭发。中山先生所抱之救国主义，是欲保存我中华民族统一性，跻于世界平等地位而无逊色。③

就连国民政府所发起的新生活运动，看在林文庆的眼里，也不过就是"恢复中国固有道德，养成个人的良好习惯"④而已，因为，"要明白新生活运

---

① 林文庆：《1936年春季开学式训词》，《厦大周刊》第391期。
② 《本校五周年纪念会林校长之演说辞》，转引自厦门大学校史编委会编：《厦大校史资料》第1辑，厦门大学出版社1987年版。
③ 林文庆：《三民主义救国真诠》，《厦大周刊》第237期。
④ 《1934年林校长秋季开学式训词》，《厦大周刊》第346期。

动的意义，须先明白'礼义廉耻'四字所有的解释，并应知其每一项关系到社会国家世界有何价值"①。同样的道理，林文庆所理解的孙中山遗嘱中的"革命尚未成功"这句话的含义所指就是：

> 建设工作，未臻完备。如建设工作做完了，中国民众，皆有忠，孝，慈，爱，悌，智，仁，勇，种种道德及学问，一定可以臻中国于极盛，而实现三民主义了。②

林文庆对旧文化的重视程度，可以从他将之看作是中国救亡图存的两种方法之中的其中一种这一点上充分地体现出来：

> 我以为要挽救中国，必须从二方面入手。
>
> 1. 须有强有力之中央政府统治全国——军阀割据，政治分裂，大家的力量都集中于内部的纷争，所谓外侮天灾，他们固然顾虑不到，至于建设国家，复兴农村，亦复成为纸上空谈而不能见诸实行。……
>
> 2. 须恢复中国固有文化——因中国固有文化之毁灭，以致人民无统一之意志，固定之信仰，而造成国家之纷乱局面。要挽救中国的危亡，除组织强固之中央政府外，必须建立人民的统一意志，坚定信仰，使他们抱牺牲之决心，随政府之领导，为国家民族而奋斗。中国旧有宗教，伦理，哲学，美学等文化，能给人民以忠，孝，仁，义，爱等等的信念，人民有了这种种的信念，才能牺牲自我而为国家。所以要建立人民的统一意志和坚定的信仰，必须恢复中国旧有的文化。③

林文庆坚持认为，旧文化之中包含了中国数千年文化的精髓，不是随便

---

① 《本校第九届毕业典礼校长演词大纲》，《厦大周刊》第344、345期合刊。
② 《省庆纪念林校长演讲福建光复史及革命成功之途径》，《厦大周刊》第268期。
③ 林文庆：《中国如何救亡图存？》，《厦大周刊》第333期。

说抛弃就可以抛弃的。同样地,西方文化也不是样样都好,因而,在学习西方科学文化的时候,也必须予以仔细甄别,如果对中国旧文化不问青红皂白一律予以抛弃,那与对西方文化囫囵吞枣式地全盘吸收,又有何分别?

在当时新旧文化交替之际,面对着新文化一日千里的发展势态,旧文化虽是处处设防,但却仍然还是无法抵御新文化运动的凌厉攻势,显示出了日益萎靡不振的没落景象。林文庆痛心地发现:

> 在近一二十年来,大家都倡维新,一味模仿欧美,不管旧有文化之优劣,一律推翻,致使一般青年对于孔孟学说及伦理观念等等毫不研究,专门去讲自由平等,进退应对的礼节,服从尊敬的精神,扫荡无余。①

更有甚者,一些思想激进者"甚至于要推翻孔子"②。"主张把我们固有的文化,完全抛弃;……简直把固有的文化,攻击得体无完肤,致使社会秩序非常紊乱,弄得到处不安。"③对于当时"中国各大学之教授,多注重外国新学说新知识,于中国古来文化则不甚研究"④的状况,林文庆显然是大不以为然的。然而,在当时"正当新旧文化互相倾轧,欧风西雨相浸而来的时期"⑤,林文庆也深知自己的一片肺腑之言,确实是很缺少了一些分量的,尽管他鼓足了力气、不遗余力地大声鼓与呼,然而,他也不得不颓丧地发现,他孤独的声音最终还是无声无息地消弭在空旷无比的大漠之中。有时候,为了能使学生对自己的话多少产生一点儿的回味与反思,林文庆甚至不得不以哀求的语调提醒听讲的学生们:

---

① 林文庆:《中国如何救亡图存?》,《厦大周刊》第333期。
② 林文庆:《1936年春季开学式训词》,《厦大周刊》第391期。
③ 林文庆:《大学生应有之态度》,《厦大周刊》第292期。
④ 《校庆三周年林校长演说辞》,转引自厦门大学校史编委会编:《厦大校史资料》第1辑,厦门大学出版社1987年版。
⑤ 林文庆:《个人修养论》,《厦大周刊》第279期。

> 我这个老头儿所说的话，在你们青年听起来，恐怕是觉得很陈旧空乏，毫无意味的。但是我所说的话，总有相当的价值，请大家不要以为空乏而忽略了！①

面临国家危难存亡，林文庆仍然不忘大声疾呼，号召青年学子们应该要以中国固有的民族精神来应付国难：

> 新中国的青年男女们，大家各有应尽的职责呵！各人应该把着大无畏的精神，打破一切困难向着胜利方面走去，因为真理公道和正义，都属我们，这些精神和道德的力量是从不欺骗人类的。②

只是，很富于悲剧色彩的是，当这些慷慨激昂的言辞从老迈的林文庆口中说出来的时候，他的这些话到底在实际上产生了多大的效用和意义呢？关于这一点，没有人知道，或许也根本就没有人愿意去知道。

因为林文庆始终高扬儒家文化的大旗、坚守旧文化的阵地而不肯轻易言弃，于是就造成了林文庆作为一个保守者的形象，尤其是在鲁迅点名说林文庆是"尊孔的"之后，"保守者"这个标签就如同五指山上如来佛祖的金帖一样被牢牢地贴到了林文庆的头上。在一般人的理解中，保守往往又是与消极紧紧联系在一起的，但令人感到大为不解的是，林文庆的守旧似乎是真的，但他却一点儿都不消极，恰恰相反，林文庆非常强调乐天主义，他不止一次地强调，大学生应该要有乐天的态度：

> 无论现在的研讨或将来的作事，都应有一种必取的态度，才能不因失败而灰心，不为权力而改志。这种态度，就是乐天的态度，也就是无论如何的

---

① 林文庆：《大学生应有之态度》，《厦大周刊》第292期。
② 林文庆：《敬告全国同胞用固有民族精神应付国难》，《厦大周刊》第312期《厦门大学第十二周年纪念专号》。

失败，如何的穷困，都是泰然处之，一意向前迈进，百折不回，以完成其志。①

在极力宣扬和提倡乐天主义的同时，林文庆对于中国人一向处事的消极态度则极力予以大力鞭挞，他大声疾呼：

消极是等于自杀，等于痴人说梦！唯有积极奋斗，才有出路，才能有康庄大道可走。

因此，"对于学生的训练，是用'乐天主义'鼓舞他们，策励他们，同时反复提示他们以国家文化的价值和重要性，务使人人都能有'卧薪尝胆'的念头"。②林文庆就是这样，时常以这种"乐天主义"的态度去鼓励大学生们不要轻易地向困难低头。在谈到教育的目的时，林文庆郑重其事地告诫大学生们：

教育的目的，在于品性的陶冶，意志的训练，养成纯洁的道德人格；同时又要养成一种能把在学校里修到的智识应用到实践的行为上去，要有即知即行，自修自立，说得到，做得到的精神，不要只成为消极的循规蹈矩的正人君子，而且还要成为积极的成大业立大功的伟大人物，因为仅有道德的，不过是一件外衣，要有丰富的知识和力行的精神，人格才会充实丰满起来，这样才能养成高尚的人格。③

从上述林文庆对大学生的训话中可以看出，林文庆不仅要求大学生要言

---

① 林文庆：《大学生应有之态度》，《厦大周刊》第292期。
② 林文庆：《厦门大学最近一年来之回顾及其感想》，《厦大周刊》第337期《厦门大学十三周年纪念专号》。
③ 《林校长开学式训词》，《厦大周刊》第377期。

出必行，而且不要做消极的"循规蹈矩的正人君子"。从这一点来看，倒颇有几分像是新文化运动闯将的激烈言辞。其实，如果能深刻了解林文庆儒学思想的核心所在的话，我们就应该明白，林文庆绝对不是一个保守主义者，刚好相反，他是一个积极的社会改革活动家，他对儒家传统文化中的很多陈规陋习是持批判态度的，关于这一点，只要回过头去看一看林文庆在新加坡华人社会中所发动的一系列社会改革运动，自然就能一目了然了。从这个方面来看，也许我们可以说林文庆是一个真正理性的儒家学者，作为一个社会改革家，他从来就不反对社会改革，他所反对的，只是暴风骤雨式的大规模的流血革命。

　　作为一个社会改良主义者，林文庆一向都不赞成革命。因为他深知：革命所带来的破坏性后果太强而所需要付出的代价却又太大，并不是一般的国家、社会都能够承受得起的。在厦大庆祝建校十周年的时候，林文庆曾指出："我们要知道破坏工作，究竟是比较容易，而建设工作，是要加倍困难。"① 这就如同面对一座建筑物，如果要将一座高楼大厦破坏掉是比较容易的，然而，要建造大楼却就困难得多了，相对而言，"破旧"自然是要比"立新"容易得多。在林文庆看来，激进的新文化运动实质上就是一场革命式的运动，新文化运动所提出的"打倒孔家店"的口号，无疑就是一种革命式的口号，要打倒"孔家店"自然是很容易的，问题是，新文化运动的倡导者们，似乎并没有同时提出一种能够让人可以接受的合理的替代文化，至于新文化运动闯将们所高扬的西方文化，因林文庆对它的种种缺点早已深谙于胸，他自然不认为西方文化可以成为被彻底打碎了的中国旧文化的替代品。这样一来，林文庆对于新文化运动持保留态度也就在所难免了，但如果因此而把林文庆完全置放在新文化运动的对立面，似乎也是有点儿缺乏依据的，毕竟，林文庆是赞同社会改良的，他只是希望，在"破旧"之前，最好先"立新"，以免旧的破了，新的却又立不起来，以至于使得社会民众陷入了心灵空虚的信仰危机

---

① 林文庆：《厦大十周年纪念的意义》，《厦门大学十周年纪念刊》，1931年。

之中。这与一般抱残守缺、思想僵化的保守者显然是有很大分别的，譬如，来自马来亚槟城、和林文庆有着类似经历的另一个土生华人辜鸿铭，辜氏对于旧文化的盲目尊崇，达到了近于失去理智的地步，甚至于旧文化中那些明显的糟粕，在辜鸿铭的眼中也都变成了难得一见的文化精华。林文庆与辜鸿铭的最大不同之处，就在于林文庆虽然也提倡要保留旧文化，但是，我们也应该看到，他对于西方科学的提倡也同样是不遗余力的：

> 我们的科学，的确不及欧美。这是我们的短处，应该仿效欧美的。但是中国的四书五经，维持了数千年的中国社会，在现在虽说有一部分不合时代，然而还有大部分的道理，是很真切，可以传之万古而不灭的。①

对于旧文化，林文庆的态度很明显，那就是可以对之进行改良，但决不可以予以全盘否定！"革命并非破坏，如疗治病人一般的，同时如无建设，则失其真义，亦无所谓革命。"②

林文庆在主掌厦大期间，厦大的理工科获得了极大的发展，这也可以从另一个侧面证明林文庆绝不是一个保守者。林文庆清醒地认识到：

> 中国文化不进的重要缘故是科学不发达，我们要想使中国与欧美各国并驾齐驱，则非从科学上下手不可，生物学亦为科学之一，与人生有最密切的关系，希望我们学科学的人，格外努力，庶几国家才会强盛，文化才得发达。③

厦大在林文庆的主持下，理科方面获得了长足的发展，尤其是生物学的研究更是享誉全球："可以说全世界中，本大学实占很重要的地位。"因而，

---

① 林文庆：《大学生应有之态度》，《厦大周刊》第 292 期。
② 《八周纪念日盛况纪略》，《厦门大学八周纪念特刊》。
③ 林文庆：《科学在现代文化上地位》，《厦大周刊》第 327 期。

在厦大庆祝十周年的时候，林文庆可以自豪地说："本大学对于社会科学和自然科学，早已兼筹并顾，而于自然科学方面的设备，尤臻完善。"①事实上，厦大早就被公认为中国大学之中以理科为特长的大学了。作为一个接受西方科学严格训练出来的杰出医生，为厦大开办一个医学院一直是林文庆梦寐以求的事情，林文庆一直为之四处筹款、呼吁，虽因限于财力的制约，开办医学院的目标始终无法达成，但林文庆还是鼓其余勇、竭尽全力创办了中山医院。尤为难能可贵的是，在林文庆所设想的医学院当中，不仅要研究西洋医学，甚至还要以科学的方法去研究中医：

> 将来医学院如果开办，不单单就西洋医学，加以研究，还想用科学的方法，对于中医方案和本草，都设法加以整理。②

这样的思想观念，就算是在今天看来，都算得上是超前意识了。面对今日众多研习西医的学者普遍上轻视中医甚至急欲消灭中医而后快的态度（实际上，意欲摈除中医而唯西医为独尊的态度，是另一种形式和意义下的"保守"！），林文庆在当时对待中医的看法和观点，甚至是明显地有点儿过于激进了！

像林文庆这样一个勇于发起社会改革的先进人物，怎么居然又会和"保守"二字扯到了一起呢？其实，如果仔细考察一下林文庆的教育思想的话，就不难发现，林文庆对于西方的先进科学是从不加以怀疑的，他所欲拒绝的，只是西方文化中的糟粕以及那些并不适宜于中国社会现实的某些方面。这一切当然是建基于林文庆对西方文化全面透彻了解的基础上。林文庆深知，一种文化的诞生和出现，是经历了长时间的历史沉淀才逐渐形成的，西方文化自然会适应于它所诞生的西方社会环境，但它却未必能适应于社会环境迥异

---

① 林文庆：《厦大十周年纪念的意义》，《厦门大学十周年纪念刊》，1931年。
② 同上。

的东方社会，而且，中国本身经历数千年的历史发展，早已形成了适合自己且具有自身特点的文化：

> 回溯中国过去历史，中国是五千年来文明先进的国家，这句话，的确是当之无愧。他的文武功绩之伟大，已为全世界人类所有耳共闻。和他同时强盛的有希腊，罗马和埃及等国。其所以灭亡，即是民族退化的缘故。我们中国人要想救国，必须好好研究历史一下方可！①

林文庆对于西方科学的落力提倡是自不待言的，而林文庆对于儒家文化的尊崇也是不容置疑的。如此一来，就形成了颇为独特的林文庆教育思想中的双重性特点：在对西方科学进行大力提倡之余，也不忘维持旧文化中仍有价值的部分。对于西方科学的掌握和学习，是集中在知识方面的弘扬，而维持旧文化，则在于提高和完善道德人格方面的修养。林文庆认为："我国目前之需要科学知识，实为国人所公认"，但对于"大学训育问题，实为一困难问题，所谓训育问题，就是如何去陶铸学生人格的问题，我以为学生应有的要素，一为高尚理想，二为反省功夫，三为坚决意志，四为文雅习尚，五为自治能力，六为利他精神。学生具备这六种要素，那不但可以增长见识，提高学问，而且可以养成克己的能力，如果于这些要素或缺其一，即已不能得到平行的发展。大学真正的使命，不但在求高深学问的研究，而其最重要的，尤在于人格的陶铸"。②上述这段话明白无误地告诉人们，在知识（高深学问的研究）的传授和人格的陶铸这两个方面，林文庆显然更重视对后者的培养！关于这一点，实际上是教育界长期争论不休的一个老问题，也就是"德"与"智"何者为先的问题。大家都知道，知识是一柄具有相对中立性的双刃剑，好人掌握了丰富的知识自然可以为人类造福，而知识一旦为坏人所

---

① 林文庆：《1936年春季开学式训词》，《厦大周刊》第391期。
② 林文庆：《厦大十周年纪念的意义》，《厦门大学十周年纪念刊》，1931年。

攫取，则就会成为危害社会大众的罪魁祸首，在这时候，甚至是知识越多所造成和带来的恶果就越大。大学作为"社会思想的中心，同时亦是科学研究的中心"，它所要培养的对象，都是未来领导国家、带领民众走向幸福的领袖人才，自然应该两方面并重而不可稍有偏废。

鉴于科学的重要性早已为大家所公认，而且大学里每日所传授的科学知识也极多，这样一来，能让林文庆念念不敢忘怀的则就唯有大学生的人品修养问题了。也就是说，林文庆虽然一再强调他所要培养的是仁人君子，是领袖人才，但这并不表明他忽略了科学知识的传授，只是因为他觉得大学在培养学生人格修养方面存在着一定的缺陷，因而需要他格外地予以大力宣扬。存在于林文庆教育思想中的这种双重性，很有点儿类似于西方国家社会中的科学和宗教的关系，毕竟，在林文庆所经常使用的语境中，对于儒家思想，他更多地是将之称为儒教，而他关于儒家思想的中文专著，其书名就叫做《孔教大纲》，因而，林文庆对于"现在中国颇多研究新学者，受欧西文化之熏陶，以为孔子并非宗教"的说法大不以为然："其实此种思想，大谬不然。"① 在西方社会，科学与宗教往往是并行不悖的，科学所探索的是自然界的问题，而宗教所关注的却是人的心灵问题，科学家在实验室中的研究工作，并不妨碍他放下手中的实验仪器之后，再将精神的目光转投向信仰的天空，因而，我们才会看到科学家从实验室走向教堂的那一幕。但是，在中国，情况却完全不同：

> 中国无礼拜堂无寺院，所以全靠有相当的大学指导人格教育，养成全国的风气，使人人为士君子。如此看来，大学教育是应该德智体三方面完全的，不应偏于一方面。所以在大学里，应该研究历史、哲学、政治、社会、风俗、习惯等，使知中国有很久的文化，我们当用何种方法使他发扬光大。我们不

---

① 《孔子学说是否适用于今日——林文庆1926年10月3日在厦大恭祝圣诞会上的演说》，转引自厦门大学校史编委会编：《厦大校史资料》第1辑，厦门大学出版社1987年版。

能忘却中国有特别的情形,与欧洲不同。中国五千年的文化是完全中国的,不像欧洲各国互相参酌的,可以互相借用。

那么,中国的文化究竟在哪里呢?这在林文庆看来,"我国四五千年文明全在旧的经书里,如《大学》所谓平天下之道,《礼运》所谓大同之世,为西洋各所万想不到的"①。其实,对于中国的旧文化,林文庆也并非一概予以认同,真正让林文庆感到舒心的是秦汉之前的文化历史,尤其是儒家的那些原始经典,如四书五经等,他对秦汉之后的中国文化,显然是持相当批评态度的:

> 中国的文化历史,远在欧西之前,在四千年以前,就有文字使用,在黄帝的时候,就有指南针的发明,而火药瓷器的创始,也是在中国古时,至于神农时之日中为市,也是商业之滥觞,到了周朝的时候,诸子百家兴起,各种学术思想,非常发达,如能任其滋长,则科学的昌盛,恐怕不得让美于欧西。可惜自从秦始皇统治中国以后,就将一切学术书籍,完全焚毁,以前的一切学术思想,就不能传之于后世;再加之汉唐以还的君主,袭用秦始皇的愚民故智,除掉尊崇儒术以外,不能提倡实行格物致知的工作,致使中国的文化,故步自封,不能前进。②

说林文庆所提倡的文化是"旧"文化,此言不假,确实是够旧的了。因为他所欣赏的旧文化显然都是秦汉之前的旧文化,是真正的孔孟之道,也就是今人所说的原儒。为什么林文庆不喜欢秦汉之后的文化呢?那是因为它们都"被宋儒解说错了"。③

林文庆对于旧文化的提倡和坚持已是有目共睹,致使很多人因其守"旧"

---

① 《本校五周年纪念会林校长之演说辞》,转引自厦门大学校史编委会编:《厦大校史资料》第1辑,厦门大学出版社1987年版。
② 林文庆:《大学生应有之态度》,《厦大周刊》第292期。
③ 《省庆纪念林校长演讲福建光复史及革命成功之途径》,《厦大周刊》第268期。

而视其思想为"保守",而全然没有注意到他的革新思想。前面已经说过,林文庆是新马华人社会改革运动的先驱者,他首先在土生华人社会中掀起了一系列的改革运动,然后再蔓延到移民华人社会,这些改革运动就包括了成立学会、创办杂志报纸、兴办女学、发起剪辫运动、反鸦片运动以及讲华语运动、孔教复兴运动等。林文庆改良主义思想的理论基础就是儒家思想,当然了,林文庆对于儒家思想也不是一味地迷信,而是对于其中那些已经不合乎时代要求的地方勇于改进:

> 崇奉孔教者,恒守礼仪,进退不失绳尺,视天伦为不可畔越,或亦属一种宗教本能的驱使欤?可惜彼辈施于家庭子女间之道德训练,大部分涉于迷信而又陈腐,揆以现代情形,有格格不可行之点。

为此,林文庆对当时国民党领袖人物的一些做法提出了批评:

> 国民党领袖,若单令人民了解三民主义之内容,尚觉不足。倘欲人民在生活中实现此种主义,非借改良教育不为功。而教育改良之大端,在于文化,伦理与宗教三方面加以相当之注重。①

林文庆对于旧文化的坚持显然是有所选择的,因为并非一切旧的文化都是好的,有些内容显然已经不再适应于当时社会的需要了,因而,他只是要将那些"有价值的旧文化,发扬光大":

> 譬如忠孝仁爱,信义和平等道德,都是四书五经所提倡的,除掉它的内容可以随时代而改变外,而它的价值是永远存在的。又如大学中的格物,致知,正心,诚意,修身,齐家,治国,平天下的政治哲学,也是欧西人所未

---

① 林文庆:《三民主义之心理的基础》,《厦大周刊》第250期。

见到的。所以孙中山先生在三民主义中,主张恢复我们固有的民族精神——就是有价值的旧有文化。①

至于旧文化中那些明显属于糟粕性质的方面,自然应该毫不犹豫地予以淘汰。

林文庆十分强调和重视大学在为国家培植领袖人才过程中的作用,自然也就深刻了解厦门大学肩上所负的重担。林文庆认为,作为"为国储才的大学,不特可以无添厥职而发扬国光,排除国难,国家前途,亦深利赖"②。因此,他认为,厦大应该以当仁不让的态度,理所当然地主动承担起这一重任。他说:

> 我们大学,是责无旁贷,应具"舍我其谁"之慨,肩负起整饬社会思想,领导革命民众的重任。在各国革命过程中,都赖有学术专家去做各方面的领袖,以我国目下国内实况而言,一般人民,多数没有受过相当教育,一向缺少自动的能力,事事依赖官厅,依赖政府,在这种情况之下,对于学术上领袖的人才,实觉有养成之必要,尤其是我们要演进到一个世界大同的境地,假使没有各种专家来指导一般民众,那三民主义是无从实现,大同世界,也不易促成。③

为了实现为国家培育领袖人才、仁人君子的目标,林文庆对于担负授业解惑的大学教授也提出了很高的要求:"大学同人的最重要工作,就是运用心思;如属可能,应得有具体的结果,借以引导我们更接近于真理。"④大学教授作为培育领袖人才的直接责任人,当然更应该以身作则,为学生树立良好的

---

① 林文庆:《大学生应有之态度》,《厦大周刊》第 292 期。
② 《1936 年秋季开学式林校长训词》,《厦大校刊》第 1 卷第 2 期。
③ 林文庆:《厦大十周年纪念的意义》,《厦门大学十周年纪念刊》,1931 年。
④ 林文庆:《厦门大学学报序言》,《厦门大学学报》第 1 卷第 1 期。

榜样。

面对中国当时内忧外患的危机局面,林文庆对于大学生在挽救国家民族危亡中所承担的责任寄予了厚望,因而自然也就对大学生提出了更高的要求。他要求大学生不仅应该掌握好高深的科学知识,更应该养成良好的人格修养,以便在走出校园之后能担当起率领人民走向幸福生活的领袖重任,为此,林文庆提醒仍在求学中的莘莘学子:

> 现在一般的大学毕业生,都是以自己的优越生活为目的,与腐败的社会同浮沉,毫无转移社会的志趣,以致社会终不能得到进步,这种现象,一方面固然是教育失败,他方面在受教育的人,仅仅顾及自己的享乐生活,也是毫无价值。①

因此,林文庆特别重视对于大学生德育的熏陶和良好人格修养之培植,其目的就是要培养出一批能在将来"造福社会与国家,以求最大多数的幸福"②为己任的领袖人才,为此,林文庆对那些即将走出校园的毕业生谆谆告诫道:"各位切勿以毕业即是事业学问之结束。而须更进一步为人类世界服务,谋事业中发展,以造成理想的社会。"③大学毕业只是人生的其中一个阶段,在走上社会之后,将自己在大学中所学习和掌握的知识加以充分地运用,以期达到改造社会、为全人类社会谋求幸福生活的目的,这才是摆在大学毕业生面前的另一项更为艰巨的任务。显而易见的是,这样的想法,似乎是大学校长们之间的一个共识,许多大学校长似乎都对毕业生们说过类似的话,譬如,曾任四川大学校长的教育家任鸿隽也对即将离校的大学毕业生说过类似的话:"大学生四年毕业,并非教育的终了,乃是教育的开始。"为此,林

---

① 林文庆:《大学生应有之态度》,《厦大周刊》第 292 期。
② 林文庆:《厦大十周年纪念的意义》,《厦门大学十周年纪念刊》,1931 年。
③ 林文庆:《第十届毕业典礼致词》,《厦大周刊》第 375 期。

文庆特意提醒那些即将走出校门的大学毕业生，即使是离开了学校，没有了师长从旁监督，也时刻不要忘记了应继续提高自身的道德修养，这样才不至于因一时的成功而喜，亦不因一时的失败而悲：

> 大学一字在拉丁文为养母之义，则毕业生尤其所培植之子女也，故对于母校应时存爱护之念。在大学中所接受者，初不限于智识之获得，人格及行为之训练，尤居重要。盖智识船也，个人之道德舵工也，苟行不由径，未有不触礁而没者。此径何为？即中庸是。然人格既有待乎修养，而机会更非赖造化不可。毕业生于离校后有机会固可喜，无机会亦不必懊丧……常常抱乐观，最后总有达到目的之一日。①

拥有良好的个人道德修养，就如同在大海航行时有了辨识方向的指南针。即便是遭遇一时的挫折，只要坚持不懈，最终总会有成功的一天；反之，如果不注意自身的道德修养，那就如同在大海中航行时失去了掌握行船方向的舵手，这样迟早会遭遇触礁这样的灭顶之灾。

在林文庆的教育思想中，其最大的特色，就是格外地强调良好道德人格的培养。教育的目的在于培育仁人君子，以为国家社会造就未来的领袖人才。大学生在校期间，除了应对各门科学知识做出专门的研究之外，最重要的就是要养成"治人"的能力，②而欲要治人，则必先要正己，"把自己纠正好了，然后纠正别人！譬方自己还站不住，哪里会纠正别人的立正姿势？所以，我们应该除掉自己不良的习惯，修身勤学，才有资格救人救国"③。纠正自己的过程，其实也就是提高自身修养的过程，大学生"应有独立特行的修养，立定志向，一心一德，以爱国热诚出而服务社会"。④那么，在林文庆的

---

① 林文庆：《第六届毕业典礼致词》，《厦大周刊》第262期。
② 《林校长文庆博士之训词》，《厦大周刊》第211期。
③ 《1934年林校长秋季开学式训词》，《厦大周刊》第346期。
④ 《1936年秋季开学式林校长训词》，《厦大校刊》第1卷第2期。

眼中，怎样的人才算是仁人君子、才可以担负起领导人民走向幸福之地的领袖重任呢？他认为，只有那些真正"具有真善美三者的人，才算完全，才算高尚，才可以救人，可以救国；不特救中国，还可救全世界"①。基于儒家思想中实现大同社会这一最终理想的需要，林文庆认为，教育的最终目的，就是按照进化论的原则，在"生命进化之最后一阶，是造成一种新的人类，具有自由主义等理想，以活现高尚的仁爱为其性灵之归宿"②。这些将真善美完美地结合于一身的新人类，也必然是"持博爱主义的人，对公众有福利之事业，虽赴汤蹈火亦毅然勿辞；不问报酬如何，只愿其对人有利，其愿负此最高无上的责任，心目中早既视死如归矣"③。对于这种近乎完美的领袖人才的培养，林文庆自然也深知其困难之所在，但他并不因其困难大就降低对领袖人才的要求标准，因为，领袖人才发挥作用的关键是在于其榜样性，因而，能担当和负起领导国家民族重任的人才，不在于多少而在于是否优秀，对此，林文庆以他惯常鼓励学生的乐天态度，满怀信心并充满期望地对厦大师生说：

> 吾校学生不出六七百人，远非一校数千学生的大学所可比拟。然而在我个人的心目中，并不以学生数之多寡为虑的。我们深信学校成绩之良窳，并不与学生数之多寡成正比例。我们但求质的优越，未始不远胜于量的过滥。如果各位同学都能好学不厌，我们教授都能诲人不倦，一齐站在学术界的前线，勇往直前，致吾国文化地位于世界的最高峰，虽仅六七百人，亦何虑其少？大学的宗旨重在"专门研究"，专门研究之先决问题，就是道德的修养。④

林文庆所说的"学校成绩之良窳，并不与学生数之多寡成正比例"这句

---

① 《1934年林校长秋季开学式训词》，《厦大周刊》第346期。
② 林文庆：《三民主义之心理的基础》，《厦大周刊》第250期。
③ 林文庆：《个人修养论》，《厦大周刊》第279期。
④ 林文庆：《此次募捐经过情形》，《厦大周刊》第369期。

话，对于今天中国的诸多大学来说，今日读来真有令人振聋发聩的意涵！无独有偶，曾担任哈佛大学校长长达20年（1933—1953年）之久的美国教育家科南特，也曾说过类似的话："大学的荣誉，不在它的校舍和人数，而在于它一代一代人的质量。"

林文庆曾在《大学生活的理想》中，为大学生们归纳总结出了大学生应该具备的理想生活方式，那就是：

> 第一是实行最高尚的生活，这又可分三点说明：（a）欲求自知之明，必先知我国民族的文化；（b）抱定宗旨，对于这宗旨须有信心；（c）须有克己恕人坚忍不拔的精神。第二是乐天主义——就是吾国经书里所谓智，我们具有乐天的态度，就不会因失败、穷困而沮丧、灰心，终究必可达到预定的目的。第三是本牺牲精神以服务社会——就是吾国经书里所谓仁，我们应当牺牲自我，而以社会福利为奋斗的目标。第四要有自立的勇气——就是吾国经书里所谓勇，我们做事应当勇往直前，绝不徘徊瞻顾，努力运用自信、自助的精神，竭力避免依赖他人的恶习。①

从林文庆本人的言行中，我们可以看出，他为大学生所总结出来的这些理想的生活方式，从一定程度上来看，其实也正是他本人平时生活方式的一个总结。譬如，他一再强调乐天的态度，如果他本身没有强烈的乐天主义作为精神支柱的话，他就不可能坚守厦大长达十六年之久，在厦大经费十分紧张的情况下，他仍然对厦大的前景充满了乐观和希望。再譬如，在当时中国正面临着内忧外患几欲亡国的情况下，林文庆仍然对国家的前途充满了乐观的态度："吾国现状，决不得谓之完全暗黑。虽古代大放光明之时期已渺，而残光尚存"，"但是一烛之光，虽属无几，倘聚千百烛，则光量亦大增"。② 因

---

① 林文庆：《大学生活的理想》，《厦大周刊》第319期。
② 林文庆：《三民主义之心理的基础》，《厦大周刊》第250期。

此，林文庆希望即将离开学校的毕业生"要认定中国是可救的，今后各位的事业应以'救国'为中心，且无论事业之若何困难，都不宜失望，灰心，而应抱着乐观的态度设法克制之"①。即使是在"大家都以为今日的中国，已经到了无可救药的时候"，林文庆仍然不以为然，他抱着乐观的态度说："可是我的意见并不谓然，我认为中国还可以救。"②林文庆对于中国的前途可说是始终抱有乐观的态度。面对当时社会上"种种信条错综，物质主义横溢""各处的国民运动很多，不过建设的方法却很少""救国方案指不胜数，救国大会也时常的开着"的情况下，林文庆对那些"多谈爱国，而无爱国之实心，且张大其词以恫吓国人"③的新进少年，显然是持强烈批判态度的。如其口头上夸夸其谈爱国，倒不如拿出些真实的行动出来，为此，林文庆向当时的国民政府领导人大声疾呼：

> 当局诸公，在此国难当前，应该有充分的准备，实事救亡，鼓起民众真正的爱国心。各个领袖果能够团结一致，以国家利益为前提，国家自无不统一之理。同时政府应该召告民众，最后的胜利必归我们，持此信条令全体准备一切牺牲，改造国家，应付危局。故在此危急存亡之秋，我们应该为民族奋斗，维持一线生机。④

林文庆在这里仍然是抱持着强烈的乐观态度。

事实上，乐观主义精神也是林文庆自己一直奉行终身的人生信条之一。厦大首届毕业生黄天爵在叙述自己在新加坡见到林文庆的情景时是这样说的："我最后一次在新加坡俱乐部看他时，他还是照样乐观，照样吸他的雪茄，饮

---

① 林文庆：《第十届毕业典礼致词》，《厦大周刊》第375期。
② 林文庆：《1936年春季开学式训词》，《厦大周刊》第391期。
③ 《校庆三周年林校长演说辞》，转引自厦门大学校史编委会编：《厦大校史资料》第1辑，厦门大学出版社1987年版。
④ 林文庆：《敬告全国同胞用固有民族精神应付国难》，《厦大周刊》第312期《厦门大学第十二周年纪念专号》。

他的威士忌，他真有不知老之将至的精神。"① 如果没有强烈的乐天态度作为支撑，在林文庆晚年的时候，他也许根本就没有办法坦然面对日本占领新加坡期间所遭受的种种侮辱，如果林文庆不能以豁达的胸怀来看待生活，他也决然不可能在战后又活了这么多年，一直到他88岁高寿时为终。林文庆在他88岁生日前夕接受新加坡《海峡时报》记者的采访，当记者询问他的长寿之道的时候，他总结出了自己的如下几条长寿之道：

> 笑对死亡——会更长寿
>
> 不要担心。
>
> 在一个舒心的环境里每早散步30分钟。
>
> 千万不要把"醇酒、美人和放歌"这样的理论当真。
>
> 不要太介意别人会怎样看待你。
>
> 不要对别人怀有恶意。
>
> 真诚地对待自己。
>
> 偶尔放轻松一下。
>
> 当你感到要哭的时候要放声大笑。
>
> 永远不要对生活丧失信心。
>
> 不要畏惧死亡。②

"永远不要对生活丧失信心。不要畏惧死亡。"这一切都真切地反映出了林文庆对待生活所持的乐天态度。

为了能使大学"成为富有生气的组织具备一种精神，鼓励同人的热忱，

---

① 黄天爵：《厦门大学三校长——为纪念邓芝园校长八十寿作》，原文载《教育与文化》第332期，转引自程光裕：《传奇人物林文庆》，《星马华侨中之杰出人物》，台湾华冈出版有限公司1977年版。

② Lloyd Morgan: "Singapore's Grand Old Man (88 Tomorrow) Calls for Tolerance in This Age of Change", (Singapore) *Straits Times*, 1956-10-17.

俾能实践他们个别的责任与义务"①，林文庆不仅利用一切机会对厦大师生进行道德方面的说教，他更是将自己"完美的"教育理念付诸实践。林文庆为厦大确立了"止于至善"的校训，目的就在于时时刻刻地提醒着厦大的莘莘学子，不要忘记了自己肩头上所负的重任：为了将来能成为统帅国家、率领民众走向幸福生活的领袖，必须要先使自己成为一个能为大多数人谋福利的仁人君子，只有自己率先成为一个具有完美人格的人，才有可能去影响民众并领导民众。厦门大学在林文庆的领导下，处处标榜儒家思想，学校许多建筑物的命名，也充满了浓厚的儒家色彩，如群贤楼、博学楼、笃行楼等等。至于校董陈嘉庚倾家兴学的事迹，那更是一个现成的活生生的例子，经常被林文庆拿来当作说教的典型，以说明儒家的利他主义思想和勇于自我牺牲的精神。嘉庚精神现在早已是人人皆知、名扬天下了，但很可能并没有多少人知道，最先明确地提出嘉庚精神这一说法的人其实正是林文庆！在厦大创办十周年的时候，林文庆第一次明确地提出并较为全面地阐述了嘉庚精神的内容及其含义，他说：

> 本大学既为嘉庚先生所创办，当然可以说是嘉庚先生精神寄托的地方，嘉庚先生的精神是什么呢？就是我国圣贤所传给我们的"天下为公"的精神，是一种利他而肯牺牲的精神，嘉庚先生有此种精神，所以他能够急公好义，把他自己努力所得到的大部分金钱，拿来办教育，为社会大多数人谋最高的幸福。②

林文庆紧扣利他主义、牺牲精神并结合陈嘉庚倾家兴学、为社会大多数人谋最高幸福这几点，将嘉庚精神归结为儒家中的"天下为公"的精神。林文庆为什么要特意提出嘉庚精神呢？因为他觉得，每个大学，都"是一个有

---

① 林文庆：《厦门大学学报序言》，《厦门大学学报》第1卷第1期。
② 林文庆：《厦大十周年纪念的意义》，《厦门大学十周年纪念刊》，1931年。

生命的有机体,各有各的特殊精神",而厦门大学是"以嘉庚先生的精神为精神,当然是基础稳固,生机正长,其原动力在于'博爱',其进行目标为使吾人竭力行善,因之校训是'止于至善'"。厦大自创办之后,尽管一直遭遇种种困难,但是,因为厦大"从未失掉我们本来特有的精神——嘉庚先生的精神,故虽暂时感受困苦,终于好像海船之有指南针,得以持舵安进"。嘉庚精神对于厦大来说,就如同正确导引航向的指南针,有了它的正确指导,厦大自然会克服一切艰难险阻的。为了促请大家能够在现实生活当中更好地贯彻实施嘉庚精神,林文庆在《厦大十周年纪念的意义》一文的最后,向厦大师生以及所有与厦大有关联的相关人员提出了他的希望和要求:

> 我们大家,更要同心一德地,去造福社会与国家,以求最大多数的幸福,这不仅出于一时的奋兴,实在是贯彻嘉庚先生精神的表现。最后,我希望凡在本大学工作的人员,或与本校有关系的,都能够以嘉庚先生的精神为精神,同时,校内外的许多同学们,也都能够把这种精神发扬光大,这才不失十周年纪念的意义。①

在这里,林文庆的意图可谓是一目了然,他不仅号召厦大全体师生学习嘉庚精神,也试图将嘉庚精神推向全社会,以便使嘉庚精神上升成为全社会乃至全国人民的共同精神,从而能够使更多的人在嘉庚精神的感召下,奋起努力,为挽救国家危亡并为最大多数人谋求幸福的生活。谋取绝大多数人的幸福,可说是林文庆贯彻终身的另一人生信条,他在晚年接受记者采访时就呼吁人们:"接受并调适自己以换取绝大多数人的利益。"②

毫无疑问,在林文庆看来,陈嘉庚已经达到了"止于至善"的境界,是儒家理想中的人物在现实社会生活里的完美化身。因而,陈嘉庚自然也就成

---

① 林文庆:《厦大十周年纪念的意义》,《厦门大学十周年纪念刊》,1931年。
② Lloyd Morgan: "Singapore's Grand Old Man (88 Tomorrow) Calls for Tolerance in This Age of Change", (Singapore) *Straits Times*, 1956-10-17.

了林文庆所提倡的完美教育理念下的一个最好榜样,而嘉庚精神的提出,就是为了要培养出更多具有嘉庚精神的、完美的新人类。林文庆所提出的这种堪称为"完美的教育思想"的主张,对于纠正当时"高等教育偏重知识的管输,而缺少精神人格的训练"(罗家伦语)的弊端,无疑是一种值得大书特书的良好方法。而这种注重道德人格修养熏陶的完美教育理念,对于今日中国大学或许更应该有着特殊的意义吧?

之所以将林文庆的教育思想称为"完美的"教育思想,是因为他认为教育的首要目的是在于为社会培养完美的人,也就是儒家传统中所向往的、能够促进社会全面发展并造福全人类的仁人君子、社会领袖。如果将林文庆的教育思想予以概括性说明的话,则主要是侧重于以下三个方面:乐观主义精神、谋取绝大多数人的幸福及其牺牲精神,这三个方面不仅是林文庆教育思想的具体体现,而且他还身体力行地实践了这三大信条,也就是说,他不是仅仅在口头上教育别人,而是以自己的实际行动来影响别人,因而,他也是一位实践着的教育家。就以牺牲精神而言,自从林文庆决定放弃新加坡的一切事业出掌厦大校长之后,他在金钱、物质方面所付出的无法估量的巨大牺牲已经是有目共睹,而在担任厦大校长期间,作为一个杰出的医生和公共卫生学家,为厦大创办一个医学院的想法,可说一直是林文庆的一个最大梦想,为了早日实现这个梦想,他曾经不遗余力地四处游说、展开筹款活动,然而,在学校经费变得日渐紧张的情况下,为了维持学校的基本发展,他最后也不得不把自己的这一愿望牺牲掉。关于这一点,就如厦大首届毕业生黄天爵所说的那样:"林校长的本行是医学,他的长公子可胜博士,也是不可多得的医学及卫生行政人才,在此种情形下,他不得不牺牲自己,打消需要庞大经费的医科,而让可胜博士执教于协和大学,为了文教理工科不能平衡发展就在

'五卅'惨案后不久,发生了第一次学潮。"①诸如此类的无私奉献、牺牲和数不清的付出,除了他本人的内心深处之外,外人又如何能懂得并加以充分衡量呢?而林文庆在新加坡被日寇占领的三年半时间里,为救正陷入万劫不复之地的华人出水火,不惜牺牲自己的晚节名声,慨然出任"华侨协会"的会长,走出来甘愿做代罪的羔羊,如此之巨大的牺牲,又岂是一般人所能够做得出来的!在南洋数百万华人之中,也唯有林文庆一人而已!幸好新加坡人都能够理解和体谅他的这一片苦心,才不至于使这位享有"新加坡大老"之称的新加坡圣人白白地做出牺牲,套用一句十足的俗语:还是好人有好报也!

身为厦大校长,林文庆提倡"完美的"教育思想,而身为一个特立独行的人,林文庆也尽自己的最大努力:去做一个完美的人!问题的关键所在是,到底有多少人能真正理解和懂得林文庆的这一片苦心呢?动物学家秉志早年针对林文庆教育理念的一番感言,如今听来是否让人更加感到唏嘘不已呢:

> 胥执教鞭者能悉如先生(指林文庆)之存心,积众人之努力,何难使国家日臻于正规,于是而叹先生昔年苦心孤意以为之者,诚越乎寻常百倍也。②

---

① 黄天爵:《厦门大学三校长——为纪念邓芝园校长八十寿作》,原文载《教育与文化》第332期,转引自程光裕:《传奇人物林文庆》,《星马华侨中之杰出人物》,台湾华冈出版有限公司1977年版。
② 秉志:《前言》,《林文庆传》,林文庆博士诞生百年纪念刊,无出版信息。

第十三章

一片冰心为英才

 林 文 庆 传

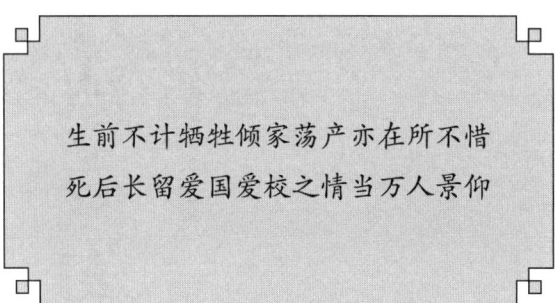

生前不计牺牲倾家荡产亦在所不惜
死后长留爱国爱校之情当万人景仰

林文庆逝世后，新加坡上至官方的殖民地总督、政府首席部长，下至民间的普通社会人士，在对他致以崇高敬意的同时，也莫不对其去世深表哀悼。时有挽联为证：

> 学富才高，执医届之牛耳，作教育之长城，壮志腾云，此日星陨大地，中外咸坠□山悲泪；
> 德孚望重，是社会（的）柱石，为国家的巨擘，老年皈主，今朝撒手凡尘，遐迩共颂荣神歌声。①

尽管林文庆被认为"不但是新加坡侨生界最特出的人才，就是在整个马来亚，甚至整个南洋，能够跟他争一日之长短的，也是寥寥可数。他和辜鸿铭、李登辉、伍连德都是生长南洋，但他们的活动，却不限于南洋"②。林氏和上述三人一样，都对中国的复兴与强盛贡献出了毕生的精力，文化怪杰辜鸿铭今日已然位列文化名人的行列，李登辉也因出任复旦大学校长并培养出26位大学校长而成为公认的教育家，而一生从事医学研究的抗疫斗士伍连德，近年也已经有人为其出书立传。唯有林文庆，在他生前一直心往神驰并为之贡献良多的祖国，却迄今看不到一本有关他的完整传记！林文庆主掌厦门大学前后凡16年整，跨越整个私立时期，当陈嘉庚在南洋苦苦营商为厦大筹措建校基金的时候，又有多少人了解，林文庆抛却了他在新加坡那如日中天的辉煌事业，这包括了经过长期努力才得以确立起来的巨大的政治影响力、无法估量的社会资源和庞大的商业投资以及舒适安逸的生活，孤身跑到偏僻荒凉的厦门岛上，不只要在荒滩野岭之上筹划建设大学，更要穷于应付那些恼

---

① （新加坡）《南洋商报》1957年1月4日。
② 同上。

人的人事纠纷，还要遭受那些持不同文化观点的新文化运动闯将们的批判？

厦门大学校内文庆亭与文庆雕像

　　1921年5月，林文庆在接受陈嘉庚邀请出任厦大校长之后，请求陈嘉庚给他一个月的时间以处理自己的私人事务。林文庆除了利用这一个月的时间结束自己在新加坡的各项业务之外，或许在他看来做得最有意义的一件事情，当属于1921年6月14日，也就是在他离开新加坡前夕，成立林文庆基金这件事情了。林文庆基金中的最主要资产，是林文庆所拥有的位于新加坡兀兰（Woodland）地区一块面积达五十一英亩的土地，他将这块土地分成三份，分赠给厦大、新加坡莱佛士学院和亲人，他将其中五分之三的份额留给了厦大！或许，没有人能明白，其实，林文庆这是在用行动，来表明自己决心为厦大破釜沉舟奋斗到底的决心！然而，有些时候，一个人的决心再大，也并不能代表这个人就没有疲倦的时候，1929年，林文庆六十岁的时候,他真的感到累了,他已经在厦大坚持了长达八年之久,在一片"荒冢累累,满目凄凉"的荒岛上,"芟荑蕴崇,因地势的起伏,部署了无数楼台,循气候的变迁,点缀了许多花木,不数年群贤毕至,蒸蒸日上,蔚成闽南惟一的最高学府"。① 而在此期间,林文庆本人历经两次学潮冲击,甚至饱受社会上一些不明真相人士的误解,这也进一步地加深了他身心疲惫的感觉。厦大自 1928 年 3 月获准立案之后,学校在制度建设方面已几臻于完善,或许林文庆也感到该是功成身退、让位给他人的时候了。因而,他以自己"年岁渐老精力渐衰"② 为由,屡次向陈嘉庚提出辞职,请求陈嘉庚允许让他退休离去。然而,陈嘉庚却不肯让他离去,并且对他说:"你不能去,你须为厦大奋斗到死,我也愿为厦大奋斗到死。"③ 于是,林文庆留下来了。为了实践自己对陈嘉庚"共同为厦大奋斗到死"的承诺,林文庆又在厦大苦苦力撑了另一个八年。这接下来的八年时间,虽然少了前八年中那样的人事纷扰,但是,日趋紧张的费用问题,却一再压得年迈的林文庆几乎喘不过气来,四处奔波为学校筹募捐款,几乎成为林文庆最重要的工作。

三次为厦大募捐失败严重地打击了陈嘉庚的自信心,让他感到"灰心无望",自此打消了向人募捐的念头。至于政府方面,至 1930 年学校创办九周年的时候,除了"予以精神上之帮助"以外,"在经济方面,尚未能予以接济"。④ 这使得厦大变成了事实上的"陈嘉庚大学"。对于厦大一直以来捉襟见肘的财务窘况,除了陈嘉庚之外,恐怕不会有人比林文庆更清楚的了,因而,如何尽力用好每一分得来不易的金钱,成了令林文庆绞尽脑汁的大事。好在在林文庆的精打细算之下,学校一直还能勉力维持着基本的财政收支平衡。

---

① 林文庆:《厦大十周年纪念的意义》,《厦门大学十周年纪念刊》,1931 年。
② 林文庆:《陈嘉庚先生提倡教育之目的》,《厦门大学八周年纪念特刊》1929 年 4 月。
③ 李元瑾:《林文庆走向厦门大学:一个新加坡海峡华人的寻根之路》,(新加坡)《南洋学报》第 52 卷,1998 年 8 月。
④ 林文庆:《本校九周年纪念辞》,《厦门大学九周年纪念刊》,1930 年。

从《厦门大学十周年纪念刊》中所附的"本校历年经费收支概略"中可以看出，除了陈嘉庚的捐款之外，其他捐款人包括了新加坡群进公司（37892元）、黄奕住先生（30000元）、公医院（5000元）以及林文庆（1000元）等。其中黄奕住的30000元捐款还是由林文庆亲自募捐得来的："厦大前年曾由林校长文庆，向黄君奕住捐办图书册三万元"。① 从个人捐款这个角度来说，一直到1931年厦大创办十周年的时候，林文庆实际上是厦大的第三捐款人！除此之外，林文庆还自1927年8月到1928年7月，"不领薪俸一年，捐作本校经常费"，共计6000元整，而他的夫人殷碧霞也捐出了一块价值1350元的土地，以上数字是截至1930年11月28日的统计数字。② 伴随着学校经费日趋紧张，厦大全校教职员自1932年8月到1933年1月间开展了一次捐薪行动，在此次捐薪活动中，捐献300元者唯林文庆一人，捐献200～222元者有周辨明等5人，其他皆为捐献200元以下者，参与此次捐薪活动的教职员有67人，总共为厦大筹得7000余元资金，其中林文庆个人的捐献总额为1800元整。③ 后来，在1933年8月到1937年7月间，厦大全体教职员再次发起捐薪活动，这次共为厦大筹集到14000余元，④ 可惜的是，笔者手头上没有这次捐薪的详细资料，因而无从得知林文庆的确切捐薪数额是多少。为了尽可能地为厦大筹募经费，以图缓解学校越来越紧张的财政状况，林文庆还于1932年3月开始，联络厦门当地的一些绅商名士等发起成立了"以物质上精神上协助厦门大学为宗旨"的"厦门大学协进会"，截至1933年9月14日，为厦大筹集到了8000余元的捐款，其中林文庆的夫人殷碧霞捐献了100元。⑤ 另外，有资料揭示，林文庆在厦大的前几年是不领薪水的，林文庆的校长一职完全是一种义务性质的工作，直到后来因为经济不景气，林文庆个人在新

---

① 《畏惧失败才是可耻——陈嘉庚自传（1934年）》，《陈嘉庚言论集》，新加坡怡和轩俱乐部、新加坡陈嘉庚基金、中国厦门集美陈嘉庚研究会2004年版。
② 有关资料见《厦门大学十周年纪念刊》，1931年，第81、82页。
③ 《教职员二十一年八月至二十二年一月捐薪报告》，《厦大周刊》第307期。
④ 厦门大学校史编委会编：《厦门大学校史》第1卷，厦门大学出版社1990年版，第121页。
⑤ 《"厦门大学协进会"捐款芳名录》，《厦大周刊》第320期。

加坡的产业破损,他这才接受大学发给的薪金。在厦大经费紧缺的时候,林文庆曾利用在家中接诊中外患者、替富贵人家诊病的机会,将所赚得的诊费悉数捐献给厦门大学,他甚至将他"夫人的私房钱全部捐给厦大"。①

从上述资料中可以看出,林文庆本人直接为厦大所做出的贡献,不仅十分巨大,而且确是有目共睹的,然而,林文庆对于自己的贡献却从来不曾在人前提及,而与之形成强烈对比的却是:他从不曾放过任何一个可以称赞陈嘉庚的机会。从厦大图书馆中现在仅存的一些《厦大周刊》中,笔者发现有一个十分明显的现象,那就是林文庆会利用一切可能的机会,宣扬陈嘉庚对厦大、对国家教育的重大贡献,这样的文字在他的各种演讲、训词中,几乎可说是随处可见。在校庆这样重大的庆祝活动上大力宣扬陈嘉庚倾家兴学,以便让师生记住并感谢陈嘉庚对厦大的贡献,几乎成了林文庆演说辞中的一个惯例:他在《校庆三周年林校长演说辞》和《本校五周年纪念会林校长之演说辞》中是这样说的:"我们不能不格外感谢陈嘉庚先生对于本校的热心毅力";他在《厦门大学八周年纪念特刊》之《陈嘉庚先生提倡教育之目的》以及《厦门大学九周年纪念刊》之《陈嘉庚先生与本校》的文章中,是这样写的:"我们实在应该感谢这辛勤的创办人,并应该决定把他的义举做我们的榜样";他在《厦门大学十三周年纪念专号》之《厦门大学最近一年来之回顾及其感想》中,还是这样想的:要大家"对陈嘉庚先生表示无限感谢"。对于那些即将离开厦大的毕业生来说,要想在聆听林文庆给他们的临别训话中忘记陈嘉庚那简直是一件不可能的事情,林文庆会"历述陈校主设立本大学之苦心及本校十三年来经过的概况,最后并勉诸同学应效法陈校主牺牲为国的精神"②,他也不忘提醒毕业生们:"校董陈嘉庚先生为人民为教育而牺牲,以谋各种事业之建设,其精神殊足为各位效法。"③在毕业同学会欢迎他募捐归来的

---

① 《林文庆故居》,洪卜仁:《厦门名人故居》,厦门大学出版社2007年版,第110页。
② 《毕业同学会欢送林校长》,《厦大周刊》第356期。
③ 《本校第十届毕业典礼盛况》,《厦大周刊》第375期。

会上，他也要"略述嘉庚先生创办本校之旨趣。以凭采择仿做"；①甚至在他亲去南洋为厦大筹得巨款归来之后，在向全校师生解说募捐情形的时候，仍然念念不忘提醒大家要记住陈嘉庚对厦大的奉献与支持："尤以陈校董之精神与毅力，最足动人。他十余年来对于维持吾校的工作，未尝稍懈。他的坚强，伟大的人格，实足使人敬服"，并将这次募捐的成功，归结为是南洋人士"因受了陈校董伟大人格的感动"，②却全然不提他以往在新加坡的崇高地位与影响，以及他在这次筹款活动中所发挥出来的巨大作用和他本身在筹款进行中的种种辛苦。假若不是同行的曾郭棠和傅文楷亲眼看到了并已经先行将一切讲述出来的话，厦大学人恐怕仍然不完全了解林文庆为厦大所付出的这一切牺牲。在总结厦大创办十周年的纪念意义时，林文庆将陈嘉庚对厦大的奉献，升华为是嘉庚精神的体现："嘉庚先生的精神是什么呢？就是我国圣贤所传给我们的'天下为公'的精神，是一种利他而肯牺牲的精神，嘉庚先生有此种精神，所以他能够急公好义，把他自己努力所得到的大部分金钱，拿来办教育，为社会大多数人谋最高的幸福。"③

林文庆为什么要这样不厌其烦、反复地向厦大师生讲述陈嘉庚倾家兴学的事迹？那是因为他觉得这是他的责任："我们受他益处的人，将他个人和他的行事坦白地说出来，这实在是我们对于他和社会应有的责任。尤其重要的，就是希望别人能以他为例而尽力于社会事业。"④

在不遗余力地宣扬陈嘉庚对厦大的功绩和对国家教育所做的贡献这些方面，林文庆不仅是说到了，而且他也确实是做到了。然而，从他的演讲和文章中，我们却从来听不到，也找不到任何他述说自己对厦大奉献的只言片语，也就是说，林文庆在成功地把陈嘉庚树立为厦大全体师生共同学习楷模

---

① 《厦大毕业同学会欢迎教育厅郑厅长唐科长莅厦及林校长为母校募捐返校大会记录》，《厦大周刊》第369期。
② 林文庆：《此次募捐经过情形》，《厦大周刊》第368期。
③ 林文庆：《厦大十周年纪念的意义》，《厦门大学十周年纪念刊》，1931年。
④ 林文庆：《陈嘉庚先生提倡教育之目的》，《厦门大学八周年纪念特刊》，1929年。

的同时,他自己却默默地退居到了深深的幕后,甘愿做一个不引人注目、隐身在陈嘉庚身后的人!也许有人会把林文庆的这些做法,看作是一种无意识的行为,然而,证据显示得却恰好相反,这实际上是林文庆有意识而为之的行动,1929年6月,林文庆按照国民政府所制定的"捐资兴学褒奖条例"所撰写并提呈福建省教育厅厅长的一份公文,就非常明白无误地说明了这一点:

呈请褒奖捐资本校人士公文

呈为呈请事前奉钧厅训令转来国民政府制定之捐资兴学褒奖条例并钧厅暂定事实表格各一份,俱为祗悉。属校为陈嘉庚君独立创办,自开始迄今用费已逾三百万,想为钧厅所洞悉,无庸赘及。惟间亦有私人捐资属校者,如:曾江水君捐南洋币拾捌万元,为属校建筑并设备图书馆之用;黄奕住君捐图书费三万元;黄廷元君捐建筑天文台费一万元;林殷碧霞捐地乙块,价值一千三百五十元。皆属热心教育,深堪钦佩。谨遵照捐资兴学褒奖条例,将上开各人捐资事实填表呈报,尚乞钧厅转呈省政府,以便转呈国民政府,依例给以褒奖,用示鼓励,不胜盼祷之至。

谨呈福建教育厅厅长程附填捐资兴学事实表四份。

私立厦门大学校长林文庆呈[①]

在这份极为严格正式的公文中,林文庆分别提到了陈嘉庚、曾江水、黄奕住、黄廷元,甚至也提到了他的夫人殷碧霞,但却唯独就是漏掉了他自己。这并不是无心之过,也不是因为他对厦大的捐献太少,显然是他有意为之。林文庆甘愿作幕后人的自我牺牲精神在此展露无遗。

纵观林文庆在厦大前后凡十六年的时间,如果说前八年基本上是集中于校园校舍、校务校政诸方面建设的话,则后面接下来的八年时间主要是集中

---

① 《厦大周刊》第208期。

于为厦大筹款。为了舒缓厦大日益紧张的经费问题，同时也希冀能借机减轻陈嘉庚在维持校费方面的负担，林文庆于1930年4月初亲赴南京，向国民政府请求免除陈嘉庚公司货品的进口关税，以便陈嘉庚公司将省下的税收用于补贴厦大和集美两校。在南京期间，林文庆广泛地拜访当时的政府要人，以便尽可能地获得他们对厦大的同情和支持。这次请求免征关税的活动虽然遭到政府以"唯恐他人援例，及避免海关账目复杂起见"①为由予以拒绝，但在当时政府要人，如孙哲生、胡展堂、宋子文、吴稚晖、蔡元培、蒋梦麟等人的多方支持与辅助下，政府最终批准于陈嘉庚先生教育事业上每年津贴六万元。而按照惯例，厦大可以得到津贴中的三分之二，也就是四万元，这无疑为经费日趋紧张的厦门大学，解了燃眉之急。

为了能继续获得中央政府的进一步财政援助，1934年4月底，林文庆与教育学院院长孙贵定教授再次亲赴南京，"请求中央拨款补助"。从全体教职员开欢送茶话会时，"开会会场布置甚为精雅，席间同人严肃异常，各位演说均庄谐并出，开会约二小时之久，颇极一时之盛"②的场面来看，当时大家显然是对此次晋京请求拨款一事是寄予了厚望的，而从中也可反映出当时厦大的财政状况的确已是异常紧张了。林文庆到南京后，充分利用自己与当时担任行政院长的汪精卫和国民党中央执行委员孙科等人早年旧识的关系，同时积极地走访当时的财政部长宋子文、教育部长王世杰以及实业部长孔祥熙等人，一再请求他们对厦大施以援助。林文庆的这次行程没有白费，甚至可以说是大获成功，在8月份行政院召开的第172次院务会议上审核通过的"资助私立专科以上学校补助费方案"中，厦大获得了政府每年九万元的资助，这也是当时政府对全国私立大学补贴当中的最高数额。

除了积极地向中央政府请求补助之外，林文庆也向福建省政府请求援助。1932年夏，在淞沪抗战中英勇杀敌的十九路军移师福建，爱国将领蒋光鼐担

---

① 《林校长请求陈嘉庚公司出品免税之结果》，《厦大周刊》第233期。
② 《教职员全体开茶话会欢送林校长孙院长》，《厦大周刊》第339期。

任福建省主席，而原来曾担任厦大教务长的郑贞文出任省教育厅厅长。1933年1月，林文庆不失时机地率领姜琦教授和大学秘书詹汝嘉赶往福州，分别拜会蒋光鼐及郑贞文等，请求省政府补助厦大经费，得到了蒋、郑的大力支持，后来，省政府决定于1933年7月份起，每月补助厦大五千元。

为了帮助厦大减轻经费紧张的压力，林文庆除了主动地向政府申请补助之外，他也把目光投向那些具有官方或半官方背景的基金会组织。譬如，在1930年，厦大成功地与中华教育文化基金会联办了首届暑期生物研究会之后，厦大马上不失时机地向中华教育文化基金会提出进一步的要求，希望后者能给予经常性的资助，结果获得了后者的积极回应，该会决定于1931年6月开始，给予厦大为期三年、每年三万元的补助，在三年期满之后，该会又于1934年和1935年再分别给予了二万元和三万元的补助。此外，林文庆也积极地向管理中英庚款董事会申请资助，鉴于厦大在中国东南部大学教育中的重要作用，该董事会决定补助厦大购买图书费用三万元，分三年平均拨给，除补助购书款外，管理中英庚款委员会还特意赠送给厦大一套珍贵的外交史料。

尽管林文庆不停地四处奔波，尽管他不会放过任何一个可以筹款的机会，但是，随着时日的发展，厦大的经费还是变得愈来愈加紧张了。在迫不得已的情况下，林文庆很自然地想到了自己熟悉的出生地——新加坡，于是，他决定重返新加坡，到南洋各埠为厦大筹募捐款。1926年到1935年间，林文庆曾经先后三次前往新、马、印三地为厦大筹募经费，尤以最后一次筹款活动规模较大、收获最丰，而影响也较大。林文庆决定南渡募捐的消息，无疑给了厦大教职员以很大的鼓舞，也让教职员们从中看到了更多的希望，因而，当林文庆最终确定率领法律系主任傅文楷和附设高中教务主任曾郭棠前往南洋募捐后，厦大教职员再次以召开全体教职员欢送会的形式为他们壮行，从教授们那饱含"欢送及希望之辞"的演说中，可以看出厦大教职员对林文庆一行人的这一次南行募捐寄托了多高的期望啊！不仅教职员开欢送会，就连学生组织如厦大法律学会的学生都专门召开了欢送会，而当林文庆三人乘坐的"丰庆"轮即将于1934年12月23日下午起碇开船之前，厦大教职员更是"纷纷登轮送行"，由于前往送行的人实在是太多了，以至于学校事务处不得不于当天下午准备了一艘电船，以方便接送那些送行者。由此可以想见，林文庆的这一次募捐之行，在当时背负了多少厦大人的希望！为了使这次募捐行动能够获得更大的成功，林文庆一行人是做了充分准备的："林校长等为宣传校务起见，随带本校重要刊物及新编本校概况等印刷品甚多"，①这对于宣传和扩大学校的影响，以吸引更多的人捐赠厦大，都是极有帮助的。

再大的希望、再高的企望和再良好的愿望，并不一定代表着必然能成功；然而，在很多时候，个人的主观努力与顽强不屈的奋斗精神，往往却能使本来成功无望的事情最终获得了令人意想不到的成功。林文庆的这次南行募捐，可以说主要就是依靠了他那决不轻言放弃的斗志，才使他们完成了这在当时看来几乎不可能的任务。当林文庆一行三人到达新加坡的时候，南洋各地正笼罩在经济不景气的阴霾之下，而且当时正值年关将近，商家很难有多余的款项拿出来资助厦大。对此，陈嘉庚感到十分悲观，因而对于林文庆他们的筹款活动一开始就没有抱太大的希望，他预计"顶多得募到十万元"。但是林文庆"并不因此而灰心，他认为募捐一事，无论如何须努力进行，不管结果多少"②。在了解了当地的经济状况之后，林文庆决定临时调整募捐的地点，集中力量在新马两地展开募捐，暂且搁置了前往荷属东印度群岛等地募捐的计划。从参与这次募捐活动的曾郭棠和傅文楷两位先生事后的叙述中可以看出，虽然陈嘉庚也为这次募捐活动做了很多幕后的工作，但是次募捐之所以能获得相当之成功，在很大程度上主要还是依赖了林文庆个人以往在新马地区所累积起来的良好声誉和巨大威望，尤其是在马来半岛各地的筹款活动中，"各界侨胞，都争先设宴为林校长洗尘"，这对于保证筹款活动的

---

① 《林校长傅曾二先生首途前往南洋》，《厦大周刊》第359期。
② 傅文楷：《南行募捐之经过》，《厦大周刊》第365、366期合刊。

顺利进行无疑是至关重要的。从募捐方法上来看，这次募捐是以林文庆的名义进行的，为了保证在新加坡的筹款活动能够顺利进行，他函请了热心桑梓教育且在新加坡具有一定声望的五位侨领协助组成了"厦门大学新加坡募捐团"；当募捐团着手开始在新加坡的募捐活动之后，却被告知：募捐必须首先要获得总督的批准，于是，林文庆立刻赶去谒见总督，结果，"不到半点钟这个难关便立刻解决了。结果不但在三州府募捐可以不成问题，就是到四州府募捐，因为得到总督的介绍信，也就可以很顺利的进行了"①。不仅如此，作为林文庆后辈的殖民地华民政务司官员，在允准他们展开筹款的同时，还主动地"写了好几封介绍信去晋谒各地方当局，这样一来帮助我们募捐不少，约经一个月之久，总捐到有十多万元"②。这一切，对于他们能在马来半岛各地顺利地展开筹捐活动无疑都具有极大的帮助。尽管当时的林文庆已是一个近于66岁高龄的老人了，然而，对于募捐活动他却始终不敢有丝毫的懈怠，"每天都是在五时左右起卧，九点多钟出发工作，一直到晚上一二点钟才得睡觉。每天都要沿门扣户募捐，说了不少的话，跑了不少的路。有人常常劝他说：'林校长，你年纪这样高了，天天这样辛苦，明天早上应当休息半天，下午再工作吧！'他回答说：'我老的可以不要，看看他们少年的要不要休息？'"有时候遇到不明事理的人，他甚至低声下气地哀求他们说："我求你，请你帮助厦大，为祖国培养建设的人才！"③一个当年曾经誉满三州府的华族立法议员，一个当年曾在星马华族社会中呼风唤雨、叱咤风云的杰出侨领，一个出入殖民地总督府如同自家大门一样的一代名医，为了厦大的前途与未来，为了"为祖国培养建设的人才"，竟然要在募捐中发出如此的哀号，这是让人何等心酸的一幕啊！

　　林文庆昔日在南洋确立起来的崇高声誉，为这次募捐活动的成功提供了

---

① 曾郭棠：《随林校长南渡所得的感想》，《厦大周刊》第363期。
② 傅文楷：《南行募捐之经过》，《厦大周刊》第365、366期合刊。
③ 曾郭棠：《随林校长南渡所得的感想》，《厦大周刊》第363期。

极大的保障。募捐团几乎是每到一地,都大受当地侨胞的热烈欢迎,因为当地侨领争相宴请林文庆,以至于使得募捐团连吃饭的钱都省下了。在林文庆的声望感召下,就连马六甲这个当地人民多数思想非常陈旧、一般人都不愿意为教育捐款的地方,那些素来没有捐过款的人,这次都很自愿地慷慨解囊,以至于募捐团仅在当地停留了两三天的时间,就筹募到了两万元善款!在吉隆坡,募捐团利用当地侨胞召开盛大欢迎会、宴请他们的大好时机,花费两个小时的时间,结果却筹集到了两万元的善款;募捐团有一次甚至花费了两元的车资,到一个很小的地方去,结果也收到了数千元的捐款。这在当地经济不景气而且临近年关这样非常不利的情况下,林文庆他们的这次南行募捐,最终竟然筹集到了 33 万元的巨款!简直可以算得上是一个了不起的奇迹了!这也远远地超出了当初陈嘉庚所企望的"顶多得募到十万元"的目标!这次募捐的结果,对于厦大而言,可说是具有双层的意义,"不仅在经济方面获得大量而有力的帮助,而且把'厦大'的校誉传遍于南洋的社会中"。而在此之前,虽然很多南洋华侨听说过厦大,但却对其缺乏深刻的了解,"经过此次募捐之后,几乎无人脑海中不深深地刻着'厦大'的印象"①。

林文庆这次南行募捐获得的款项,为厦大接下来两年多的稳定与发展,提供了有力的保障。自林文庆他们从南洋回返厦门之后,南洋捐款也随之陆续汇到:"上期林校长在南洋所募捐款,现已陆续汇到,截至八月底止,收到共有十一万九千四百二十七元。最近九月十六日,复由新加坡华侨银行代收一万元汇到。"②也就是说,单是在1935年,厦大就至少接收了将近十三万元的南洋捐款,而该年度厦大的全部支出是三十六万余元。毫无疑问,南洋捐款已经占了厦大全年经费总额的三分之一。

---

① 林文庆:《此次募捐经过情形》,《厦大周刊》第368期。
② 《南洋捐款消息》,《厦大周刊》第376期。

厦门大学1935年8月—1936年7月学年度的基本收支情形[①]

收　　入		支　　出	
1. 南洋捐款	122390 元	1. 教职员薪俸及工资	230647 元
2. 国民政府补助费	27500 元	2. 办公费	8283 元
3. 教育部补助费	81406 元	3. 设备费（包括图书）	42718 元
4. 福建省政府补助费	41601 元	4. 其他各费	45848 元
5. 厦门市政府补助附小	270 元	5. 附设机关	36223 元
6. 中英庚款补助费	10000 元		
7. 文化基金补助海洋生物研究室	3000 元		
8. 洛氏基金补助海洋生物研究室	2791 元		
9. 学生缴费	54651 元		
10. 其他	39457 元		
合　　计	383066 元	合　　计	363719 元

从表中可以看出，厦大不仅在该学年度有了近二万元的财政盈余，而且更为关键的是，这导致"学校的经费来源已发生根本性的变化"，南洋捐款成为厦大该学年度的最主要经费来源，设若厦大没有陆续汇到的南洋捐款作为支撑，在经费无以为继的情况下，私立厦大的历史恐怕就不是今天我们所看到的这样了。之后，南洋捐款仍陆续汇到：

> 本校林校长前次南渡募捐，承南洋各界踊跃捐助，是项捐款，陆续汇校者，截到去年（1936年）十月廿二日已达十九万二千一百九十元，兹悉本年一月四日至三月一日前后计复收到三次，共一千零五十七元七角七分。合计为十九万三千二百四十八元三角八分。[②]

对林文庆个人来说，这次南行募捐，还具有一个十分特别的意义，那就

---

① 厦门大学校史编委会编：《厦门大学校史》第1卷，厦门大学出版社1990年版，第121~122页。

② 《南洋捐款到校续讯》，《厦大校刊》第1卷第11期。

是首次让厦大师生对林文庆有了一次较为深入、较为全面的认识，使厦大师生得以更进一步地了解到林文庆为厦大所做出的重大牺牲。尽管林文庆总是会不失时机、不厌其烦地向厦大师生反复叙说陈嘉庚对厦大、对国家教育所做出的种种贡献，但他却从来不曾对别人述说他个人自己对厦大的贡献，从现存的资料中，几乎看不到有关林文庆解说自己在新加坡旧日时光的记录，这就导致大部分人根本无从知晓他在新加坡时候的具体状况，人们自然也就无法了解他在新加坡时的显赫政治地位、广泛的社会影响力以及雄厚的经济基础。假设这次南行募捐没有曾郭棠和傅文楷二先生与林文庆同行前往，并在返回厦大之后将他们亲眼看到、亲耳聆听到的诸多事实，忠实地复述告知厦大师生，恐怕厦大师生永远无从知道林文庆为厦大所做出的种种牺牲。最先返抵厦门的曾郭棠在厦大"总理纪念周"会上的报告，想必应该会让当时的厦大师生感到有些吃惊吧：

> 从各方面的观察证明，知道林校长以前在星洲的地位是很高尚的。他曾经做过新加坡的议员；他曾经做过各种重要社会团体的领袖。所以这一回到那里去，不但备受侨胞热烈的欢迎；就是新加坡的总督和重要官吏也没有一个不对他表示相当的敬意的。

新加坡的校友也告诉曾郭棠：

> 这里从前有一种很流行的话说：新加坡共有两驾半马车的资格，总督占了一驾；林文庆博士占了一驾；还有半驾是××人的。

想来这样的话让当时的厦大师生听了，应该不会只是感到有些好奇吧？曾郭棠他们前往新加坡筹款的时候，林文庆所创办的九思堂西药房仍然存在，而且其"招牌还是顶红的"。曾郭棠也大体了解到，林文庆"从前有产业颇多，

因为委托不得其人，损失最巨。这是他到了厦门大学以后在物质上直接间接所受的牺牲"。所有看到、听到的这一切，无疑都令曾郭棠深受感动：

> 林校长年纪这样高了！为甚么要牺牲他在星洲那么高尚的地位，那样多的财产！？这一回更要亲身跑到了南洋去奔波，去受苦！？我们对他老人家这样为厦大奋斗牺牲的精神，应当要怎样地对他表示敬意啊！？

同样地，前往南洋参加募捐的傅文楷，在亲身体验到了"向人家募捐是如何困难的事情"之后，自然也就"越发佩服林校长爱护本校的精神"了。

曾郭棠和傅文楷二位先行回返学校之后向全校师生所做的演讲报告，无疑给当时的厦大师生带来了很大的震撼。这一点，从厦大首届毕业生林惠祥在厦大毕业同学会欢迎林文庆募捐返校大会上的讲话中，可以多少领略一二："林校长以古稀之年，乃不辞劳瘁远涉重洋，捐募巨款，以济母校之急，其毅勇耐劳，俱可钦佩。同学等敬为母校向林校长表示十二分的感谢。"①事实上，林文庆长期以来为厦大的默默奉献与付出，厦大师生早已是目睹于心的，但只是这次南行募捐更进一步地加深了厦大学人对林文庆的深刻、全面了解罢了。早已习惯于逆境中求生存的厦大毕业生更能理解林文庆对厦大的奉献与牺牲，1931年，当厦大庆祝创办十周年的时候，厦大毕业生吴万镇在发言中就特别指出了林文庆对厦大的贡献：

> 林校长在此数年中间，为着学校经济问题，不辞种种劳苦，奔走于新加坡南京之间。像向陈校董磋商增加本校逐年经常费，和华侨捐助设备费等；他为着请求中央政府免征陈嘉庚公司出品的税，本人亲赴南京请愿，交涉结果，才有每年补助厦集两校国币六万块钱。②

---

① 《厦大毕业同学会欢迎教育厅郑厅长唐科长莅厦及林校长为母校募捐返校大会记录》，《厦大周刊》第369期。
② 吴万镇：《为厦门大学十周年纪念毕业同学茶话会进数言》，《厦大周刊》第255期《十周年纪念专号》。

林文庆秉持"陈嘉庚先生之牺牲精神,以昕夕努力于校政之进展"①的行为,不仅被写入厦大创办十三周年的历史,看在厦大毕业生的眼中,林文庆"校长十数年为校奋斗,不辞劳瘁,其为教育牺牲之精神,已足与陈校主同垂不朽"②了。

林文庆称,自从承蒙陈嘉庚电召前往厦大主持校务那一刻起,就自认这是他"义所不容辞者;奉职以来,勤劳自矢,莫敢遑息","以求无负于先生"。③林文庆就是抱着这种"以求无负于先生"的态度,每日兢兢业业不敢稍懈,历经十年建设,使"从前系一片荒野,墓冢累累,终于披荆斩棘,宕成伟丽场所,昔日魈啸鬼哭之地,至今一变而成为黉舍弦诵之处"。十年之间,林文庆完成了大小建筑物四十余座,总建筑面积四万多平方米,并且,为了从生活的细微处熏陶厦大学生的道德人格修养,林文庆尽量悉心为每一座建筑物命名,如集美、同安、群贤(原拟定名为敬贤楼,后来因陈嘉庚反

厦门大学化学院(林苏民提供)

① 《校史》,《厦大周刊》第337期《厦门大学十三周年纪念专号》。
② 《毕业同学会欢送林校长》,《厦大周刊》第356期。
③ 林文庆:《陈嘉庚先生与本校》,《厦门大学九周年纪念刊》,1930年。

对而易名为此，群贤二字乃为林文庆亲笔所书）、笃行、兼爱、博爱等等，其中竣工于1926年的生物院和化学院，更是气魄浩大，即使在今天看来，也算得上是恢宏无比的大建筑物了。自大楼建成以后，林文庆的校长室就一直设在生物院的三楼，他在那里运筹帷幄、为学校大小事务操心费力度过了十余年的时光。很可惜的是，生物学院在1938年5月厦门沦陷后被日寇的炮火击中，连同贮藏在标本室中的七万多种蜡制植物标本一同化为乌有，不仅如此，生物、化学两座大楼上所使用的钢铁、石料等建筑材料，后来也被日寇拆毁悉数运往台湾去了。这就使得后人即使有心凭吊林文庆在厦大的最后工作场所，都无从寻起。

林文庆不仅在校舍建筑、实验设备等硬件方面积极谋划，而且丝毫没有忽视大学的软件建设。林文庆深刻了解大学之大，在于名师，因而，对于知名教授的积极招揽和延聘可说是一直不遗余力，对此，林文庆自己似乎也颇感自豪，在庆祝创校九周年的演辞中，他说：

（一）本校理学院，规模虽小，而世人皆知其为一二实学之士教学之中心。（二）教育学院，与他学院同，荟萃全国名贤于一堂，实为他校所罕见。……（三）其他各学院，亦有具体之工作，使吾校名实相符，为各著名大学及教育专家所公认。①

以名师为依托，私立厦大建立起了较为完备的学科体系，在巅峰时期，私立厦大一度拥有五学院二十一学系，成为当时中国少数几所多学科性的综合大学。

私立厦大改为国立之后，林文庆一切交涉完毕，然后南渡回返自己的出生地——新加坡。直至一年以后，国民政府教育部才按照国民政府及行政院

---

① 林文庆：《本校九周年纪念辞》，《厦门大学九周年纪念刊》，1930年。

的"捐资兴学褒奖条例",下达了"关于表彰厦门大学创办人陈嘉庚、陈敬贤、林文庆的训令"。兹将全文照录如下:

林文庆（木刻） 1929年

中华民国二十七年八月二十四日

令国立厦门大学

案　奉

行政院二十七年七月七日汉字第三〇三〇号训令内开

兹准国民政府文官处渝字第一七九五号公函开:"径启者,奉国民政府二十七年六月二十八日令开,'国立厦门大学前由陈嘉庚、陈敬贤、林文庆捐资创建,林文庆并亲任校长十余年,同心协力,惨淡经营,固能成就多材,规模大备。乃自抗战军兴,暴敌恣意摧残我们教育文化机关,该校竟为炸毁。政府于迅筹恢复之余,轸念陈嘉庚等艰辛创业,愿力宏毅,嘉惠士林,足资矜式,特予明令褒扬,以彰殊绩,而励来兹。此令'等因,除由府公布外,相应录令函达查照,并转行知照为荷"等因;奉此,合行令仰知照,并转行知照。此令。

部长　陈立夫[①]

[①] 转引自厦门大学校史编委会编:《厦门大学校史资料》(第2辑),厦门大学出版社1988年版,第8~9页。

更难能可贵的是，林文庆对厦大的贡献，并不仅止于他主持校务16年。在林文庆87岁那年，"当家人发现他将兀兰那块地的最大份额赠送厦大时，有人坚决抗议，他愤而拒绝进食，终于含恨弃世"。① 林文庆终于以自己最后的生命实践了陈嘉庚要他"你须为厦大奋斗到死"的要求。这块土地后来被新加坡政府收购，扣除手续费后所净得的数目是新币377877.57元。由于当时新加坡和中国之间还没有建立正式的外交关系，受政治因素的影响，售卖这块土地之后厦大所应分得的款项一直无法汇寄给厦大，因而这笔钱被存放在银行多年。直到1982年之后，才由信托人陈育崧和徐清水等逐年分批汇寄给厦大：1982年新币128095.00元，1983年新币13381.00元，1984年新币9599.39元，1986年新币19393.68元，1987年新币7941.95元，1988年新币10472.37元，1990年新币3424.54元，至1990年为止，总共汇寄新币

教室之一部

---

① 李元瑾：《林文庆走向厦门大学：一个新加坡海峡华人的寻根历程》，（新加坡）《南洋学报》第52卷，1998年8月。

林文庆故居——鼓浪屿笔架山5号

192307.93元整。① 除了新加坡土地售卖所得之外，林文庆去世之前也留下临终遗嘱，将他在厦门鼓浪屿笔山路五号地2549号一幢半山别墅全部捐赠给厦门大学，以作公益之用。"1988年1月，林故校长之子林炳汉、林炳添先生，遵照其父遗嘱，致函学校领导，将位于鼓浪屿笔架山顶的住宅及庭园全部捐赠给我校。这幢别墅建筑面积1018平方米，庭园占地面积4316平方米，造型别致，环境优雅。"② 有关此项捐赠的所有手续已于1990年全部办理妥当。③

2008年夏天，在林文庆逝世半个多世纪之后，当笔者从花园一般美丽、

---

① 有关售卖土地所得及其汇款数目，见李元瑾：《林文庆的思想》，新加坡亚洲研究学会1991年版，第188页，注释28及注释29。
② 厦门大学教育发展基金会：《殷殷深情 巍巍丰碑——厦门大学接受社会捐赠概览》，2006年。
③ 《故校长林文庆博士捐赠母校一幢住宅及庭院》，厦门大学校友总会：《厦大校友通讯》第9期。

壮观的海滨厦大校园，怀着复杂的心情登上鼓浪屿，辗转找到林文庆遗留下来的那座位于半山腰、已破败不堪，但是依然空旷、庞大的别墅时，想到林文庆生前对厦大十六年的默默无私付出，离开厦大南归新加坡之后几乎无安身之所的窘迫，以及死后所遗留给厦大的一片厚爱，笔者竟然只能选择一时无语。过后，忽然想到，当林文庆在厦大时一而再，再而三地宣扬嘉庚精神"是一种利他而肯牺牲的精神……为社会大多数人谋最高的幸福"的时候，难道他实际上不也正是一直这么做的吗？再联想到陈嘉庚一向谦虚地说自己不是毁家兴学，只能算是倾家兴学，因为他并没有毁家，反而是和陈嘉庚同甘共苦的林文庆，倒真算得上是毁家兴学了。在林文庆逝世后，新加坡《南方晚报》在悼念林文庆的文章中叙及林文庆对厦大所做出的牺牲时说：

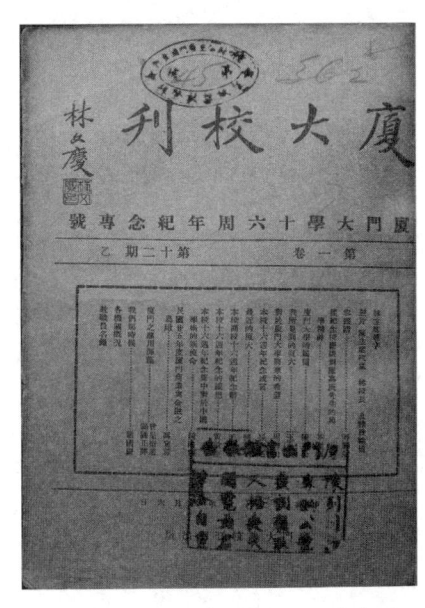

林文庆题词——厦大校刊

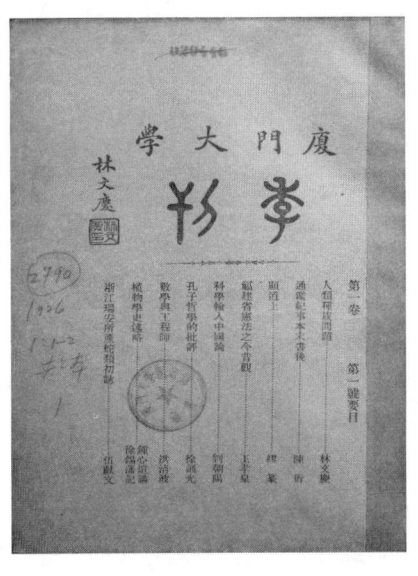

林文庆题词——厦门大学季刊

> 以先生为厦大牺牲的，不只十六年，而是他最宝贵的后半世。假使先生当时不回国，继续其在马

来亚的领导工作,其成就何堪限量?"淮南之橘,过江为枳"。要使受维多利亚时代的教育及思想,并在殖民地气氛中度半世的人物,去领导五四运动以后的中国学术界,其结果可想而知。试读先生在其英译离骚中的自序及吊屈原诗,其当时的心情,何异屈原?①

在林文庆去世已达半个多世纪之后的今天,当我们在宣扬嘉庚精神,倡导要"为社会大多数人谋最高的幸福"的时候,是否也可以这么说,在嘉庚精神当中,也蕴含了一部分的文庆精神呢?

---

① 《悼林文庆先生》,(新加坡)《南方晚报》1957年1月3日。

第十四章 忍辱负重度苍生

 林 文 庆 传

慷慨赴死易身沦日寇傀儡生不如死
从容就义难我不下地狱谁人下地狱

1937年7月，林文庆将惨淡经营了十六年之久、早已声名鹊起的私立厦门大学完整地移交给继任者——萨本栋，私立厦大的历史就此戛然而止。对于林文庆而言，无疑在这一瞬之间，也完成了他一生之中最重要的一次神圣使命，就此，作为私立厦大校长的剪影，林文庆被定格在中国大学教育发轫史刚刚崛起的天空之中！这时候的林文庆已是一个高龄68岁、早已逾越了退休年龄的老人！

厦大改为国立之后，已经无所牵挂的林文庆，带领家人踏上了南返家乡的归途，林文庆终于还是回到了他自己的出生地——新加坡。回到新加坡之后，已近古稀之年的林文庆所面对的是一个令他感到既熟悉又陌生的世界：十六年前，他堪称是这个小岛上呼风唤雨式的人物，不管是政界、商界、医学界还是文化界，他都能游刃有余地自由出入其间。然而，在他与新加坡华人社会脱节十六年之后，历经千变万化之后的新加坡，似乎已经离林文庆很遥远了：在海外华人社会中象征着社会地位高低的财富早已离他而远去，而以往几乎是林文庆个人一枝独秀的华人政治舞台上的独特魅力，也被后来众多新崛起的领袖所稀释，在林文庆离开新加坡的这十六年期间，华族社会中新涌现出了众多明星般的领袖人物，如陈嘉庚、胡文虎、李光前、陈六使、林义顺、林秉祥、侯西反、陈延谦、李俊承等等，早就填满了林文庆离开之后所遗留下来的那片小小的政治空间，尤其是陈嘉庚，更是领袖之中的领袖，自19世纪20年代之后，陈嘉庚凭借着商业上的巨大成功及其政治上无党无派、爱憎分明的政治立场，迅速地崛起并成为整个南洋地区华人社会中的风云人物。陈嘉庚自1923年开始被殖民地政府委任为"华人参事局"委员，成为受殖民地政府正式承认的新马华族领袖。

至于林文庆，虽然头顶厦大卸任校长的暗淡光环，但他以往花费长时间所累积起来的政治影响力和所塑造出来的良好社会形象，早就淡化成为很多

林文庆博士演讲（南洋孔教会供图）

人眼中可有可无的过往传奇故事！如果说林文庆还算是新加坡一个有影响力的人物的话，那至多也是作为一个德高望重的长者，时常受邀出席一些教育、文化艺术和宗教等方面的社会活动而已，在这些社会活动中，林文庆或者担任主席，或者发表讲话，或者接受报章采访，再或者就是在广播电台演讲，其内容多是宣扬儒家思想，从儒家的观点说古道今、针砭时弊。伴随着日寇侵略中国的行为日渐猖獗，林文庆的谈话内容也逐渐地转向揭露日军暴行和批判日本军国主义思想，同时呼吁海外华侨要同仇敌忾、慷慨解囊，有钱出钱有力出力，以帮助处于危机中的祖国、拯救陷入苦难中的同胞。虽然面对强敌的入侵，林文庆仍一如既往地抱持着乐观主义精神，坚守代表正义、民主、自由与和平的反侵略战争必胜，而代表非正义、非民主、违反自由与和平的侵略战争必败的信念，譬如，1938年七七事变周年纪念日，他在星华侨民大会上的演说中，开始第一句话就是："今日中国虽处于动乱之中，然而中华民族复兴前途，实具有大可乐观之希望"，接着，林文庆号召华侨要团结起来，有钱出钱、有力出力支持祖国的抗战："我们华侨纵不踏上火线也应从大处着想，下最大牺牲的决心，出到最后一文钱，尽到最后一分力，把数千万的华侨精神统一起来，整个的华侨的力量发挥起来，把各自行动的救国团体联系而调整起来，在居留政府法律许可的范围内设一最高的救亡机构，计划一完整而有效之策略"，以支持祖国的抗战。最后，林文庆以慷慨激昂的言辞号召大家：

> 起来，我们华侨的同胞们起来保卫我们的祖国。我们要在有纪律有组织之范围内，发挥我们伟大的力量……起来，每个不愿做亡国奴的同胞起来，大家打破畛域的成见，毁灭封建的思想，组织一个最律化，使在集体的动作上，生更大的力量，使爱国的同胞免遭无必要的牺牲。①

1941年7月7日，林文庆代表英属马来亚华侨以英语广播七七抗战四周年纪念，他在演讲的最后说：

> 马来亚及其他海外各地华侨抱绝大信心，以援助祖国达到抗战胜利。在未获得胜利以前，祖国同胞断无任何妥协屈服之念，盖以华侨深知祖国方为保护正义及民主自由而作战，一如英国之在西方作战之所为也。②

林文庆仍一如既往地延续了他在第一次世界大战中的做法，继续高扬儒家思想的大旗，号召新马华人从物质上和精神上支持中国和英国的反侵略战争。只不过，自厦门大学归来之后的林文庆，在演辞的运用上，似乎与第一次世界大战期间的说法开始变得略有不同，譬如，在第一次世界大战期间，他在大力号召新马华人支持英国政府的时候，所使用的说词是诸如"效忠英国""大英子民"等样的字眼，而在第二次世界大战期间，他在号召新马华

---

① 林文庆在"七七周年纪念星华侨民大会"上的演讲，许云樵：《新马华人抗日史料》，新加坡文史出版社私人有限公司1984年版。
② 《林文庆博士广播七七纪念演词》，（新加坡）《南洋商报》1941年7月7日。

人支持英国作战的时候,同样的字眼却已不复出现,相反,代之而起的却是"中英休戚与共"以及"维护正义与和平"等样的说词。显而易见,林文庆在厦门大学的十六年,既是他努力建设厦大的十六年,也是他自身接受中华文化浓郁熏陶的十六年,这使他的政治效忠意识在不知不觉之中,产生了根本性的变化:无论是在思想上还是在其潜意识里,他都变得更加倾向于中国化了!如果说少年时代的林文庆的确曾为自己的大英帝国子民身份而深感自豪的话,那么,自厦大归来之后,晚年的林文庆心中,则更增添了几分自己身为大汉子民的骄傲!

　　林文庆不只在口头上宣传抗日,也有切实的行动。当陈嘉庚领导的南侨总会如火如荼地在南洋各地展开大规模的筹款活动,为中国的抗战提供了源源不绝的财政支援的时候,林文庆自厦大回到了新加坡,就迫不及待地投入到了这场规模空前的筹款活动中。为了唤起一向对中国事务不甚关心的峇峇和娘惹们支持祖国的抗战热情,林文庆发起并成立了新加坡海峡华人中国筹赈会,并亲自担任筹赈会的主席,以配合和支持陈嘉庚所领导的南洋筹赈会的筹款活动。在新加坡海峡华人中国筹赈会所组织的内容广泛的一系列活动中,其中影响最大的就是在名叫繁华世界(又名快乐世界)的综合娱乐城所举办的 Oleh Oleh Party,筹赈会的会员们在到场的三千峇峇和娘惹们面前以马来语表演戏剧,让到场的观众开怀大笑之余,也筹集到了很大一笔可观的善款。

　　当林文庆利用自己仅存的那点儿影响力发表各种演说,号召人们起来抵抗侵略、反对暴虐的时候,他也许尚未察觉到,他所落力反对的日本军国主义,就像一只无形的黑色翅膀,正悄然而又迅速地从北方南下、扑面而来。它不仅要以暴戾的手段攫取他的肉体,它甚至更以让人无法形容的残忍手法,要毫不留情地彻底撕碎林文庆一贯崇尚和追求儒家完美思想的高贵灵魂!在中国抗日军民的顽强抵抗和英美等国的联合封锁下,法西斯日本在进入 1940 年代后开始渐呈败绩,但是,困兽犹斗的日寇为了打破英美的封锁、夺取东

南亚丰富的橡胶、锡等战略资源，于 1941 年底突袭马来半岛，向驻守的英军发动了猛烈的攻击。日寇以实际上投入不足二万人的正式作战兵力，居然让数倍于己的英军闻风而逃，自 19 世纪以来就称雄于世界的大英帝国在马来半岛上的无数军事堡垒，竟然脆弱得如同不堪一击的骨牌一般纷纷倒下，以至于在短短不足七十天之内，位于马来半岛最南端、有东方直布罗陀之称的新加坡，就成了日寇的囊中之物。令人不可思议的是，当英军驻守新加坡的最高指挥官白思华将军无条件地签下投降书时，弹丸之地的新加坡竟然驻扎了近十万人的英军！

就在新加坡沦陷的前夕，当初由林文庆等人力争设立、俗称第二连的新华义勇军，才拿着由英军在最后关头刚刚分发给他们的落后武器，昂然走上了抗击日军的前线阵地。由于武器落后和缺乏应有的军事训练，新华义勇军在武器装备精良、富有实战经验的日军的猛烈攻击下，蒙受了惨重的损失，几乎全部阵亡。不仅如此，华人义勇军的顽强抵抗活动，也为日后日军的残酷报复行动制造了借口。然而，当白思华代表英军在投降书上签名之后，他却只对接受投降的日军将领山下奉文说了一句话："将军，我有一个恳求，希望日本皇军保护英国的妇孺老幼。"①至于先后在两次世界大战中为了支持英国政府，对抗入侵英国的敌人，曾经既出钱又出力且勇于牺牲的无数新马华人，似乎全然都成了不值得保护的一群草芥！曾经为殖民地的繁荣发展做出了巨大贡献、很多早已在此落地生根、生活了好几代的上百万新马华人，就这样被英军一文不值地出卖了！

1942 年 2 月 15 日，这一天正好是华人的农历新年。新年没有迎来新气象，倒是迎来了杀人不眨眼的日寇恶魔。就在这一天，新加坡全面沦陷于日寇的铁蹄之下。日寇在占领新加坡之后，为了报复华侨对中国政府抗战的支持和华人义勇军的抗日活动，将所有的成年男性华人集中关押起来，然后以

---

① 陈育崧：《〈新加坡沦陷三年半〉读后》，筱崎护著、陈加昌译：《新加坡沦陷三年半》之附录四，新加坡泛亚通讯社，无出版日期。

大检证为借口，对华人展开了赶尽杀绝式的疯狂报复行动。新加坡华人在大检证中到底死了多少人？迄今为止没有一个确切的数字，而且，恐怕永远也不可能知道其准确的数字了，因为残暴的日军在进行大屠杀时，是分散在多个不同的地点秘密进行的，尸体不是被秘密掩埋，就是被抛入了大海。现在，只能从多个不同的调查报告中，大体推断出大检证中死亡的人数当介于五万到七万之间，而当时新加坡的总人口大约只有九十万人左右，华侨占七十万，也就是说，在大检证中，有接近十分之一的华侨被杀害了！这些被无辜屠杀的人，几乎全都是青壮年，一时之间，美丽如热带花园的新加坡，顿时沦为人间地狱。

就在一片血雨腥风、人人自危之际，林文庆和其家属，在位于阿拉伯街的检证中心被日本宪兵发现了。在当时，"社会上每一位闻侨，靡不满怀恐惧也……中华总商会与政府所组各机关之人员，以及太平局绅，一向例行在社会上昂然发语者，现已告销声匿迹，不知出处，无有胆敢表示为华侨之发言人者"。① 由于往昔那些在社会上出头露面的闻人侨领此时都不复出现，因而，日军在认出林文庆之后自是大喜过望，以为可以逼迫他出来组织维持华社秩序。此时的林文庆已经是一个73岁高龄、几近于风烛残年的老人了，生死对他而言已经没有多少实际上的意义，他自然不肯屈服于日寇的淫威。面对威武不能屈的耄耋老人，日寇无计可施，于是，狡猾的日寇转而从他的家人入手，日本宪兵逼迫林文庆的夫人殷碧霞跪伏在炎热的高温烈日下长达四小时之久，同时还不断地施以各种羞辱，意图逼使林文庆就范。尽管林文庆眼看着夫人遭受痛苦的折磨自己也是心如刀绞，但他仍然没有丝毫屈服的念头。黔驴技穷之后的日本宪兵，眼见硬的手法不能奏效，于是改而采取软的手段，一个名叫横田的宪兵队长和林文庆套近乎说：林文庆长得和他父亲十分相像，使他有如同和远在故乡的父亲见面一样的感觉。对此，林文庆一时感到有些

---

① 陈育崧：《日寇强迫五千万奉纳金 星洲有史以来最恐怖时期》，陈育崧：《椰阴馆文存》第1卷，新加坡南洋学会，无出版日期。

莫名其妙，不知道他葫芦里到底卖的什么药。最后，横田队长派人将林文庆带去见筱崎护，筱崎护在新加坡沦陷前任日本驻新加坡总领事馆新闻官、沦陷后转任厚生科长，日本投降后，在新加坡临时战犯法庭审判新加坡大检证战犯时，筱崎护曾出庭供证，后来他又写了《新加坡沦陷三年半》一书，虽然筱崎护书中的大部分内容都是替自己辩护并极力美化自己，将自己俨然描绘成了"华人之友"，从而使得他的书中存有许多失真之处，但这本书也确实从另一个侧面为我们提供了难得一见的另类历史资料。下面，且让我们来看一看筱崎护书中关于成立"华侨协会"一节的说明，看他是如何劝说林文庆接受他的建议的：

（筱崎护）："此时此地能和博士见面，实在是上天将您带引来的。华侨的命运现在实在很危险，若不设法拯救，必要付出很大的牺牲，博士，难道没有甚末法子吗？"

老博士一时似乎颇觉惊异地看着我。

"你是日本人吧！你们准备怎样来对付我们华侨？"

"是的，我是日本人，但不是军人。"……

"懂了！"接着博士徐徐举起啤酒杯，一饮而尽，消除了对我的怀疑和警惕，眼中也露出安心。于是我接着说："日军简直把华侨视为眼中钉，集体询问，无限制检举逮捕，现在又把检举的目标放在华侨领袖身上，我个人实在无能为力，为了华侨社会，希望博士合作。"

"嗯，我的合作，甚末合作呢？"

"这事我已认真想过，最好是创立一个组织，表面上和'日军合作'，其实却以'保护华侨及其安全'为目的。"

"这是个很好的想法，但用甚末方法较好？"

"想请您担任这个华侨组织的主席。"

"甚末？真是异想天开，我已经七十二岁了，未免太过分了吧！"

"不，不，因为已经七十二岁，有学识而无野心，才会被日本军方接受，拜托！"

"不，到我这年龄，已经没有能力作事了！"

"工作让年轻人去做，博士只要挂个名义就行。"

"这样行吗？"

啤酒的空瓶已有三四个，我们心投意合，简直像父子一般对谈着。

"你几岁？"

"三十四岁。"

"呵，和我家的炳汉同年。"

"家人都很担心吧！等一会儿，我送你回去！"

"非常谢谢，但是，创立华侨组织，是否就真的能救华侨？"

"这只是一个手段，打着和日军合作的招牌，就可以取得军部当局的认可，然后用这个组织把华侨都收容进去，所以必须让有影响力的华侨作会员，这样，我们可以把现在正被检举逮捕的领袖及其他有力华侨的名字，列为理事或会员，向上呈报。"

"日军也要杀侨领吗？"

"虽然不很清楚，但据说，凡资助过重庆或提供资金给抗日义勇军的都要受到严惩。"

"啊呀！这样，差不多无人能幸免了！"博士长叹着说。

"那末，即使创立一个组织也无补于事呵！"博士又说。

"不，不，除此而外，别无他途。总之，以这个组织绝对需要这些会员为理由，必可救出被捕的人。"[①]

通过上述对话，不难看出林文庆所真正关心的是什么，那就是如何救助正处于水深火热之中的众多华侨和身陷囹圄的一干侨领！当敌人以生死相威

---

① 筱崎护著、陈加昌译：《新加坡沦陷三年半》，新加坡泛亚通讯社，无出版日期，第15~18页。

胁的时候，林文庆没有为之屈服，当敌人以其家人的安危相威胁的时候，林文庆仍然没有屈服，然而，当敌人以全部的华侨和众侨领的身家性命相威胁的时候，林文庆却不得不轰然倒地为之屈服了！儒家的利他主义思想时时刻刻地回响在林文庆的耳边：为了谋取绝大多数人的幸福，必须将自己视为草芥！"为了救出被捕的华侨及避免华人继续遭受屠杀"，林文庆以"尽可牺牲我们自己救活后代或牺牲我们一世救活我们后代万万世不可自私自利"①的自我牺牲精神，最终忍辱负重答应筱崎护出任华侨协会的会长。关于当时华人侨领所处的危险处境，程道中在《筹措"奉纳金"的华人领袖》一文中，曾对之做了如下说明：

> 日日夜夜所受的煎熬，若非身临其境，着实很难体会的。——在肉体方面，他们随时会被掌掴耳光，甚至会身首异处或被枪决。吕天宝在第一次与高濑见面时，是颤抖着手足代表侨众说话的，从这一点，可以看出其心中恐惧之一斑。在精神上，又得背负附敌当汉奸、卖族求荣、贪生怕死等罪名。比如昭南岛华侨协会会长林文庆博士，就是在其日籍友人、战前日本驻新加坡领事馆新闻参赞、时任昭南岛厚生科（福利部）科长筱崎护的力劝下，才勉为其难的。说实话，当时若没有林博士等人虚与委蛇地与日人周旋，则不知还会有多少华人死在日人刀下。②

正所谓慷慨赴死易，从容就义难。很多时候，牺牲，并不意味着失去的就一定是生命！对林文庆来说，他所失去的，是其累积一生的声名！林文庆不是不懂得"舍生取义"，也不是没有"杀身成仁"的机会。但他深知，若他个人"杀身成仁舍生取义"了，那意味着将有成千上万的华侨会无辜地死于

---

① 林文庆在"七七周年纪念星华侨民大会"上的演说，许云樵：《新马华人抗日史料》，新加坡文史出版私人有限公司 1984 年版。
② 程道中：《筹措"奉纳金"的华人领袖》，李业霖：《奉纳金资料选编》，马来西亚华社研究中心 2000 年版。

日寇的屠刀之下!他个人的"仁义",对众多新马华侨来说,等同于死!换句话说,林文庆个人的"不仁不义",却换得了许多人本无希望的生!这是否意味着,林文庆的"不仁不义",实际上是一种更广泛、因而也是一种更高意义上的"仁义"呢?当儒家的"舍生取义、杀身成仁"与保护华侨生命的现实相遭遇时,林文庆陷入了一个可怕的两难境地:他个人的生死,早就已经与千千万万的华侨生命捆绑到了一起,他的生命不再属于自己,自然也就无权主宰自己的生死!

华侨协会成立之后,"集中检证,从此很快地结束,被检失踪的,也从此不回来了,'可怜无定河边骨,犹是春闺梦里人'。这些人到战后,人们才知道是被日军所屠杀"①。华侨协会不但成了当时众多落难侨领的避难所,很多时候,它也担当起了担保人的角色,以便营救那些尚被拘押在牢狱中的华社侨领。曾担任南侨筹赈总会财政的李振殿的经历,颇能说明这一点:李振殿被日军抓住后一直关押在中央警局,落在了杀人魔头水摩的手中,尽管华侨协会尽了最大努力设法施救,但仍然还是被关押了好几个月,直到有一天,"林文庆被水摩请去,说是准许由他保释李振殿,林会长签具了保证书,宪兵把李振殿提到,水摩对他说:'努!这位是你的救命恩人,快上去向他跪谢!'李老先生跪下去,林会长不知所措,两位年纪近百的老人,相对无言,老泪横流"②。这是何等凄惨的一幕啊!而华侨协会出面具保的侨领,又岂只有李振殿一人!华侨协会成立之后,很多人"自动前往,冀为其安全计也"③。后来担任南洋大学教授的东南亚史及新马华人史权威许云樵在《昭南噩梦录》中就

---

① 陈育崧:《〈新加坡沦陷三年半〉读后》,筱崎护著、陈加昌译:《新加坡沦陷三年半》之附录四,新加坡泛亚通讯社,无出版日期。
② 同上。
③ 陈育崧:《日寇强迫五千万奉纳金 星洲有史以来最恐怖时期》,陈育崧:《椰阴馆文存》第1卷,新加坡南洋学会,无出版日期。

说过，他为了逃避被捕，曾通过关系在华侨协会内做过一段时间的"挂名书记"。①

林文庆虽然名为华侨协会的会长，但很多时候，他甚至连个傀儡都算不上，只是一个挂名的会长而已。关于协会的各种章程细则，据筱崎护说都是他亲自制定的："我立刻起草协会设立旨趣、目的、会则，列出会长林文庆博士，副会长拿督黄兆珪及李俊承的名字，当日获得军政部长认可之后，将情通知林文庆。"② 不仅如此，林文庆从集中营中获释回家之后，便"有日宪特务一人常驻其家中以监视其行动"，而华侨协会在吾庐俱乐部成立之时，"该俱乐部充满日本间谍与线人，皆来自特高科、宪兵及警察署，穿制服或便装之武装日军，则不时巡弋该俱乐部，筱崎亦派出其本人之线人，驻于部内，以便为彼报讯消息，同盟社记者与战地通讯员多人则不时前来采访新闻，此等人物，包围林文庆博士左右，每一行动受监视"③。

华侨协会成立后的首要任务，就是筹集五千万元的奉纳金献给日军，这实际上是日军对华人的一次公开的无耻敲诈勒索。为了凑足这一庞大的数目，当时新马的每一个华人，"只要具有价值在三千元以上财产的，就要把财产的百分之八，用现金支付。林文庆本人需要付出二千二百元，他没有现款，就靠了他一些学生慷慨，才筹出款来，代为支付"④。当华侨协会的理事们因筹款工作进展缓慢而遭受日人呵斥、侮辱的时候，众人唯唯诺诺都不敢吱声，唯有林文庆敢于挺身而出、冒死反驳：

> 我们从来就没有说谎，既然我们答应呈交奉纳金，自然就会全力以赴。

---

① 《昭南噩梦录》中以专门的章节《四华侨协会避难》叙述此事，原文载许云樵：《新马华人抗日史料 1937—1945》，新加坡文史出版私人有限公司 1984 年版，第 443~449 页。
② 筱崎护著、陈加昌译：《新加坡沦陷三年半》，新加坡泛亚通讯社，无出版日期，第 21 页。
③ 陈育崧：《日寇强迫五千万奉纳金 星洲有史以来最恐怖时期》，陈育崧：《椰阴馆文存》第 1 卷，新加坡南洋学会，无出版日期。
④ 《林文庆传》，林文庆博士诞生百年纪念刊，无出版信息，第 59 页。

但目前的财政状况并非由我们所掌控。如果我们不能支付,则惟死而已。只不过我想指出的一点是,军方政府如此筹集军费的方式,是没有任何一个国家可以与之相比的。①

"在当时朝不保夕,众人皆只知保命的情况下,林文庆的直言不讳,威武不能屈的气节就显得十分突出"②了,这也证明了林文庆绝非贪生怕死之辈。

1942年6月25日,华侨协会举行了一个盛大的仪式,由林文庆以华人领袖的资格,把五千万元的支票交给了日军指挥官山下奉文,同时,还奉命宣读了一篇对日本歌功颂德的献词。林文庆所宣读的那篇演讲稿,是由有"马来亚之虎"称号的山下奉文所拟定的:林文庆自己"所预备之致词,该老虎认为不合用掷之于地,由其秘书索得另一张,掷交林博士,命其须照读。其词句意义之低下,视我华侨猪狗不如。林博士虽年逾七十,亦几欲跳楼,以全其节,无奈由同僚之苦劝,良久方俯首以应。如此委曲求全,为华侨二百万人(全马来亚)生命,不得不一忍再忍,而至受无数之吞声忍气"③。就是这样一篇充满了侮辱之意的演讲稿,最终经由林文庆之口念出,这位"心系几百万华侨性命的林博士,唯有背负万夫所指的痛苦,强抑内心的悲愤,以颤抖的嘴唇,将一篇充满屈辱的讲稿念完"④。当时其内心之痛苦,由此可见一斑。而在捐献奉纳金仪式正式开始之前,"林文庆博士,一身白西装,白发银须,飘逸胸前,他不停的走至门口,又回台上,又下台来,再至门口,而

---

① Tan Yeok Seong, "The Extortion by Japanese Military Administration of $50,000,000 from the Chinese in Malaya",陈育崧:《椰阴馆文存》第3卷,新加坡南洋学会,无出版日期。
② 毕观华:《林文庆》,黄溢华:《怡和轩俱乐部九十周年纪念特刊(1895—1985)》,新加坡大水牛出版机构1985年版。
③ 洪锦棠:《敌寇入境后之新加坡》,许云樵:《新马华人抗日史料1937—1945》,新加坡文史出版私人有限公司1984年版。
④ 冯仲汉:《居安思危——大战前后新马史料汇编》,新加坡亚太图书有限公司、新加坡中华总商会1999年版。

且边走边唱边跳边舞,似醉非醉,忸怩作态",①其装疯卖傻之举,其实只不过是暴露了他内心的痛苦而已。新加坡历史学者邱新民在评述这一事件的时候说:"读了奉献词,令人啼笑皆非,但在军刀下不得不然,有人说林文庆老胡涂,但陈育崧说他如不胡涂'买命',不知要死多少人了,所以林文庆就'难得胡涂'。"②好一个难得糊涂!真可谓是一语道破人生沧桑。

关于林文庆担任华侨协会会长期间的生活,根据自称日据时期曾与林文庆"日夕亲炙,醇酒与美人并到,促膝倾谈"的洪炜堂回忆说:

> 博士在会长任内,事务是让年轻去办,他不过垂拱而治吧!他每天到会内视事,到中午时分通常是买五块钱的热食品,和常备的中国酒,借酒消愁,并邀通译员山口君子女士陪伴,略叙寒暄。山口君子原名"招弟",是在东京出生的,会讲一口北京话,她说,幼时在东京,邻居有北京人,学习而来的,她也会讲英语,身体健美,谈吐流利。本文上节所说"醇酒与美人并到,促膝倾谈",就是这个意思呢。③

作为一个已近风烛残年的老人、一个已经视死亡为归途的老人,林文庆还是毅然选择了出任华侨协会的会长,甘愿背负上这个沉重的十字架蹒跚前行,显然这绝不是为了能吃一顿价值五块钱的午餐以使自己苟延残喘地存活下去,自然也不是为了能和身体健美的美人寒暄,而是有着更为重要的使命,那就是救助陷入苦难之中的华人出水火之中!林文庆舍己身为大义,甘冒为千夫所指的风险,力图搭救正身陷水深火热之中的华人的一片良苦用心,可谓是昭然若揭!

林文庆当时的矛盾心情显然远非一般人所能理解的。据后人回忆说,林

---

① 马骏:《山下奉文征奉纳金》,许云樵:《新马华人抗日史料1937—1945》,新加坡文史出版私人有限公司1984年版。
② 邱新民:《昭南时代史话》,新加坡青年书局,无出版日期,第68页。
③ 洪炜堂:《林文庆博士》,《南洋文摘》第14卷合订本,1973年10月。

文庆在担任华侨协会会长期间，喜欢喝酒跳舞、装疯卖傻几乎是众人皆知的一件事情，而他时常挂在嘴边的一句话就是法语"Merci Beaucoup"一词，其本意是"谢谢"的意思，但在闽南话听来恰就是"要死不久"，①意即不久就要死啦，其强烈的厌世情绪在此一览无遗。直到有一次，林文庆在私底下和叶平玉的谈话中才透露出了其中的秘密：

> 当我有机会和他交谈的时候，我才发现了他之所以有这些反常举止的原因。他向我吐露说："平玉，你一定认为我是个很不要脸的人。如果我不这样做的话，他们会让我去做各种各样的事情，而这是我无法忍受的。这是让我可以摆脱他们的唯一方法。他们可以把我的名字放在他们喜欢的任何事情上，但是我并没有行使职权，因为大部分的时间里我都处于不清醒和醉酒的状态。"我为他感到伤心，之后，我也更加尊重他了。②

真的是难得糊涂啊！这也就难怪后人在评述林文庆在这一时期的行为时，会说他是"消极抵抗"了："尽管林文庆在表面上支持日本军政当局，很多事情是以他的名义进行的，但实际上，他所采取的是消极抵抗的方式。"③

就林文庆在日本占领新加坡期间出任华侨协会会长一事，作为新马敌后抗日武装组织136部队成员的李金泉曾经这么说过：

> 林文庆个人是对华侨很有贡献的。同时他有一次因为跟日本人发生意见，想要自杀，在华侨协会里头，要从3楼跳下来。后来被人挡住了，并劝他说："你不能这样做，因为没有你，我们就很难做事情。"他实在是对华侨很有贡献。我们认为他纯粹是一个对华侨有功劳的老先生，我们对他却是很佩

---

① 李元瑾：《林文庆的思想》，新加坡亚洲研究学会1991年版，第198页。
② Paul H. Kratoska, *The Japanese Occupation of Malaya: A Social and Economic History*, London: Hurst & Co. Publishers, 1998, p.101.
③ Jürgen Rudolph. *Reconstructing Identities: A Social History of the Babas in Singapore*, England: Ashgate Publishing Ltd., 1998, p.390.

服的。①

必须予以特别指出的是，这话并非出自一般人之口，而是出自于敌后抗日武装组织 136 部队成员之口！作为当时身处华侨协会对立面并视之为敌人的敌后抗日武装组织的成员，显然没有事后替林文庆文过饰非的必要，因而，这样的评价也就显得弥足可贵了。

华侨协会成立后，奉命协助华人进行善后工作，尽速恢复了社会的正常状态，进而接管了社会福利部的职权，其后，再进一步接管了养老院和孤儿院，这些都是对社会有好处的工作。至于其后期的工作，华侨协会主要参与了两个计划：其一是在柔佛开辟新区，兴建了所谓的"新昭南模范村"，其二是将新加坡的平民人口疏散到马来亚的其他各个城市。对于林文庆和当时华侨协会的那些侨领，《林文庆传》（林文庆博士诞生百年纪念刊）的作者是用这样的句子来评述他们的：

> 今日对于林文庆博士及其同僚，不仅是华人社会应该表示感激，就是其他社会人士，也是一样。他们曾以巨大的胆识，执行了希腊神话式的英雄任务。如果不是有他们的明智引导，那就会引起很多的麻烦与误解，造成严重的后果，并给人民带来数不清的苦难。②

对于在日据时期甘愿挺身而出、尽其所能拯救华人身家性命的这部分侨领而言，这样的评定应该多少可以让他们稍稍感到心安吧？虽然不能说所有的华侨协会领袖个个都像林文庆那样是"身在曹营心在汉"，但有如此想法以至于默默奉献的人的确也是大有人在。他们以自己的行动挽救了众多华人的

---

① 转引自毕观华：《林文庆》，黄溢华：《怡和轩俱乐部九十周年纪念特刊（1895—1985）》，新加坡大水牛出版机构 1985 年版。
② 《林文庆传》，林文庆博士诞生百年纪念刊，无出版信息，第 62 页。

生命，人们自然也不会忘记他们所为之付出的巨大代价。日本无条件投降之后，日寇所留下的一笔笔血债华人自然要奋力讨还，为此，新加坡华侨集体鸣冤委员会于1946年6月2日正式成立，并假中华总商会举行被害家属大会，大会通过了组织大纲，并公选集体鸣冤委员会委员三十七名。笔者在公选集体鸣冤委员会的三十七名委员中，发现至少有四名委员，如杨缵文、李振殿、林师万、陈锡九等四人，都曾经是华侨协会的重要成员，后来，杨缵文还在公选集体鸣冤委员会的首次会议上被复选为副主席，而林师万则被选为正财政。这至少说明一个问题，新加坡华人的眼睛是雪亮的，他们的爱憎是分明的，他们的态度是理性的，华侨协会的这些重要成员，并没有因为他们以往的特殊身份而遭受到新加坡华人的鄙视和抛弃！笔者深信，如果不是因为林文庆的年纪那样老了(其时他已经是一个77岁高龄的老人了)，新加坡人也极有可能选他出来参与集体鸣冤委员会的。①

日本投降后，昔日的统治者英国人重新回返新加坡及马来西亚，华侨协会也随之正式寿终正寝。鉴于林文庆在日占时期的义举，英国政府当局最终豁免了对他的谴责。关于林文庆在日占时期的这一段历史，在他去世之后，新加坡的《南洋商报》刊发了一篇悼念林文庆的文章，大有盖棺定论之举，现将该文中的后半部分抄录如下：

> 在南洋，林博士是社会的功臣；在国内，他是个教育界的斗士，因为大名广播，所以当日本军阀占领新加坡的时候，他就吃了大亏。日本人组织"华侨协会"硬派他担任会长。在敌人的刀锯斧钺下的林博士，只有两条路可走：一条是引颈待戮，一条是密切合作。那时他已经年逾古稀，生死贵贱富贵等问题早已看透，所以卖身求荣这事情，他连做梦也没想到。不过在那兵

---

① 邱新民：《昭南时代史话》中的有关章节：《华侨协会》和《讨还血债》，新加坡青年书局，无出版时间。

荒马乱的年头，假如他不抱"我不入地狱，谁入地狱"的观念，自动地作代罪的羔羊，恐怕当时一般华侨所受的痛苦将增加十倍。

在无可奈何的时候，林博士一有机会便喝酒，到了酒酣耳热，引吭高歌之余，他情不自禁地要跳跳舞，好把胸中的一股闷气消得一干二净。像这种懂得生活的艺术的人，只有精通东方的文明的人才谈得上。①

日本占领新加坡的三年半时间，自然不能不使林文庆在思想上背上沉重的历史包袱。他的灵魂每时每刻都在遭受着烤炙与折磨，只是仰赖于他长期养成的乐天精神，才使他得以安然度过人生的余年。对于林文庆在日据时期的所作所为，后人在评述这一事件的时候说，林文庆是"遭逢国难，身当侨难，虽投闲置散，困心衡虑，不堪其苦，但息影茅庐，入污泥而不染，却能自全！"

不是牺牲生命去成仁赴义；便是牺牲过往荣誉去降志辱身。是他权衡了轻重以后，死有重于泰山，也有轻于鸿毛，芸芸众生在他虬干密叶，蒙茸瞹瞹的庇荫之下，如果逞一朝之愤，把那贵重头颅，轻于一掷，那么后来的会长，在日军阀心目中，一定不会像林氏同样的尊崇和顾忌，老百姓势将大吃其亏；等而下之的会中领袖，倘系一位甘愿出卖灵魂，卖国、卖友、公报私仇、助纣为虐，逢日军罪，长日军恶者，那么沦陷区的多少华裔，岂不更糟！更惨！

大凡爱国救民的志士仁人，处顺境易，处逆境难。在社会安定，庶政已纳正轨的国家，百官庶民，只需各司职守，各尽己能，合作分工，左右逢源，政治便可达成升平郅治之隆，所谓海晏河清，所谓风调雨顺就是；处逆境则不然，大不然，打个譬如罢：国需足食，民以食为天，要使生民饱食无忧，在米和菜淘洗之后，须准备锅，才能下注炊□，须备火，才能成熟，果腹。

---

① 《悼林文庆先生》，（新加坡）《南洋商报》1957年1月4日。

那些爱国救民,从事武装革命的战士,不论正规军,还是游击队,都肯视死如归,冒枪林、沐弹雨、堕肝脑、逆鲜血,轰轰烈烈,热忱焰炽,这等于火;另一部份同志则否,留得此身,经得起锻炼,忍受着煎熬,这等于锅。火候适当了,锅中饭菜成熟了,给大家共享之,火和锅是不可缺一者。

林氏不为火而为锅,在三年八个月里,忍受着极度煎迫,精神心理上所烙印的创痕,伤痛,是看不见的隐痛,而又无法医的。①

战后,满心创伤的林文庆逐渐地淡出了社会大众的视域。他所参与的最后一项公开社会活动,应该是他与胡文虎、李光前、陈六使、连瀛洲以及杨溢璘等人在1946年2月底,为了团结全体华人而组织成立了"新加坡华侨总会"。1949年,他被刚刚成立的中国学会推举为第一任会长,而自1950年开始,一直到1957年他去世时为止,他都是该学会的赞助人,中国学会的宗旨在于:(1)促进人们对中国文物之欣赏与兴趣;(2)鼓励大家研究中国语言、文学、历史、风俗掌故、艺术,以及社会生活的各个方面;(3)收集书籍、地图、稿件等以组织有关中国文化图书馆;(4)推广与东南亚有关的文化事务等。

晚年的林文庆隐居在自己位于新加坡彼得逊路的寓所中,常常纵情豪饮,除了偶尔参加一些公共集会,大部分时间都是过着看看书、含饴弄孙式的平静生活。作为新加坡的一代杰出先贤人物,新加坡人并没有忘记他,1948年10月22日,新加坡的《海峡时报》发表了一篇林文庆的采访文章,文章的题目直呼其为"新加坡的圣人";1956年10月17日,《海峡时报》再次刊发林文庆的采访文章,称其为"新加坡的伟大老人"。1956年12月28日,病危中的林文庆在他去世前三天接受《星洲日报》记者的采访,在他为即将来临的新年所准备的献辞中,"犹念念不忘促进各民族和谐共处之责,语重心

---

① 吴体仁:《殖产橡胶拓荒人》,新加坡世界书局1966年版,第67页。

长，不料此数语竟成为林氏最后遗言"①。1957年元旦上午，林文庆因心脏衰竭溘然去世，享年88岁。噩耗传出，林文庆的亲友与社会人士莫不同表哀悼，出殡之日，前往执绋之亲友故旧甚众，极尽哀荣。新加坡总督柏立基爵士与政府首席部长林有福，于闻悉林博士谢世之消息后，皆深表哀惜，除致花圈外，并各致函向林夫人慰唁。林文庆去世之后，新加坡所有的中英文报纸，都以极显著的篇幅报道和刊登了悼念林文庆的文章和林文庆的照片，如英文报《海峡时报》在其头版最显要位置以"新加坡的伟

晚年的林文庆（林苏民供图）

大老人去世"为题报道了林文庆去世的消息，《星洲日报》以"伟大老人林文庆博士逝世"为题，《南洋商报》以"一代耆英林文庆博士仙逝"为题，《南方晚报》则以"华人社会一大损失！林文庆博士元旦逝世"为题。

林文庆一生横跨两个世纪，足迹更是遍及全球，思想上由西方文化回归东方传统，可谓兼收并蓄，最后终老于自己的出生地，去世后深获新加坡人的景仰，也可谓死得其所矣！正如《南方晚报》悼念文章中所说的那样："一代巨人，从此永逝！"然而，令人倍加伤感的是，不仅作为时代巨人的林文庆去世了，而且曾经产生了巨人的时代似乎也随着他的去世而逝去了！其后，新加坡独立建国，殖民地自是不复存在，而林文庆曾为之追求终生的儒家文化似乎也在日益西化的新加坡逐渐地丧失了生存的基础。新加坡虽然有文庆

---

① 《伟大老人林文庆博士逝世》，（新加坡）《星洲日报》1957年1月4日。

路是来纪念林文庆的,但多数新加坡人似乎都没有了要知道林文庆为何许人也的欲望,只因为西行路上渐去渐远的新加坡,已经不复需要这位浑身上下都布满了中国烙印的时代巨人了。

以林文庆名字命名的新加坡文庆路和文庆路上段

第十五章 回归中国的婚姻

 林 文 庆 传

念念不忘华人身份拒迎娶窈窕娘惹
痴痴盼佳人牵肠挂肚终成两段姻缘

从林文庆的家谱中我们可以了解到，长寿的林文庆先后经历了两段婚姻生活。林文庆的婚姻生活有一个很明显的特点，那就是，尽管他是一个道地、典型的土生华人，一个峇峇，但是，他的婚姻生活完全地背叛了峇峇的传统婚姻习惯：他没有按照峇峇婚姻的传统惯例，去迎娶一位美丽窈窕的热带娘惹作为自己的妻子，自然更不可能有如同峇峇始祖那样的做法——去和当地的土著女性婚配，而是不远万里先后两次迎娶了来自中国的、正宗的中国女子作为自己的人生伴侣。

在叙说林文庆的婚姻生活之前，有必要先简单地解释一下峇峇的婚姻传统。峇峇起源于早期华人与当地土著女人通婚的结果，而峇峇一族之最终形成，主要是得益于他们对婚配对象选择上的固执与坚持，"华族女子不下嫁给非华人是峇峇人口不减少的主要原因"①。峇峇本身虽然是混血种，但他们在后代的婚配上显得十分执着，即他们仅在迫不得已的情况下才选择异族通婚，而绝不提倡经常性的异族通婚，因而，几乎除了第一代是异族通婚之外，他们仅是限于彼此后代之间直接的互婚或选择与新来的华人移民通婚。作为峇峇族群中的女孩子——娘惹，她们长大之后的婚配对象只能是其族群中的男孩子——峇峇，有时候娘惹的人数较之峇峇人数为多，则也可能嫁给刚从中国来的新客，但她们决不可以嫁给马来人；反过来，在绝大多数情况下，峇峇也只能娶娘惹为妻，只有当男孩子——峇峇的人数比女孩子——娘惹的人数为多的时候，"他们长大时就可以，并且经常是娶马来女子为妻，而华人女孩子长大时不是嫁给混合血统的华人就是嫁给从中国来的新客"②，尤其是"到了十九世纪，随着中国移民的增加和英国势力的扩张，峇峇开始与中国移民

---

① 李恩涵：《东南亚华人史》，台湾五南图书出版股份有限公司2003年版，第680页。
② 宋旺相：《新加坡华人百年史》，叶书德译，新加坡中华总商会1993年版，第3页。

联婚和接近"①,就这样,经过了一代又一代之后,峇峇的"马来血统愈益稀薄,其外貌愈益趋向华人"②。因此,尽管峇峇"通常被视为混血种——半是华人,半是马来人。然而,除了对于其始祖以外,此说并不符事实。因为唯有他们的始祖母是纯粹的马来人,而后代则通常实行通婚,或者纳入华人新客,从而其血统中保持了占统治地位的种族特性"③。也就是说,峇峇虽然从根源上来讲的确是混血种后裔,是异族通婚的结果,但这种通婚主要是局限于第一代而已,自第二代以后则仅仅只是限于子女之间的互通婚姻或与新到的中国移民通婚,这就使得其血统越来越倾向于华人,而年代愈久,则其与异族的血缘关系也就越远了。

按照土生华人对于旧有传统近乎固执的执着与坚持,林文庆应该迎娶一位身材窈窕的土生热带娘惹才是,然而,他却并没有这么做。是他的身边没有足够多的娘惹供他挑选呢,还是他没有能力迎娶一位身家尊贵的娘惹为妻?显然都不是,以林文庆第一个获得女皇奖学金华人子弟的身份,以及留洋学医归来后因独立开办诊所而在短期内聚集起来的可观财富,自然不愁没有令他心仪的娘惹愿意嫁给他。然而,林文庆却似乎从来就没有考虑过就近从身边的众多娘惹里挑选其中的一位作为自己的妻子,这其中最主要的原因有两个:一是这个时候的林文庆,其内心深处已经基本上完成了文化上的回归,因而对于种族的认识也就相应地有了转变:他愈来愈认同自身作为大汉民族后裔的身份,而对自身体内流动着的、尽管已十分稀薄的马来母亲的血液,明显地产生了抗拒情绪,因而,从心理上他不再愿意走回自己祖父一辈先后走过的婚姻之路。二是当时娘惹的生活状况,更是让林文庆所无法苟同的。由于当时的父母都"把教育女儿看作是浪费金钱"的行为,因而,娘惹

---

① 李元瑾:《根的失落与追寻——新加坡海峡华人与母族文化》,《总会三年》,新加坡宗乡会馆联合总会1989年版,第85~87页。
② 崔贵强:《新加坡华人——从开埠到建国》,新加坡宗乡会馆联合总会、教育出版私营有限公司1994年版,第98页。
③ 宋旺相:《新加坡华人百年史》,叶书德译,新加坡中华总商会1993年版,第415页。

罕有接受高深教育的可能，极个别的情况下，如果一个娘惹"读完第三年级和第四年级的程度，就被认为是很足够了"①。正因为如此，才使得新加坡一直等到1911年，才出现了历史上第一个考获剑桥九号文凭（相当于初中毕业）的娘惹，她叫李珠娘，她的启蒙教育还是从林文庆回返新加坡之后创办的新加坡华人女子学校开始的呢，后来，李珠娘进入爱德华医科学校就读，并于1919年得到毕业证书，她也是从该学校取得医生资格的第一位娘惹。顺便多说一句，这位名叫李珠娘的娘惹，正是新加坡独立后首任内阁总理、后担任内阁资政的李光耀的姑姑。

由于娘惹没有接受教育的机会，她们所能掌握和使用的唯一的语言，就是已经严重马来化了的峇峇语。至于华语，她们几乎是一点儿也不懂，而且从十三四岁开始，她们就被禁锢在家中，过着近乎与世隔绝的生活。娘惹除了接受烧煮饭菜和缝纫这类必须的生活训练之外，就再也没有其他的一技之长了，如此一来所造成的后果就是，大部分的娘惹因无知而陷入偏执、迷信、赌博等不良嗜好之中。所有这一切在峇峇社会中存在已久的陋习，都是林文庆所无法忍受的，也是他回返新加坡之后立志要逐一革除的。正因为如此，尽管林文庆的祖母是槟榔屿的娘惹，母亲是一位来自马六甲的娘惹，但是，林文庆无法容忍自己的身边再多出一位娘惹来。林文庆回返新加坡的时候是24岁，这在当时已经十足是一个大龄青年了，然而，他却仍然迟迟不肯谈婚论嫁，当友人关心并一再催问他的婚姻大事的时候，林文庆是这样回答的："世无孟光，谁可配梁鸿者？于环岛之中而求家人之卦，吾终咏雉朝飞乎？"②后来林文庆前后两次的婚配对象，果然都不是从娘惹中挑选的，而是来自遥远中国的名门闺秀：一位是福州名士黄乃裳的长女黄端琼，另一位则是出生于厦门的苏州美女殷碧霞，先后两位夫人都拥有一个共同的特点，那就是都

---

① 宋旺相：《新加坡华人百年史》，叶书德译，新加坡中华总商会1993年版，第412页。
② 邱菽园：《菽园赘谈》卷3《林文庆》，转引自李元瑾：《林文庆走向厦门大学：一个新加坡海峡华人的寻根之路》，（新加坡）《南洋学报》第52卷，1998年8月。

受过良好的教育，而且通晓中英文。

林文庆于1896年12月29日在新加坡长老会礼拜堂同信奉基督教的黄端琼举行了婚礼。黄氏属于美以美会教徒。黄端琼于1874年出生于福州，先是在父亲黄乃裳门下接受教育，其后，又进入福州由教会所主办的英华书院深造，因而，黄端琼不仅对中国文学、文化颇有研究，而且熟悉英美文化，可谓是学贯中西。林文庆和黄端琼于1896年在福州定婚，而在他们定婚之前，黄端琼曾经跟随她的英文老师做环球旅行，其行程中就包括了新加坡。因而，黄、林二人极有可能是在黄端琼途经新加坡的时候因故而相识的。黄端琼除了在英国做短暂停留之外，她在美国逗留了大约一年左右的时间，在美国期间，她不仅广交朋友，而且多次发表有关中国问题的演讲。当黄端琼从美国回返中国的途中，在太平洋航线上巧遇当时清政府的权臣李鸿章，"其言论举止，极蒙傅相赞美"，[①] 李鸿章十分赏识她的才华，赠送给她一些书，还邀请她代表中国出席在美国举行的妇女代表大会。黄端琼环球旅行结束之后回到福州，然后就在她父亲黄乃裳的陪同下前往新加坡与林文庆完婚。

林文庆原配夫人黄端琼

黄端琼的家庭背景以及结婚之前到英美等西方国家参观访问的丰富阅历，使她能够轻易地理解、同情、支持并参与林文庆所领导的一系列社会改革运动。譬

---

① 《星轺续纪》，（新加坡）《叻报》1897年3月26日。

如，当新加坡华人女子学校创办后，黄端琼不仅积极地为之出谋划策，而且坚持每星期给学生上两次中文课。同时，黄端琼深厚的中文功底，对于当时正醉心于钻研中华文化的林文庆来说，无疑也有着极大的帮助，可说是常驻林文庆身边的一位良师益友。毫无疑问，温文尔雅、思想开放的黄端琼与林文庆的这段婚配，可称得上是一段天作之合，但很可惜的是，黄端琼天生体质孱弱，她在和林文庆结婚之后不足十年，就一病不起，终于在1905年12月21日撒手归去，① 遗留下四个儿子：可胜、可明、可能和可料以及两个女儿月明、月清。

林可胜（谭备战供图）

　　林文庆的长子林可胜博士不仅是我国现代生理学的奠基人，也是中国现代军医制度的创始者。作为一位蜚声国际的、卓越的生理学家，他在消化生理学与痛觉生理学两个领域都是先驱，除此之外，他还是一位赤诚的爱国主义者。林可胜八岁的时候就被送往苏格兰读书，不足十六岁就考入了爱丁堡大学，先后获得哲学博士和科学博士学位，后赴芝加哥大学做研究，1924年返回中国，就任北京协和医学院生理学教授兼系主任，是当时在协和执教的第一个华人教授，时年仅27岁。1927年，他成为协和医院第一位中国籍执行院长。林可胜在协和一教就是14年，直到抗战全面爆发才离开。在此期间为中国培养了无数的医学人才，如冯德培、卢致德、柳安昌以及孟昭威、吕

---

① Song Ong Siang（宋旺相）："In Memoriam—Mrs. Lim Boon Keng", *Straits Chinese Magazine*, 9(4), Dec., 1905.

运朋、王志钧等著名专家学者,都是经他之手长期培养出来的,医学泰斗吴阶平院士也曾在他手下接受过严格的训练,时隔半个多世纪之后,吴阶平仍然对由林可胜所主持的影响了他一生的口试过程念念不忘。① 林可胜在协和期间,不仅创建了"中国生理学会",还创办了《中国生理学杂志》并亲自担任主编,刊物创办之后,很快就获得了国际生理学界的称道,成为我国具有国际水平的少数科学刊物之一。在1928年至1930年,林可胜被选为中华医学会会长。全面抗战爆发后,林可胜将一对子女送往新加坡交由林文庆夫妇照看,然后只身回返国内参与抗战,创立红十字会救伤队。1945年起,林可胜先后任军医署署长、海军军医处处长、国防医学院院长,全票当选中央研究院第一届院士,并受教育部委托筹备中央研究院医学研究所。1948年孙科奉命组阁,邀请林可胜出任卫生部长一职,但遭他以"不愿做官"为由婉拒,至于其中真正的原因则在于当时国共之间爆发内战,原先许多没有被日军打

林可能妻子在鼓浪屿林文庆故居(林苏民提供)

---

① 吴阶平:《影响我一生的口试》,https://www.med66.com/html/ziliao/07/62/db65ce7ea1b48573e8548c2090385d48.htm。

林可能（林苏民供图）

林可能一家（林苏民供图）

死的伤兵，经由他手救活之后，结果却又死在内战之中，这使他感到非常难过。① 后来，林可胜赴美国，先后在数间大学担任教授，1969年，因罹患食道癌而病逝于岛国牙买加，享年72岁。香港大学在授予林文庆荣誉博士学位之后时隔41年，于1961年再次将这一荣衔授给了他的儿子林可胜。② 一所知名大学将如此殊荣先后授予一对父子，在世界上也实属罕见了。

在黄端琼和林文庆所生的四个儿子中，除了老大可胜在医学上可说是"青出于蓝"胜过林文庆之外，其余的三个儿子虽然稍逊于他们的大哥，但也多有成就。老二可明留学美国主修机械工程，抗战期间任职于军输处，战后服务于联合国救济总署中国分署，后来去了台湾。老三可能长大后亦去其父兄的母校英国爱丁堡大学留学，只不过他并没有步其父兄的后尘也去学医，

---

① 彭松涛：《中国军医制度创始人 林可胜博士活人无数》，（新加坡）《石叻周报》新1期（1974年10月12日）及新2期（1974年10月19日）。
② 在林可胜的研究方面，今有专书行世：《林可胜与民国现代医学的发展》（台湾梁序穆暨许织云教授基金会，2018年），作者施彦博士毕业自新加坡国立大学中文系，该书亦是她的博士研究生学位论文。

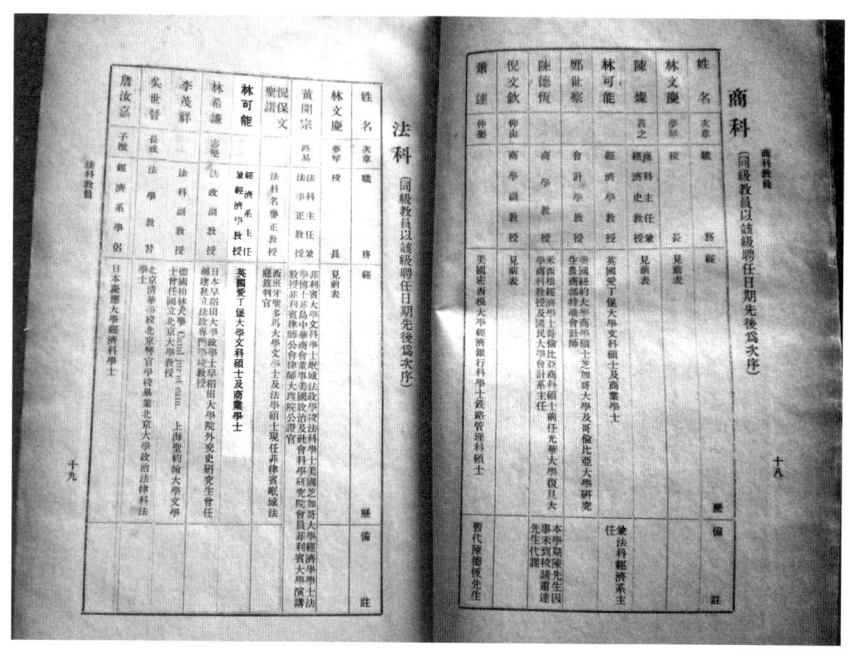

林可能曾任厦门大学经济系主任

林可料（聊）曾任厦门大学文学院英文教员

而是改学文科，毕业后获得文科硕士及商业学士学位，学成后回返厦门老父身边，担任厦门大学经济学教授，并从1926年起担任经济学系主任一职长达数年之久。林可能后来南渡新加坡，担任新加坡万兴利银行经理，在日本占领新加坡期间，因医药缺乏，林可能在生病动手术的过程中不幸去世。林可能的儿子林国安后来亦考获女皇奖学金，负笈英国留学，而且亦进入了林文庆的母校爱丁堡大学攻读医科，后来获得医学博士学位，学成后回返新加坡担任爱德华七世医学院的教授，是有名的热带病专家。黄、林二人的第四个儿子林可料（聊），先在香港岭南大学附中读书，之后赴美国留学，毕业后回国，先在厦门中华中学担任教务主任兼英文教员，后来亦到厦大担任英文教员。据说其为人有些放荡不羁，后来更因交友不慎而误入歧途，曾令林文庆大伤脑筋。林可料大约在1934年因患肺病去世，初次让林文庆早早地体验到了白发人送黑发人的人生无奈与悲哀。①

2009年6月16日，笔者在厦门得以幸遇83岁高龄的吴熙华老人及其公子吴玉麟先生。按吴熙华老人的说法，林文庆乃是她的外祖父，其母为林文庆长女林月明（黄端琼所生），其父为吴世晋（笔者查考《厦门大学布告》及《厦门大学一览》等相关资料，发现吴世晋系北京大学政治法律科法学士，

---

① 据林文庆外孙女吴熙华说，林可料在厦大任教期间加入了中共地下党。他一度曾经和来自同安的柯仔坚及厦门中华戏院大股东林超源结拜为兄弟。后来，在向厦门渔港的渔民收取保护费的问题上，林可料与柯仔坚之间产生了激烈的矛盾，他因为反对柯仔坚及其手下的人苛刻地向渔民搜刮钱财，而被柯仔坚下令捆绑到麻袋中准备沉入大海，后来被林可料的二夫人带领手下兄弟救出，并在海边同柯仔坚等人的混战中将柯仔坚击毙。林可料因此而受到了柯仔坚手下人的追杀，他被迫藏身到林氏祖籍地鳌冠村躲避了长达一年的时间，后来才在当地黑社会老大的出面干预下化解了纠纷。林文庆对于林可料加入地下党一事显然是并不知情，他只知道林可料和黑社会组织纠缠不清。这事令林文庆极为恼怒：放着体面的大学教授不做，却偏偏要去加入黑社会组织！于是，林文庆愤而登报宣布与林可料脱离父子关系。然而，当林可料于1934年左右因罹患肺病去世之后，林文庆却又不顾别人的阻挠，坚持用手中的手杖挑开了覆盖在林可料脸上的白布，用手杖在林可料的脑门上轻轻敲击了三下，说：逆子，你生前我没办法教你，死了我也要打你几下！（当时只有八九岁的吴熙华对此印象深刻，她吓得躲在母亲林月明的身后说：外公打死人了！）在学潮中，很多学生领袖为了躲避政府的抓捕，纷纷躲藏到林可料的家中，因为人太多，以至于不得不打地铺睡觉。林可料的墓地本来在厦门港（今厦门华侨博物院附近），但因为城市建设发展等原因，墓地几经迁移，其现在的确切所在已经不详。

月梅、月明、月清三姐妹（林文庆曾外孙吴玉麟供图）

曾长期在厦大法科、法学院担任教职）。林月明与吴世晋婚后生二女：熙华、熙德。吴熙华与李明结婚后生子名玉麟（从母姓），吴玉麟婚后生子名吴李辉（为吴李双姓）。

据此，则吴熙华实为林文庆之嫡亲长外孙女，而吴玉麟则为林文庆之曾外孙。据吴熙华老人说，林文庆除了一般资料中提到的六个儿子之外，他与黄端琼还生有二女分别名为月明、月清，后来殷碧霞又从上海抱养一女，名月梅，再加上林文庆与殷碧霞所生之月卿，林文庆实际上共有四个女儿，林文庆的四个女儿先后在厦大附设高中接受教育。吴熙华老人说，林家吃饭前要敲钟（此之谓"钟鸣鼎食"，之前，笔者亦曾从厦门华侨博物院前副院长陈毅明口中获知此说）。她也谈到了林文庆的种种生活习惯，譬如，抽雪茄、喝酒、跳舞等，林文庆酷爱跳舞几乎是一个公认的事实。她还谈到了笔者向未听说过的一件事：不管天气如何，林文庆一年到头都一直坚持洗冷水浴！自然，作为林文庆的长外孙女，吴熙华还曾享有过别人不曾拥有的特权：她时常像小猫一样蜷坐在林文庆的脚前，被林文庆专属的轿子（林家有两顶轿子）抬进抬出，甚至进入英国设在厦门鼓浪屿的领事馆！她还提到，林家当时有两架钢琴，一架摆放在客厅供人随意弹奏，另外一架则摆放在后面的楼上，为殷碧霞所专有，任何人不可随意染指！只是不知道，后来启蒙、引领殷承宗步入钢琴艺术殿堂的，又是哪一架钢琴呢？据吴熙华老人说，林文庆携带家人南渡新加坡的时候，将林可料的原配遗孀于慈爱留下来负责照看厦门和鼓浪屿的众多房地产。

林文庆曾外孙吴玉麟、外孙女吴熙华与本书作者在一起

林可料的遗孀于慈爱在"文革"期间因其身份而屡屡遭受批判,并被强制劳改沿街打扫卫生,最终因为无法忍受无情的折磨,于1966年9月,在鼓浪屿笔架山5号的林文庆别墅内上吊自尽。

对于留在厦门的亲属,林文庆在南渡新加坡后,仍然按时按量从南洋汇寄赡养费至鼓浪屿。另据吴玉麟所说,林文庆在厦门的房产其实并不限于笔架山别墅一处,包括厦门港等处都有他的房产,而林文庆到达厦门就任厦大校长的时候,他的第一个住所也并不是笔架山别墅,而是在位于鼓浪屿鼓新路26号的另一处房产。林文庆南渡后,于慈爱等人主要依靠收取厦门多处房地产的租金过活,但林文庆有交代,对居住在鼓新路26号的租户要免收租金,因为居住在这里的都是厦门大学的老师。2009年7月7日,笔者走访鼓新路26号这座造型别致,仍然保存完好的二层楼小别墅时,经问询得知,现今居住在那里的住户,基本上都还是当年厦门大学老师的后人。吴熙华老人虽已年逾八旬,但在回忆述说她在鼓浪屿笔架山别墅所度过的童年生活时,仍思路清晰、充满感情。在忆及旧日的一幕幕往事时,她难掩激动之情,屡次情不自禁地把她自己创作的一首诗歌朗读给笔者聆听：

> 人生旅程更万千，
>
> 不堪回首忆当年。
>
> 时过境迁在梦中，
>
> 闭目修坐度晚年。

说到林文庆的第一任夫人黄端琼，就不能不提到她的父亲——黄乃裳。黄乃裳既是知名的学者，也是著名的维新志士，曾热衷于维新变法，参与过康有为领导的"公车上书"。戊戌变法失败之后，黄乃裳接受林文庆的邀请携带家眷前往新加坡，担任林文庆主办的华文报《日新报》的总主笔。之后，

伍连德婚礼（林冠珍供图）

黄乃裳返回中国，从福建招募大批农民前往沙劳越诗巫开垦农场，并由林文庆和邱菽园为之做担保，成为诗巫新福州垦场的创始人，后被尊称为港主。黄乃裳后来逐渐转向革命，并于1906年在新加坡加入了同盟会。黄乃裳与林文庆虽说是翁婿关系，但二人之间关系甚为密切，亦师亦友，远超出了一般的翁婿关系，而黄乃裳的政治维新思想对林文庆的影响也不容忽视。詹冠群著作的《黄乃裳传》中有一段文字，颇能说明二人之间的关系，谨转录如下：

> 黄乃裳在厦门住院治疗期间，前来探望的人很多。任厦门大学校长的林文庆在探病时，见黄乃裳一切用度很节俭，要给予经济资助，但被黄乃裳谢绝。林文庆暗自思忖：黄翁拒绝自己的接济，大概是因原配黄端琼去世已久（1905年病逝）、自己又有继室的缘故。因此，他又托黄乃裳的密友、厦门商会会长黄廷元转达他的意思说，端琼虽已去世10余年，但他一向敬重黄翁，现每月以500元奉养，是尽自己的心意。黄乃裳听后十分感动。他对黄廷元说，他不接受林文庆的经济资助并非有所隔阂，而是习惯了清淡的物质生活，给他的钱派不上什么用场；林文庆的心意他领受了，但钱仍然不能受。黄廷元把这些话告诉林文庆，他们两人更加敬重黄乃裳。①

黄乃裳共有四位千金。除了长女端琼嫁给了林文庆之外，在此亦不能不提及他另外几位乘龙快婿。二女儿淑琼嫁给了大名鼎鼎、享誉世界的

林文庆与伍连德（林冠珍供图）

---

① 詹冠群：《黄乃裳传》，福建人民出版社1992年版，第192页。

鼠疫斗士伍连德博士，伍连德从剑桥回返马来亚时，曾经在林文庆的家中小住，故而得以结识其时举家南迁新加坡的黄淑琼。年轻的伍连德深为林文庆热心公益及为中华民族献身的精神所感召，后来毅然回国服务，因领导扑灭了1910年代发生在中国东北的严重瘟疫而名噪一时，赢得了"鼠疫斗士"的称号。至于黄乃裳的三女儿珊琼所嫁对象陈其田亦非一般之人，陈其田在燕京大学受教育时，就曾获得燕京大学学生最高奖赏——金钥匙奖，获颁纯金钥匙一枚。大学毕业后又获留英奖学金，前往伯明翰大学留学，学成后受燕京大学教务长司徒雷登聘请，回母校担任教授。在燕京大学任教十余年，教学之余勤于研究著述，先后出版《山西票庄考略》及英文版的《李鸿章》《左宗棠》《张之洞》《林则徐》《曾国藩》等著作，其中英文版著作由哈佛燕京出版社出版，分别在美国和中国发行。最后，再来说说黄乃裳的四女儿黄伍琼。伍琼堪称一女中豪杰，自燕京大学毕业后，进入北京协和医院工作，是该院儿科专家，最终成为协和医院的总护士长、护校校长，后来还做过皮肤科主任。伍琼的夫婿吴蔚然自然也非等闲之辈，从协和医学院毕业，先是在协和医院工作了二十多年，后被调去担任北京医院副院长，负责中央领导同志的保健工作，担任中南海医疗组组长，后来担任北京医院的名誉院长。身为中国科学院和中国工程院资深院士的吴阶平，正是吴蔚然的亲哥哥。值得一提的是，作为著名的外科学专家，兄弟俩在协和期间，都曾先后师从林文庆长子林可胜，是林可胜的得意门生。

黄端琼去世之后，由好朋友殷雪村医生从中撮合，林文庆于1908年前往厦门，迎娶殷雪村之妹殷碧霞为续弦，在鼓浪屿英国领事馆举行了结婚典礼。殷碧霞祖籍苏州，1884年7月1日出生于厦门鼓浪屿，毕业自福州美以美教会英文女校。虽然殷碧霞和黄端琼一样，也是基督徒，也同样通晓中英文，但与黄氏比较起来，其思想无疑更为西化，也更热衷于参与社会活动，因而，她能独立于林文庆之外，在多种人物传记中有单独的传记行世，以妇女界领袖、社会工作者的身份入传。早在嫁给林文庆之前，殷碧霞就在厦门倡办养

林文庆、殷碧霞夫妇（吴玉麟供图）

老院、保良所，出嫁之后，仍一样热衷于社会活动。第一次世界大战爆发后，殷碧霞在新加坡参与组织华人妇女协会，策划协助当地政府筹募救济品，捐助圣约翰救伤队，甚得当地政府称许，旋即受委担任保良局委员、女青年会董事。林文庆担任厦门大学校长期间，殷碧霞亦随之同返厦门，1930年担任厦门市养老院院长、保良所所长，除此之外，她还长期担任厦门大学女生指导委员会主席。因为林文庆和孙中山之间的关系，殷碧霞与宋庆龄、宋美龄姊妹之间的关系甚为密切。厦大改为国立之后，殷氏伴随林文庆南渡新加坡，1937年担任南洋华侨筹赈祖国难民总会（南侨筹赈会）妇女部主任，1938年担任新加坡华人妇女协会会长、华人孤儿院发起人兼第一任院长，遂即又受政府委任为青年犯罪法庭顾问，为华人妇女界担任这一职务的第一人，同时还受委担任监狱视察员。战后，殷碧霞偕同林文庆同往拜访慈善家胡文虎，倡办孤儿院，在胡文虎的支持下创办孤儿院并担任院长，该孤儿院后来为社会福利部接管。殷碧霞于1948年受英皇乔治六世封赐太平局绅荣衔，1972

林文庆（吴玉麟供图）　　　　林文庆续弦殷碧霞（吴玉麟供图）

年8月20日去世，享年88岁。①

从上面殷碧霞颇为丰富的阅历中，可以看出一个显而易见的事实，那就是，如果说黄端琼是个安于住家的贤妻良母，那么，殷碧霞则足可以称得上是个女中豪杰了。林文庆和殷碧霞生育有一女一男两个孩子，女儿名月卿，颇有音乐天赋，曾经前往英国皇家学院研究音乐；儿子名炳汉，留学英国研究汽车工程学，嗜好赛车，是新马有名的赛车手。

说到林文庆和殷碧霞的婚姻，自然也不能不提到与他们有密切关系的另一个人物和另一件事情。厦大改为国立之后，林文庆携家人回返新加坡，在临行之前，殷碧霞曾将自己鼓浪屿住家中的一部分家私以及一架钢琴等用品暂时寄放到了二哥殷雪圃的家中。然而，令人意想不到的是，正是寄存在殷雪圃家中的这一架钢琴，却在后来不经意间启蒙了一代钢琴宗师殷承宗的艺

---

① 《妇女界领袖殷碧霞女士》，东南亚人物丛刊编纂委员会：《东南亚人物丛刊　星马人物志》第1集，香港东南亚研究所1969年版。

术天赋。中国当代最优秀的钢琴家之一——殷承宗，正是殷碧霞的侄儿，而林文庆就是殷承宗的小姑夫。当殷承宗很小的时候，他的姐姐们就围坐在这架钢琴前轮流弹奏，殷承宗十分喜爱听姐姐们弹奏钢琴，那叮叮咚咚如山涧溪水一般的钢琴声，简直让幼小的殷承宗达到了如痴如醉着迷的状态。在姐姐们轮流练习弹琴的时候，殷承宗喜欢坐在旁边静静地聆听，虽然姐姐们当时所能弹奏的也只是一些很简单的曲子，但这丝毫不妨碍殷承宗对于钢琴的喜好，有时一坐就是一天，甚至听累了就睡在钢琴边，醒过来之后再接着继续听。就这样听着听着，等到殷承宗六七岁的时候，他试着去弹奏钢琴，出人意料的是，他居然能似模似样地弹奏出那些听过无数遍的曲子。正是这样耳濡目染的启蒙教育，为后来的一代钢琴宗师奠定了基础。假设不是因为殷碧霞离开厦门的时候将这一架钢琴寄存在二哥殷雪圃的家中，中国很可能因此而少了一个享誉世界的钢琴家呢。

林文庆前后两次所迎娶的都是土生土长的中国女子。这一点完全与南洋峇峇所一向坚守的婚配传统大相迥异，林文庆似乎是在以实际行动这一无声的语言，向世人宣示着他一心向华、决心回归中国的决心。事实上，不仅林文庆本人不肯迎娶娘惹为妻，就连在对待儿子们的婚姻上，也显示出了同样的思

林文庆一家（陈毅明供图）

想观念——他很"不欢迎异族通婚"。当林文庆的大儿子林可胜在英国留学的时候，一位教授的千金 Margaret Torrance 爱上了他，并最终于 1920 年 7 月结婚。这样的婚姻在当时看来的确是极不寻常的，要知道，被视为东亚病夫的中国人在英国人的心目中，其地位一向是十分低下的，林可胜居然能赢得英国上流社会少女的青睐，说明他的确是一个十分特殊的优秀青年。然而，对于这桩在一般人眼中似乎值得大肆庆祝一番的婚事，林文庆却是一点儿都高兴不起来。当他闻知林可胜要与异族女子通婚的时候，他变得很生气，极力反对，以至于大发雷霆，并且以脱离父子关系相威胁。自小远离父亲身边独自西向游学的林可胜完全不吃他这一套，居然回答他说："如果父亲这样不讲理，不但你不认我为子，我亦不想认你为父！"[①]事情最终只好不了了之。林可胜的英籍夫人于抗战前夕在北京病逝，林可胜后来再娶"国民党四大元老"之一的张静江之女张蒨英为继室。老大带一位英国媳妇回家，确实让林文庆感到十分痛心，但这还不是这个家庭中的最后一次异族通婚，当老二可明留学美国数年之后，又为他领了一位美国儿媳妇回来的时候，他可能是真的被吓坏了。因而，当老三可能即将西去英伦留学前夕，就被强令回返厦门，先成婚后放洋，以免重蹈老大、老二的覆辙。

如果说林文庆在留学英伦之时，因意识到自己的特殊身份而开始自学汉语，从而踏上了寻根之旅的话，那么，他在学成回返新加坡之后，所发起的讲华语运动、孔教复兴运动等一系列的社会改革运动，则意味着他开始了文化上的转向和回归。而接掌厦门大学校长，可以说是标志着他最终完成了文化上的回归。伴随着文化上的转向和回归，林文庆也必然地要走向政治上的转向和回归，从原来一心效忠英国，转而分心开始关注起中国事务来，从卷入康有为的维新、保皇运动开始，继而与清政府搭上了关系，最后终于倒向孙中山的革命派，到辛亥革命爆发时，则达到了政治转向和回归的顶点。除

---

① 超：《林文庆先生的家属》，（新加坡）《星期六周刊》第 386、387 期联合刊，1957 年 1 月 26 日。

了文化和政治上的转向与回归之外，林文庆对于其自身及其子女婚配对象的选择与坚持，则可以看成是他在种族、民族问题上的转向和回归。身为一个土生峇峇，他虽然无法去除掉流淌在自己体内、源自马来始祖母、日渐稀薄的马来人血液，但毫无疑问的是，在他的内心深处，他已经开始弃巫回华，积极地向汉族回归。在林文庆多篇谈论峇峇的文章中，他都一再宣称峇峇是"汉族的子孙""古老教化民族的后代"，甚至称峇峇是"伟大中国的后裔"，却绝口不提马来母亲的影响，他郑重地告诫峇峇：

> 让我们不要忘记，我们是一个伟大民族的后代。如果我们忘记了，那么我们就一定没有希望。我们的祖先，在基督教之前两千年，已是一个文明教化的民族，他们充满智慧的语言，现在正在我们耳朵里响着……①

林文庆似乎是在以自身对于婚配对象的执着选择这样的切身行动，来表明他不仅要从思想上、文化上回归中华，他也要从血统上彻底回归中华：做一个堂堂正正的大汉子民，这恐怕才是林文庆所为之追求的人生最终目标。

---

① 转引自李元瑾：《林文庆走向厦门大学：一个新加坡海峡华人的寻根之路》，（新加坡）《南洋学报》第52卷，1998年8月。

第十六章 理性的儒家学者

 林 文 庆 传

一心向明月终身致力推崇儒家思想
明月照我心此世追逐振兴中华大梦

作为一个终生服膺并追随儒家学说的思想家，林文庆思想中的最大特色，自然就是儒家思想了。说到林文庆的儒家思想，①基本上有这么几个特点：其一，林文庆明显地崇尚儒家的原典，主要是秦汉之前的儒家经典著作："五千年道统所昭垂，尧、舜、禹、汤、文、武、孔、孟之雅化"，而在具体论述儒家思想的时候，林文庆更几乎是言必说"孔孟"，究其原因，一者是因为秦始皇的"焚书坑儒"，使以前的一切学术思想，不能传之于后世："数千年之专制，皆秦政之留遗，而历代帝

林文庆肖像（南洋孔教会供图）

王，皆虚尊孔子，非实行其道者"；② 二者则在于林文庆认为，儒家思想历经宋明理学的诠释之后，已经严重地背离了儒家经典作家们的本意，因而，他认为儒家思想都"被宋儒解说错了"。③

林文庆儒家思想的第二个特点，或者也可以这么说，在林文庆所使用的语义环境下，儒家思想很多时候是以儒教或孔教的面目出现的，如他的中文著作就直接名曰《孔教大纲》，林文庆之所以重视儒家思想中的教化功能，其原因正如他自己所说的那样，是因为他自己"久于深接外国，且数年留学欧洲，深为西国之教所激动，知欧美日本之强，实由其人之存道德。故其格致

---

① 关于林文庆的儒学思想，可参见拙著《他乡的圣人：林文庆的儒学思想》，广西师范大学出版社 2017 年版。
② 林文庆：《孔教大纲》，中华书局 1914 年版，第 6、7 页。
③ 《省庆纪念林校长演讲福建光复史及革命成功之途径》，《厦大周刊》第 268 期。

学之进步外,则其人人之各有为人资格也,大抵其人自幼则闻教道"①。鉴于西方宗教之普及,故而林文庆在论述儒家思想的时候,时常以儒教或孔教来称之,意在与存世之各种宗教比肩而立。林文庆在《论儒教》一文中,就将各种宗教,如回教、基督教、天主教、佛教和道教等逐一批评一番,然后得出结论:"统而言之,数教之中,惟孔子教为大中至正,亘千古而不可易。"②林文庆还特地在文章后面加上一个按语,以说明自己写作的目的在于:"列举诸教之得失,使世之人比较自明。如两物然,并取而权之,则轻重不差;如两人然,并立而镜之,则妍丑立见。知其得失,然后可以自择一途焉,以为终生之遵守。果能如是,则孔教之兴可立而俟矣!予所为日厚望于四百兆之华人也!"③其对儒教的殷切期盼之情,已跃然于纸上了。

林文庆在谈论儒教的时候,似乎特别喜欢拿它和基督教来做比较,贬抑基督教而褒扬孔教几乎是林文庆一贯的做法,以至于引起基督教人士的不满,因此而引发了一场主要是由他和基督教教徒之间长达十余年的宗教大辩论。当然了,严格来讲,林文庆所谓的儒教或孔教与盛行于西方的宗教还是有很大差别的,那就是他虽然重视宗教的教化功能,但却并不赞成宗教中那些明显具有迷信色彩的内容,由是而顺延推出林文庆儒家思想的第三个特点:以理性的眼光看待儒家思想!很多人都以为,既然林文庆提倡儒家思想,则显然是一种复古,那就必然守旧、保守乃至迷信。如果说林文庆守旧,那基本上可以说是一个事实,但若说他保守和迷信,那可就大错而特错了。关于这一点,只要看一看林文庆在新加坡华人社会中所发动的一系列社会改革运动就可以知晓。

林文庆之所以推崇儒家思想,是因为它"讲民主、合乎科学、近于人情,富于理性、比其他宗教优秀,为许多东方国家所奉行,是华族祖先的伟大遗

---

① 林文庆:《孔教大纲》自序,中华书局1914年版。
② 林文庆:《论儒教》,梁元生:《宣尼浮海到南洲——儒家思想与早期新加坡华人社会史料汇编》,香港中文大学出版社1995年版。
③ 同上。

产"①。作为一个接受严格的西方医学训练的医生，林文庆不仅不相信那些迷信的妄言假说，而且还把它们当成变革和批判的对象，而他在批评西方宗教的时候，也多从宗教的迷信出发，指出宗教的种种不足之处，他甚至从医学的角度论证灵魂是不存在的："我们可以得出这样的结论：灵魂仅仅只是人的头脑臆造出来的一种东西——一种语言中的存在物，或语言科学中的一个概念，它在现实世界中并没有对应的存在物。简言之，世界上并没有灵魂这种东西。"②这样的结论自然让每天祈祷自己死后上天堂的的基督教人士大为不满，故而文章一经发表，就立刻引发了他们的激烈批评。就林文庆坚持反对迷信，反对华人传统葬礼上的铺张浪费以及把先人的祭拜仪式演变成了偶像崇拜等等诸多方面而言，完全可以说林文庆是一个十分理性的儒家学者。

林文庆对儒家思想的推崇，并不仅仅表现在口头上和书面中，而是坐言立行，以实际的行动来宣扬儒家思想。在19世纪末、20世纪初的新旧世纪交替之际，林文庆就在新马地区发动和掀起了一场范围广远、声势浩大、影响深远的孔教复兴运动："从1894年至1910年间，主要由于本文作者（指林文庆自己）所作的演讲，业已在全马来亚造成一个儒教的复兴，对中国本身也起了反射作用。"③而宋旺相在《新加坡华人百年史》中，显然也附和此说："主要由于他（林文庆）在1894年到1910年之间所发表的演说使到整个马来亚产生了孔教复兴的现象。"④林文庆不仅从1894年就开始为孔教复兴运动四处奔走发表演讲，而且在整个运动过程中他都一直保持着十分活跃的状态，是孔教复兴运动最重要的核心人物之一，例如1905年9月25日举行孔诞2456周年大会，参加者约五百人，而林文庆正是大会的主讲人。除了新加坡，林文庆也到马来亚和印尼各地宣扬儒教、劝建孔庙和创办学堂。这场发

---

① 李元瑾：《东西文化的撞击与新华知识分子的三种回应》，新加坡国立大学中文系、八方文化企业公司2001年版，第110页。
② Lim Boon Keng, "The Soul", *Straits Chinese Magazine*, 4(16), Dec., 1900.
③ 《林文庆传》，林文庆博士诞生百年纪念刊，无出版信息，第35页。
④ 宋旺相：《新加坡华人百年史》，叶书德译，新加坡中华总商会1993年版，第198页。

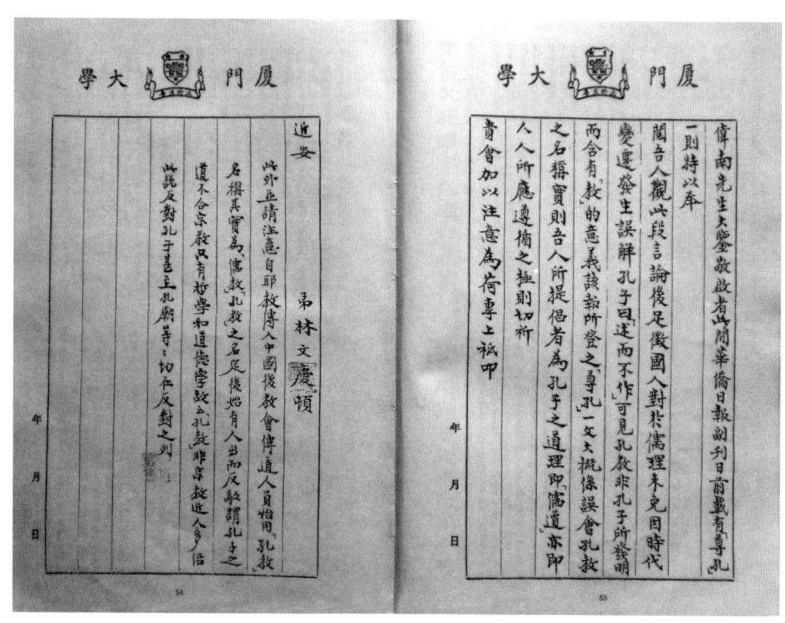

林文庆自厦门大学写给南洋孔教会会长李伟南的信函（南洋孔教会供图）

生于新马的孔教复兴运动，一般可分为前后两个阶段，即以运动开始到 1902 年为运动的第一个阶段，其后到 1911 年为另一个阶段："运动初期集中于孔庙和现代学堂的建立。运动的第二阶段始于纪念孔子诞辰，作为一个民族节日，但到后期，孔庙和现代学堂的建立又成了主要的内容。"① 运动的发展进程，似乎无意之中遵循和呈现出了从具体到抽象，最后再回到具体的哲学发展路线，即从追求创建孔庙学堂这些具体的物质形式开始，但在第一个阶段却并没有建成；进而到了追求发动和纪念孔子诞辰节日这类抽象的精神层面，最后又回归到了建设孔庙学堂这样的具体活动中，并最终在槟榔屿建成了第一座孔庙。② 为了能有一个长久领导和推动儒学发展的组织机构，林文庆于 1914 年发起成立了实得力孔教会，实得力系英文 Straits 一词的音译，因为当时的新加坡与槟榔屿和马六甲（俗称叻、屿、甲）三地合成为英国的直辖

---

① 颜清湟：《海外华人史研究》，新加坡亚洲研究学会 1992 年版，第 249 页。
② 同上，第 258 页。

殖民地：海峡殖民地（Straits Settlement），而新加坡为殖民地政府所在地，故有实得力孔教会之称。实得力孔教会成立之后，林文庆于1914年到1932年期间连任两届董事。实得力孔教会于1949年改为现名南洋孔教会。

1951年9月27日庆祝孔诞日林文庆与孔教会同仁合影（南洋孔教会供图）

林文庆一生写作和发表了大量有关儒学的论文和专著，[①]其中大多以英语写就。由于林文庆的作品大都以英文写成，这对于向西方宣传和介绍儒家思想是一个非常积极的举动，对于儒家思想走向世界有着特别的作用。林文庆有关儒学的英文著作主要有：《中国内部之危机》（Chinese Crisis from Within, London, 1901）、《从儒家观点看世界大战》（The Great War from the Confucian Point of View, and Kindred Topic, Singapore, 1917）以及他在厦门大学时完成的《中国文化要义》（The Quintessence of Chinese

---

① 参见本书附录一：林文庆主要著作、译作一览。

Culture, Amoy University, 1931）。其中,《中国文化要义》作为林文庆晚年研究儒学的重要成果,被研究者视为是他关于儒家思想方面"所写的一篇总结性的作品"①。很显然,林文庆本身自己对这本书也颇为看重,当年蔡尚思从福建前往南京途中,道经厦门,因访林文庆,林文庆就曾对蔡说:"吾老矣!对于孔学意见,已不得不发表,预计在最近六个月内,定可成书出版。"②大有时不待我的感慨!至于中文方面的著作,则有《孔教大纲》一书,该书于 1914 年 3 月由上海中华书局出版。此外,林文庆还出版有英译《离骚》（*The Li Sao by Chiu Yuan*, English Translation, Shanghai, 1929）。关于《离骚》的翻译动机,说来还有一个颇有意思的原因呢,连士升在其《闲人杂记》中提到这事时是这样说的:

The Li Sao（《离骚》）1972 年重印本

我问林先生为什么要翻译《离骚》。他告诉我说,当他担任厦门大学校长的时候,有人笑他是个笁笁,懂得什么中国文化。假如他继续在南洋谋生,那么笑骂任由他人笑骂,他可以置之不理。现在他要当厦门大学校长,那笁笁两字,仿佛一块烙铁,伤透他的心,于是他发愤向学,努力钻研中国古籍,以便洗雪不懂中国文化这个罪名。他曾请教友人,看中国古籍里什么书最困难。人家告诉他说,中国文学里最艰深的莫如诗,中国古诗里最难懂的无过于《离骚》。因此,他才下个决心,从事彻底研究,越研究越有兴趣,最后贾其余勇,把它翻译出来,交"商务印书馆"

---

① 李元瑾:《林文庆的儒家思想》,（新加坡）《亚洲文化》第 10 期,1987 年 10 月。
② 《自序》,《蔡尚思全集》第 1 册,上海古籍出版社 2005 年版。

出版，一举成名，中外学术界人士，多刮目相看，谁也不敢再把他当做不懂中国文化的峇峇了。①

这一事件，可以更形象地体现出林文庆作为一个纯厚忠良的老峇峇的形象，的确是与传统的中国文人大不一样。自然，与那些势欲彻底打倒孔家店而后快的新文化运动的闯将相比，那就更是有着天壤之别了。林文庆的英译《离骚》完成之后，深获当时闻人学者们的重视，剑桥大学汉学权威蔡利思教授（Prof. H. A. Giles）将它与泰莱（Brewitt Taylor）的英译《三国演义》并誉为二十世纪初叶的两部英译佳作，足以稳固大英帝国在汉学研究领域中的领导地位。②印度大诗人泰戈尔（R. Tagore）则在序言中称赞林文庆通过他的翻译工作，向西方世界展示了中国古代的文学硕果：当这部古诗被创作的时候，好多当时世界上盛行的语言尚未发展起来呢！③

现在研究林文庆的人，一般都注意并强调林文庆对南洋社会、经济、教育、文化等诸方面的贡献，但似乎忽视了他对中国思想史，尤其是他对儒家思想的贡献。纵观林文庆的一生，可以说就是追求完美儒家思想的一生，如果我们忽略或未能发掘他在这方面的贡献，这是否意味着后人并没有抓住他思想的要点，或者甚至是歪曲了他的思想或理想？笔者猜想，如果林文庆在九泉之下想到这一点，也将难以舒心：人们居然没有领会他思想中的核心部分！对于林文庆的思想，以笔者对于林文庆思想的了解，初步感觉似乎尚有几个值得进一步挖掘的空间：

首先，林文庆对于战争的看法，似应视为是对儒家战争观的一个发展和贡献。由于受时代的制约和地域的限制，儒家对于战争的看法基本上没有超

---

① 连士升：《闲人杂记》，新加坡星洲世界书局有限公司1963年版，第141~142页。
② Preface by Professor H. A. Giles, LL.D. 林文庆：《英译离骚》，台湾东方文化书局1972年重印版。
③ Dr. R. Tagore's Preface, 林文庆：《英译离骚》，台湾东方文化书局1972年重印版。

出政治争霸的范畴，因而集中在王霸之争上，既不可能预测到后来的两次世界大战，更不可能对之发表自己的看法。而林文庆不仅亲身经历了两次世界大战，还站在儒家的立场，以儒教作为武器，积极地反对非正义战争，发表了《从儒家观点看世界大战》这样的专著。林文庆于1917年出版的英文著作《从儒家观点看世界大战》，实际上是他在大战期间的演讲报告。书中第一章"儒家对于世界大战的看法"，概括性地叙述了儒家的战争观，可说是全书当中最为重要的一章，然后以此为基础，历数德国所犯下的一系列罪行，指"它违反了理性、法律、正义、道德、宗教、人性以及他们自己的庄严誓约"，①林文庆竟然给德国列举出了多达十二条罪状。他从儒家的立场出发，严厉谴责德国的侵略行为，在祈求世界和平的同时，也呼吁海峡华人、中国以及所有爱好和平的国家勇敢地站出来，一起来维护正义与和平。就林文庆将儒家思想化身为儒教，并用以作为批判和反对战争的武器这一点而言，我们似乎有理由说，他从某种程度上发展了儒家的战争观。

我们知道，基于"仁政"的思想，儒家对战争基本上是持反对态度的。孟子有一个著名的论断："春秋无义战"（《孟子·尽心下》），但这并不表示儒家就是"非战主义者"或"非暴力主义者"，儒家并不是一概地反对战争、一律视战争暴力为不义之行为，而是将战争区分为正义之战和非正义之战，对于非正义的战争，自然要予以坚决反对："争地以战，杀人盈野；争城以战，杀人盈城。此所谓率土地而食人肉，罪不容于死。"（《孟子·离娄上》）但是，如果是正义的战争，那情况就不同了："贼仁者谓之贼，贼义者谓之残。残贼之人，谓之一夫。闻诛一夫纣矣，未闻弑君也。"（《孟子·梁惠王下》）林文庆在孟子战争观的基础上，做了进一步的发挥："从中国圣人的教诲中可以推断出，世上所有的统治者都应该乐于维护一个公正的政府，每个政府都有责

---

① Lim Boon Keng, *The Great War from the Confucian of View, and Kindred Topics*, Singapore: The Straits Albion Press, Ltd. 1917, p.14.

任去惩罚任何压迫其国民和违反了正义、公正与人道的统治者。"①战争双方不只代表着正义与非正义,更代表着民主自由与军阀专制,林文庆并没有掩饰他对于战争的态度:"战争就它本身而言已是一场梦魇,但是,世上有一种更大的罪恶是柔顺地驯服于邪恶和默默地屈从于残暴的武力。"②因此,为了维护自由与民主,为了维护世界的和平,战争是不可避免的:"如果杀戮能给人类带来和平,那么杀戮是正当的;如果攻击能阻止国家的混乱,那么,代表人民的意愿猛烈地攻击一个国家也是正当的;如果战争足以埋葬国民的仇恨和化解被抑制的情绪,那么,战争也是正当的。"③由于"协约国代表宇宙间的普遍精神力量,是上帝用来抑制人间灾难的工具,它必将把嗜血贪婪的德国押上正义的审判台",④因而是民主与自由的化身。在第一次世界大战期间,林文庆打着儒教的旗帜,不仅呼吁和鼓励新加坡华人支持英国政府对德国作战,基于同样的理由,他也呼吁中国政府应该跟随协约国的步调,向德国宣战。⑤

其次,林文庆在与基督教的辩论中所提出的一些观点,如儒家的爱人观或博爱观,也应被视为是他对儒家思想的一大贡献。林文庆认为,儒家所提倡的爱是有一个起点的,即它开始于对亲人的爱,而终于对陌生人的爱,由对父母兄弟姐妹的爱开始,逐步地延伸到对外人的爱。这种由内至外、由近及远的爱人次序,明显地不同于基督教的博爱观。因为受历史条件的制约,儒家数千年来没有与基督教发生过联系和接触,自然不可能在这方面提出更具挑战性的话题,而林文庆所阐述的爱人观,无疑是非常新颖的。

再者,林文庆毕生从事对儒家思想的研究和著述,并致力于向受英文教

---

① Lim Boon Keng, *The Great War from the Confucian of View, and Kindred Topics*, Singapore: The Straits Albion Press, Ltd. 1917, p.7.
② 同上,p.8.
③ 同上,p.6.
④ 同上,p.19.
⑤ Lim Boon Keng, *The Great War from the Confucian of View, and Kindred Topics*, Chapter VIII. Why China must declare against Germany? Singapore: The Straits Albion Press, Ltd. 1917.

育者及西方社会介绍和传播儒家思想，扩大了儒学思想在世界范围内的传播和影响，这也是他对儒家思想的一大贡献。他以英文写作和翻译了大量有关儒家思想的著作和文章，他的《从儒家观点看世界大战》一书，显然使得西方的有识之士意识到，世界并非是如他们原来所想象中的那样："欧洲人一直想当然地以为，智慧的太阳是从西方升起，并且缓慢地移向东方的；然而无可否认的事实却是：它升起于东方，并且，当西方还陷入在一片黑暗之中的时候，它就已经跃上了其最高巅峰，并在那里散发出耀眼的光芒了！"[①]而他所翻译的《离骚》出版之际，就深获时人好评，得到了印度大诗人泰戈尔的大力推荐，这些贡献无疑也是今人所不应忽略的。

林文庆对于儒家思想的痴迷与坚持，可以从他对儒家思想的热切推行上反映出来：他不但在理论上为儒家思想展开辩护，更以其实际的行动，在现实生活当中来推展儒家的伦理思想。他不仅将儒教作为新华社会改革运动的理论基础，也把它当作是反对战争的武器，而当他前往厦门担任厦门大学校长的时候，又把儒家思想带到了厦大，厦大在林文庆的领导下，处处标榜儒家思想，校董陈嘉庚的创校事迹，更是时常被拿来作为典型事例，以说明儒家的利他主义和自我牺牲的精神。由于林文庆在厦大时坚持推行儒家思想，以至于因此而引发了一场他和鲁迅之间、事实上是被事后夸大了的冲突。在当时中国刚刚经历了五四新文化运动的洗礼之后，在一片"打倒孔家店"的呼号声中，在儒家学说被攻击得体无完肤而几无立足之地的情况下，林文庆居然反其道而行之，在厦门大学极力地推行孔孟之学，这除了强烈地烘托出了林文庆那尊孔崇儒的形象之外，似乎也更增添了林文庆个人的几分悲壮。

林文庆一生推崇儒家思想，儒家思想几乎成为林文庆一生言行的指南和动力源泉，使他从中觉悟到"人不应只为个人而活着，作为人类社会中的一

---

① A. W. STILL, *The Great War from the Confucian of View, and Kindred Topics*, Preface, Singapore: The Straits Albion Press, Ltd., 1917.

员,他必须为全体人类而生活"。正是在这种利他主义精神的感召下,林文庆一生的努力与贡献,并不仅限于一家、一族、一国,作为一个土生的海峡华人,林文庆享有英国国籍,英国人曾经施予给他的种种恩惠,使得他每时每刻都记着要为英国尽忠;而作为一个华人,内心深处对中华文化的神往,又使他渴望着能为中国做点儿什么;自然,他也没有忘记自己的出生地新加坡。事实上,林文庆也的确没有辜负英国、中国和新加坡对他的厚望,可以说,无论是对英国、中国还是新加坡,林文庆都做出了他该做的贡献。

林文庆不遗余力地宣扬儒家思想的努力,当时就获得了人们的称许。譬如,1939 年,为了卖画筹款支持中国的抗战,徐悲鸿在新加坡举办筹赈画展,林文庆受邀担任画展筹办委员会的主席。徐悲鸿为林文庆积极传播孔子思想的热忱所深为感动,因此特地创作了一幅名为《孔子讲学》的画作献给林文庆,画作右上角的落款云:"子路、曾晳、冉有、公西华侍坐。文庆先生生长海外,留学欧洲前辈,而生平服膺孔子学说,既怀负仁心仁术而耽玩文学。先生曾以英文译《离骚》,自强不息,从容中道,洵长者之风也。《论语》此章最富诗情。恭谨写之以奉先生,亦庶几伸不佞困学之微意焉。"

孔子讲学图(新加坡美术馆供图)

二十八年五月。悲鸿。"① 1941 年 8 月，当林文庆受邀出席并主持孔夫子博览会揭幕典礼时，博览会主席郁达夫在介绍林文庆的时候是这样说的："我们特请教育界前辈林文庆博士来主持典礼，就因为林博士是真正的儒者，是我们所尊敬的通才硕士，有学问而兼有道德的典型。"② 而林文庆则以"演讲孔子学说之真谛"来回应郁达夫对他的称赞。看来，郁达夫说林文庆是一个"真正的儒者"，的确算不得是溢美之词了。

　　博学多才的林文庆博士：一个出生于化外之域的土生华人；一个药到春回、起死回生的良医；一个能言善辩、上情下达的立法议员；一个目光敏锐、堪称先知先觉的企业家；一个掀起了新马华人社会改革运动的改革家；一个积极参与中国事务的政治家；一个为中国的高等教育事业奋斗了 16 年的教育家；一个为厦门大学鞠躬尽瘁、死而后已的大学校长；一个为拯救普罗大众而勇于牺牲自我的新加坡圣人；一个穷其一生追随儒家思想和理念的思想家；一个为中国的富强崛起付出了毕生心血的海外华人！

　　林文庆，一段说不尽的悠悠往事，一个道不完的南洋传奇！

　　唯愿以《林文庆传》（林文庆博士诞生百年纪念刊）最后的两句诗作为本书的结束：

　　　　身后声名谁管得，一樽愁绝思明洲。

---

①　原画作现收藏在新加坡美术馆。
②　《孔夫子博览会昨开幕》，（新加坡）《星洲日报》1941 年 8 月 16 日。

附录

 林文庆传

附录一 林文庆主要著作、译作一览

林文庆一生勤于写作、著述颇丰。为便于研究者全面了解林文庆及其思想，以便展开更进一步的深入研究，特将其中英文著作及重要的文章、演讲报告等尽可能地收录于此，以供研究者参考。

一、著作类

（一）英文著作：

1. *The Chinese Crisis from Within* (London, 1901)

2. *Duty to the British Empire: Being an Elementary Guide for Straits Chinese during Great War* (Singapore, 1915)（这是一本战时手册，包括21篇文章，分别由五人执笔，其中10篇系出自于林文庆之手）

3. *The Unity of the British Empire: Why the Straits Chinese Should Interest Themselves in the War* (Singapore, 1915)

4. *The Great War from the Confucian Point of View, and Kindred Topics* (Singapore, 1917)——该书已有中文译本行世：林曦、冯宝仪译，宫旭东校译：《战时讲演与随笔集（1914—1917）：儒家视域下之世界大战》，厦门大学出版社，2019年。

5. *Tragedies of Eastern Life: An Introduction to the Problems of Social Psychology* (Shanghai, 1927)

6. *On the Tenth Anniversary of the Foundation of the University of Amoy* (Amoy University, 1931)

7. *The Quintessence of Chinese Culture* (Amoy University, 1931)

8. *Amoy or the Island that Remembers the Mings* (Amoy University, 1936)——该书已有中文译本行世：林曦译，《厦门，思念明朝之岛》，厦门大学出版社，2018年。

9. *The New China*（该书出版信息不详）

（二）中文著作：

1.《普通卫生讲义》（该书系林文庆口述，许经邦笔录，新加坡中华商务会，1911年）

2.《民国必要：孔教大纲》（中华书局，1914年）

（三）中英文译作：

1. *The Li Sao: An Elegy on Encountering Sorrows by Chiu Yuan*（汉译英，Shanghai, 1929）

2.《基督教辟谬（上编）》（又名《李鸿章杂记》，即 *Li Hung Changs Scrap*）[英译汉，原著者：（英）希蓝麦沁，1921年]

二、重要文章、演讲报告等

（一）以中文撰写的文章、演讲等：

1.《募创本坡女学堂缘起》，（新加坡）《天南新报》1899年4月18日。

2.《防疫说》，（新加坡）《日新报》1899年11月17日。

3.《纪英内阁大臣论英直战事》，（新加坡）《日新报》1899年11月20日。

4.《论儒教》，（新加坡）《日新报》1899年12月13、14、15日。

5.《校庆三周年林校长演说辞》，（上海）《民国日报》1924年4月14日。

6.《林文庆先生在中华俱乐部之演说词》，（新加坡）《南洋商报》1926年2月2、4日。

7.《本校五周年纪念会林校长之演说辞》，《厦大周刊》第145期。

8.《陈嘉庚先生提倡教育之目的》，《厦门大学八周年纪念特刊》。

9.《本校九周年纪念辞》，《厦门大学九周年纪念刊》。

10.《陈嘉庚先生与本校》，《厦门大学九周年纪念刊》。

11.《厦大十周年纪念的意义》,《厦门大学十周年纪念刊》。

12.《校长报告》,《厦门大学民国十年度报告书》。

13.《大学毕业生之责任》,《厦大周刊》第 155 期。

14.《孔子学说是否适用于今日》,《厦大周刊》第 158 期。

15.《在厦门大学国学研究院成立大会上的讲话》,《厦大周刊》第 159 期。

16.《林校长演讲进化论之科学及哲学观》,《厦大周刊》第 174 期。

17.《大学责任观》,《厦大周刊》第 192 期。

18.《校长撰赠奉安挽辞》,《厦大周刊》第 207 期。

19. "Ode to Sun Yat Sen"(《中山挽歌》),《厦大周刊》第 210 期。

20.《校长林文庆博士之训词》,《厦大周刊》第 211 期。

21.《三民主义救国真诠》,《厦大周刊》第 237 期。

22.《三民主义之心理的基础》,《厦大周刊》第 250 期。

23.《第六届毕业典礼致词》,《厦大周刊》第 262 期。

24.《省庆纪念林校长演讲福建光复史及革命成功之途径》,《厦大周刊》第 268 期。

25.《个人修养论》,《厦大周刊》第 279 期。

26.《大学生应有之态度》,《厦大周刊》第 292 期。

27.《敬告全国同胞用固有民族精神应付国难》,《厦大周刊》第 312 期《厦门大学第十二周年纪念专号》。

28.《大学生活的理想》,《厦大周刊》第 319 期。

29.《科学在现代文化上地位》,《厦大周刊》第 327 期。

30.《中国如何救亡图存?》,《厦大周刊》第 333 期。

31.《厦门大学最近一年来之回顾及其感想》,《厦大周刊》第 337 期《厦门大学十三周年纪念专号》。

32.《本校第九届毕业典礼校长演词大纲》,《厦大周刊》第 344、345 期合刊。

33.《1934年林校长秋季开学式训词》,《厦大周刊》第346期。

34.《此次募捐经过情形》,《厦大周刊》第368期。

35.《第十届毕业典礼致词》,《厦大周刊》第375期。

36.《林校长开学式训词》,《厦大周刊》第377期。

37.《林校长演讲救国问题》,《厦大周刊》第391期。

38.《1936年秋季开学式林校长训词》,《厦大校刊》第1卷第2期。

39.《牺牲自己建设国家》,《厦大校刊》第1卷第10期。

40.《厦门大学教育科第四年级学生考察团报告之叙言》,《厦门大学教育科第四年级学生考察团报告》,1926年6月。

41.《文科之重要》,厦大文科同学会出版:《厦门大学文科半月刊》第1期,1928年12月30日。

42.《厦门大学学报序言》,《厦门大学学报》第1卷第1期。

43.《人类种族问题》,《厦门大学季刊》第1卷第1、2号。

44.《中国文明的伦理根据》,(新加坡)《南洋商报》1938年5月14日。

45.《中国的进化》,(新加坡)《南洋商报》1938年8月19日。

46.《人生哲学》,(新加坡)《南洋商报》1939年7月13日。

47.《马来亚之华人》,(新加坡)《南洋商报》1940年11月6日。

48.《混乱之世界》,(新加坡)《南洋商报》1940年12月1日。

49.《人格修养》,(新加坡)《南洋商报》1941年2月23日。

50.《林文庆博士广播七七纪念演词》,(新加坡)《南洋商报》1941年7月7日。

51.《七七周年纪念星华侨民大会演说》,(新加坡)《南洋商报》1941年7月8日。

52.《孔子学说真谛》,(新加坡)《星洲商报》1941年8月16日。

53.《日人在中国的暴行》,(新加坡)《南洋商报》1941年8月17日。

54.《中国民主之复兴》,(新加坡)《星洲商报》1941年9月19日。

（二）以英文撰写的文章、演讲等：

鉴于林文庆以英文撰写发表的文章、演讲报告等极多，仅发表在《海峡华人杂志》上的文章，据笔者粗略统计，大大小小就有70余篇，限于篇幅，此处仅收录较能代表其思想的重要文章。

1. "Education for the Chinese",（Singapore）*Straits Times*, 1895-08-31.

2. "The Influence of Religion in China",（Singapore）*Transactions of the Straits Philosophical Society*（以下简称 *T.S.P.S.*）, Vol. 3, 1895-10-12.

3. "Our Enemies",（Singapore）*Straits Chinese Magazine*（以下简称 *S. C. M.*）, Vol. 1, No. 2, 1897-06.

4. "The Attitude of the State towards the Opium Habit", *S. C. M.*, Vol. 2, No. 6, 1898-06.

5. "The Renovation of China", *S. C. M.*, Vol. 2, No. 7, 1898-09.

6. "Straits Chinese Reform I—The Queue Question", *S. C. M.*, Vol. 3, No. 9, 1899-03.

7. "Straits Chinese Reform II—Dress and Costume", *S. C. M.*, Vol. 3, No. 10, 1899-06.

8. "Straits Chinese Reform III—The Education of Children", *S. C. M.*, Vol. 3, No. 11, 1899-09.

9. "Straits Chinese Reform IV—Religion", *S. C. M.*, Vol. 3, No.12, 1899-12.

10. "Straits Chinese Reform V—Filial Piety", *S. C. M.*, Vol. 4, No. 13, 1900-03.

11. "Straits Chinese Reform VI—Funeral Rites", *S. C. M.*, Vol. 4, No.14, 1900-06.

12. "Straits Chinese Hedonism", *S. C. M.*, Vol. 4, No.15, 1900-09.

13. "The Soul", *S. C. M.*, Vol. 4, No.16, 1900-12.

14. "On Simplicity of Language", *S. C. M.*, Vol. 4, No.16, 1900-12.

15. "Suggested Reforms of the Chinese Marriage Customs", *S. C. M.*, Vol. 5, No.18, 1901-06.

16. "Consumption or the Great Scourge of Civilization", *S. C. M.*, Vol. 5, No.20, 1901-12.

17. "The Role of the Babas in the Development of China", *S. C. M.*, Vol. 7, No.3, 1903-09.

18. "Straits Chinese Educational Needs", *S. C. M.*, Vol. 8, No.1, 1904-03.

19. "Ethical Education for the Straits Chinese", *S. C. M.*, Vol. 8, No.1, 1904-03.

20. "Confucian Cosmogony and Theism", *S. C. M.*, Vol. 8, No.2, 1904-06.

21. "Confucian View of Human Nature", *S. C. M.*, Vol. 8, No.3, 1904-09.

22. "The Basis of Confucian Ethics", *S. C. M.*, Vol. 8, No.4, 1904-12.

23. "The Confucian Code of Filial Piety", *S. C. M.*, Vol. 9, No.1, 1905-03.

24. "The Confucian Cult", *S. C. M.*, Vol. 9, No.2, 1905-06.

25. "The Confucian Ideal", *S. C. M.*, Vol. 9, No.3, 1905-09.

26. "The Confucian Doctrine of Brotherly Love", *S. C. M.*, Vol. 9, No.4, 1905-12.

27. "The Status of Women under a Confucian Regime", *S. C. M.*, Vol. 10, No.4, 1906-12.

28. "The Confucian Code of Conjugal Harmony", *S. C. M.*, Vol. 11, No.1, 1907-03.

29. "The Confucian Ethics of Friendship", *S. C. M.*, Vol. 11, No.2, 1907-06.

30. "Female Education for Straits Chinese", *S. C. M.*, Vol. 11, No.2, 1907-06.

31. "Confucianism in the Far East", *T.S.P.S.*, Vol. 17, 1909-06-11.

32. "The Chinese in British Malaya", (Singapore) *Proceedings of the Straits Philosophical Society*（以下简称 *P.S.P.S.*）, 1910-02-10.

33. "The Chinese Revolutionary Movement in Malaya", *P.S.P.S.*, 1913-07-12.

34. "Socialism among the Chinese", *P.S.P.S.*, 1913-12-12.

35. "The Confucian Conception of the State", *P.S.P.S.*, 1915-01-08.

36. "The Principle of Education from the Confucian Standpoint", *P.S.P.S.*, 1915-06-11.

（三）译文：

林文庆的翻译作品内容非常丰富，既有英译汉，也有汉译英，同时还包括部分中英文和方言之间的互译。

1.《格致杂说（论流星）》，（新加坡）《日新报》，1899年11月15日。

2.《格致杂说（续论流星）》，（新加坡）《日新报》，1899年11月16日。

3.《译西报载马也实论日本人治台事》，（新加坡）《日新报》，1899年11月18日。

4.《译西报载班迈利论英直战事》，（新加坡）《日新报》，1899年11月21日。

5.《译西报载班君论英直战事感而书此》，（新加坡）《日新报》，1899年11月22日。

6.《译西报论中英商务》，（新加坡）《日新报》，1899年11月23日。

7.《译西报记罗钦使在英京游览事》，（新加坡）《日新报》，1899年11月28日。

8.《格致杂说（释名上）》，（新加坡）《日新报》，1899年12月19日。

9.《格致杂说（释名下）》，（新加坡）《日新报》，1899年12月22日。

10. "Anthology of Chinese Literature I—Kung Chi Chi's Protest"（《左传：宫之奇谏假道》），*S. C. M.*, Vol. 5, No.18, 1901-06. 说明：林文庆先后在

《海峡华人杂志》上发表了三篇古典文选的译作,他的翻译非常有特色,实际上是三种语言之间的翻译:在文言文原文的基础上,分别将其翻译成了英文和福建方言(闽南话)的读音。在汉语拼音还没有出现的时代,林文庆就能以罗马化字母的方式,尝试将古典文选翻译成近似拼音的形式,不能不说是一种创举。

11. "Anthology of Chinese Literature Ⅱ—Chia Chi Tui's Modesty"(《左传:介之推不言禄》),S. C. M., Vol. 5, No.19, 1901-09.

12. "Anthology of Chinese Literature Ⅲ—Chi Wen Tzu's Condemnation of P'u (From the Tso Chuan)"(《左传:季文子论出莒仆篇》),S. C. M., Vol. 6, No.21, 1902-03.

附录二 林文庆年谱简编

1839 年

祖父林玛彭由福建海澄县移居槟榔屿,娶当地女(娘惹)为妻,生子林天尧。后移居新加坡。父子皆任职于章芳琳公司,分别担任酒庄经理和鸦片局副经理。

1869 年

10 月 18 日,林文庆诞生于新加坡。

1879 年,10 岁

母亲去世。

入读莱佛士学院,获得院长胡列特(R. W. Hullett)厚爱。

结识阮添筹(Wee Theam Tew),得以博览阮氏家中丰富藏书。

1881 年,12 岁

父亲刮胡子时割伤,血液中毒去世,险失学。

1886 年,17 岁

参加女皇奖学金选拔考试,成为第一位获颁此奖的华裔子弟。

1887 年,18 岁

前往英国爱丁堡大学医学院留学。

在苏格兰时,发生了足以改变他后半生的两件事:其一,碰上了来自中国的留学生,但林无法以华语与之沟通,因之他们不肯承认他为中国人;其二,一位讲师请他翻译一份中文手卷,他不得不承认自己的无知。

1892 年,23 岁

8 月,自爱丁堡大学毕业,获得医学内科荣誉学士和外科硕士学位。

因年年名列榜首，故又获得 Atholl Medal 金奖章。

担任爱丁堡大学图书馆管理员。

接受剑桥大学病理学系主任罗伊教授（Prof. Roy）邀约参与其研究工作，后因经济原因被迫离开剑桥，在剑桥6个月时间，完成两篇论文并发表在皇家学会的《哲学会报》上：《论犬类心脏的神经》和《蚯蚓的黑色液体及其保护机构》。

1893年，24岁

5月，自英国回返新加坡，在直落亚逸街开业行医。

1894年，25岁

开办"九思堂西药房"（The Dispensary）。

3月14日，中国驻新加坡总领事黄遵宪赠送匾额："上追二千年绝业，洞见症结，手到春回"。

发起并领导长达十余年的"新马孔教复兴运动"。

1895年，26岁

8月22日，就任海峡殖民地立法会华籍议员。

1896年，27岁

3月，组织"华人好学会"（Chinese Philomathic Society），担任主席。

7月，"以赛亚"（Isaiah）事件爆发。

12月29日，与黄乃裳长女黄端琼结婚。

开始兼任政府医官，主持由市政府举办的健康调查。

被委任为"华人参事局"委员。

被委任为莱佛士图书博物馆主管委员会委员。

与陈齐贤合作开办马来亚第一家华人橡胶种植园，因之被陈嘉庚誉为"马来亚树胶之父"。

1897年，28岁

4月，与宋旺相合作创办《海峡华人杂志》（The Straits Chinese

Magazine)。

9月，倡议组织"华人义勇军"，无果。

获颁"太平局绅"荣衔。

1898年，29岁

在其寓所组织开办"华语训练班"，后移至"威基利俱乐部"上课。

发起禁烟、剪辫运动。

邱菽园创办《天南新报》，担任英文总校。

受英、意、比三国钦差大臣礼聘，偕夫人出席在伦敦召开的"地球万国妇女大会"。

第二次连任海峡殖民地立法会华籍议员。

1899年，30岁

年初，参与"星洲上书"。

接办《星报》，改名为《日新报》，推荐岳父黄乃裳担任总主笔。

6月，创办新加坡第一所华人女子学校——新加坡华人女子学校（Singapore Chinese Girls' School），捐献建校土地，其夫人黄端琼亦担任该校华文教师。

12月13、14、15日，在《日新报》上发表长文《论儒教》。

1900年，31岁

发起反赌博、天足运动。

康有为抵新，为保护康有为，设计并导演"金蝉脱壳计"。

6月，帮助孙中山解救其日本同志宫崎寅藏。

与邱菽园一起为黄乃裳开垦诗巫（新福州）作担保。

8月，发起成立"海峡英籍华人公会"（The Straits British Chinese Association）。

1901年，32岁

发起筹建孔庙学堂的计划。

11月，"华人义勇军"（Chinese Company of the Volunteer Force 通称"第二连"）成立，率先入伍，在军中服役长达5年之久。

第三次连任海峡殖民地立法会华籍议员。

三子可能出生。

出版《中国内部之危机》（Chinese Crisis from Within, London, 1901）。

1902年，33岁

作为"华人义勇军"代表团员之一，前往伦敦参加英王爱德华的加冕大典，获颁"英王爱德华加冕奖章"。

1903年，34岁

9月，伍连德从欧洲回返新马，住在林文庆家。

10月，组织华语夜学班。

受清政府内务大臣肃亲王邀请前往北京。

1904年，35岁

为创办"英王爱德华医学院"（The King Edward Medical School），协助陈若锦发起筹款运动，成为医学院的创办人之一。

1905年，36岁

是年美国政府颁布禁止华工入境条例，6月20日，新加坡侨领在同济医院召开大会，被举为主席，号召响应上海，展开抵制美货运动。

将"九思堂药房"股份让给殷雪村医生，结束医务经营，专心一志为中国政府服务。

12月21日，原配夫人黄氏端琼因肺病去世。

1906年，37岁

2月，加入同盟会新加坡分会。

访问巴达维亚（今印尼首都雅加达）中华会馆，劝说华人讲华语，并负责开办5所学校；中华会馆特授予金牌，以表彰其功绩。

参与创立新加坡中华商务总会（中华总商会），担任董事。

1907 年，38 岁

担任新加坡爱德华七世医学院教授，义务讲授药物学和治疗学，担任这一职务直到 1910 年。

陪同清廷大臣杨士琦慰问南洋各地华侨，劝请华侨投资中国。

12 月，《海峡华人杂志》停刊。

1908 年，39 岁

4 月，在殷雪村撮合下，回厦门，续娶殷雪村之妹殷碧霞为妻。

参与清政府"海外青年回国深造计划"。

1911 年，42 岁

奉清朝肃亲王谕令，前往北京担任清内务部医务顾问及北京西医院监督。

奉派作为中国代表出席在伦敦召开的"世界人种第一次代表大会"，一度担任中国代表团秘书。

参加在德国德累斯顿召开的"国际卫生展览会"。

获颁"英王乔治加冕奖章"（King George）。

意大利国王授予"司令皇冠勋章"（Commander Crown of Italy）。

在欧洲考察游历 9 个月。

《普通卫生讲义》出版（新加坡：中华商务总会，1911）

1912 年，43 岁

年初，应孙中山聘请，担任南京临时政府内务部卫生司司长，同时兼任孙中山机要秘书及保健医生；当年发出致世界各国元首、政要电讯及各种通电，多出自其手。

孙中山辞临时大总统后，返回新加坡继续从事医务和教育活动。

9 月，与李俊承、林秉祥等合资创办"华商银行"（The Chinese Commercial Bank Ltd.），并担任第一届董事会副主席。

1913 年，44 岁

担任民国政府卫生部总监督（部长），袁世凯继任总统，旋辞职。

7月，被选为新加坡国民党交通部正部长。

1914年，45岁

3月，出版《民国必要 孔教大纲》（上海：中华书局）。

1915年，46岁

8月，第四次当选海峡殖民地立法会华籍议员。

1916年，47岁

担任北京政府外交部顾问。

1917年，48岁

与林秉祥合资创办"和丰银行"，担任董事。

出版《从儒家观点看世界大战》（*The Great War from the Confucian Point of View, and Kindred Topics*, Singapore: The Straits Albion Press, Ltd. 1917）。

1918年，49岁

被英皇授予"不列颠帝国最高卓越勋章"（O.B.E.）。

被委为爱德华医学院董事。

1919年，50岁

被香港大学授予名誉法学博士学位。

民国政府颁赠二等嘉禾勋章及二等文虎勋章。

与爪哇糖王黄仲涵、黄奕住等组织"华侨银行"，并担任主席。

1920年，51岁

2月4日，与朋友集资创办"华侨保险有限公司"（The Overseas Assurance Corporation Ltd.），成为该商业领域的开拓者之一。

3月29日，被委为"华侨保险有限公司"董事。

1921年，52岁

提出华侨、和丰、华商三家银行合并的主张，后来三家银行合并成立了"华侨银行有限公司"。

5月，接获陈嘉庚和孙中山电报，孙电召回国襄赞外交，最后由孙中山代为决定，赞成到厦门主持校政。

6月，抵达厦门，出任厦门大学校长。

成立林文庆博士基金（Settlement of Dr. Lim Boon Keng）。

1924年，55岁

4月，厦大爆发第一次学潮。

1926年，57岁

10月，开办国学研究院，亲自兼任院长，自称"对于国学，提倡不遗余力"。

第一次前往南洋为厦大募捐。

爱德华医学院授予医学和外科名誉院士学位。

1927年，58岁

1月，厦大爆发第二次学潮。

3月，国学研究院停办。

伦敦教会海外秘书霍金斯称赞厦大。

新发现星鱼被命名为林文庆星鱼（Asterina Limboonkengi）。

出版《东方生活的悲剧》（*Tragedies of Eastern Life*, The Commercial Press, Ltd., Shanghai, 1927）。

1928年，59岁

2月，新加坡遇险遭枪击。

3月26日，厦门大学获准立案。

前往新加坡，再次为厦门大学筹款。

1929年，60岁

1月，召集闽南毕业生，鼓励毕业生组织成立"毕业同学会"。

6月，受暨南大学南洋文化教育事业部聘请担任专家。

6月，撰写长篇诗歌《中山挽歌》纪念孙中山（Ode to Sun Yat Sen）。

9月，赴新加坡。

英译《离骚》出版（*The Li Sao: An Elegy on Encountering Sorrows*, by Chiu Yuan, English Translation, Shanghai, 1929）。

1930 年，61 岁

4月4日，乘"济南"轮赴南京，向国民政府请求免除陈嘉庚公司产品税；陈嘉庚公司产品税虽不得免，但获得政府批准每年津贴6万元。

4月，受邀担任上海英文《民族周刊》总编辑。

10月，被推举为厦门中山医院董事长。

12月，受邀担任闽南医院名誉董事及厦门海港检疫所顾问。

成为英国外科医师学会会员。

在厦大成立了"中国海洋生物协会"，集中了国内外的知名教授学者，该协会每年夏天都在厦大举行"暑期海洋生物学术讨论会"。

1931 年，62 岁

2月，被选为"嵩屿开埠促成会"委员。

《中国文化要义》出版（*The Quintessence of Chinese Culture*, Amoy University, 1931）。

1932 年，63 岁

4月，被聘为"华侨委员会"委员。

12月，出任中山医院院长。

1933 年，64 岁

1月，晋省，请求发给补助金。

5月，被聘为"福建建设委员会"委员。

6月，南渡新加坡。

8月，自新加坡回返厦门。

1934 年，65 岁

4月，进京请求中央拨款补助。

12月23日，赴南洋募捐。

1935年，66岁

3月，自南洋募捐回校。

10月，赴广州参加"全国医学会第三次会议"。

1936年，67岁

3月，利用春假前往南京，向中央政府申请补助厦大。

9月，被聘为"国民经济建设委员会总会委员"。

10月11日，搭乘"万士"号轮船前往南洋为厦大募捐。

《厦门市》出版（*The City of Amoy, Now named Sze-Ming, Amoy University, 1936*）。

1937年，68岁

1月1日，自新加坡返回厦门。

5月，受陈嘉庚付托，专程前往南京，请求将厦大收归国办。

7月1日，经南京国民政府核定，私立厦门大学正式改为国立，辞任校长。

日寇犯厦门，厦大内迁长汀，携家人回返新加坡。

1938年，69岁

秋，倡办中正中学。

1939年，70岁

担任徐悲鸿筹赈画展筹备委员会主席。

1941年，72岁

8月，受邀主持"孔夫子博览会开幕礼"，郁达夫称其"是真正的儒者，是我们所尊敬的通才硕士，有学问而兼有道德的典型"。

1942年，73岁

2月15日，日军占领新加坡，被迫出面组织"华侨协会"并担任会长，以营救华人。

6月26日，以华人领袖身份，将5000奉纳金的支票交给日军指挥官山下奉文。

1945年，76岁

日军投降，英国当局豁免对其谴责。

1948年，79岁

10月，接受新加坡《海峡时报》（Straits Times）的访问，被尊称为"新加坡的圣人"。

1956年，87岁

10月，接受新加坡《海峡时报》（Straits Times）的访问，被尊称为"新加坡的伟大老人"。

1957年，88岁

1月1日逝世，新加坡政要均亲临吊唁，前往参与吊唁活动者不计其数。

1982年，逝世后25年

新加坡林文庆基金会按照林文庆生前遗嘱，开始将售卖土地所得分属于厦大的钱陆续寄给厦大，至1990年为止，总共汇寄新加坡币192307.93元整（约合人民币100余万元）。

1988年，逝世后31年

1月12日，其子炳汉、炳添，遵照其先父遗嘱，联络厦门大学领导，表示："愿将鼓浪屿笔山路五号地2549号一幢住宅及宅院全部捐赠贵校，设立疗养或其他慈善机构，借以纪念先父。"（此幢房屋建筑面积1018平方米，庭院占地面积为4316平方米）

1990年，逝世后33年

临终遗嘱将鼓浪屿房产捐赠厦大一事，移交手续业已办妥。

主要参考文献

附录三

一、重要文章、论文

[1] "The Sage of Singapore", (Singapore) *Straits Times*(《海峡时报》), 1948-10-22.

[2]《林文庆博士》,编辑委员会主任沈渭泽:《新嘉坡华侨名人传》(特别说明:林文庆亲自担任该书编辑委员会顾问,在12位编辑委员会顾问中,位列第一位),新加坡南国出版社,1950年。

[3] 鲁白野:《和平老人林文庆》,鲁白野:《狮城散记》,新加坡星洲世界书局,1953年。

[4] Lloyd Morgan: "Singapore's Grand Old Man (88 Tomorrow) Calls for Tolerance in This Age of Change", (Singapore) *Straits Times*(《海峡时报》), 1956-10-17.

[5] Wu Lien-The, "Lim Boon Keng: Scholar, Linguist and Reformer", (Singapore) *Straits Times*(《海峡时报》), 1957-01-07.

[6] 超:《我所认识的林文庆博士》,(新加坡)《星期六周刊》第385期,1957年1月19日。

[7] 超:《林文庆先生的家属》,(新加坡)《星期六周刊》第386、387期,1957年1月26日。

[8] "Singapore's Grand Old Man Dies", Singapore: *Straits Times*(《海峡时报》), 1957-01-02.

[9]《悼林文庆先生》,(新加坡)《南方晚报》1957年1月3日。

[10]《林文庆博士元日逝世》,(新加坡)《南方晚报》1957年1月3日。

[11]《伟大老人林文庆博士逝世》,(新加坡)《星洲日报》1957年1月4日。

[12]《一代耆英林文庆博士仙逝》,(新加坡)《南洋商报》1957年1月4日。

[13]《和平老人林文庆》,陈昌豪主编:《马来亚历史名人传》,吉隆坡文化供应社,1959年。

[14]《林文庆翻译离骚》,连士升:《闲人杂记》,新加坡星洲世界书局,1963年。

[15] 洪炜堂:《林文庆博士》,(新加坡)《南洋文摘》第14卷合订本,1973年。

[16] 洪炜堂:《〈林文庆传〉读后记》,(新加坡)《南洋文摘》第14卷合订本,1973年。

[17]《林文庆》,陈维龙:《东南亚华裔闻人传略》,新加坡南洋学会,1977年。

[18]《传奇人物林文庆》,程光裕:《星马华侨中之杰出人物》,台湾华冈出版有限公司,1977年。该文实际上是从《林文庆传》单行本中所作的摘录,唯文末所补充之厦门大学第一届毕业生黄天爵的"为文纪述"部分,并非《林文庆传》中所有。

[19]《林文庆博士》,刘子政:《黄乃裳与新福州》,新加坡南洋学会,1979年。

[20]《林文庆》,杨庆南:《世界华侨名人传(第一册)》,马来西亚华侨工商职业学校基金会,1984年。

[21] 毕观华:《林文庆》,黄溢华:《怡和轩九十周年纪念特刊》,新加坡大水牛出版机构,1985年。

[22]《林文庆校长传略》,厦门大学台湾校友会:《厦门大学七十周年校庆特刊1921—1991》。

[23]《林文庆》,潘翎主编,崔贵强翻译:《海外华人百科全书》(华文版),香港三联书店有限公司,1998年,第203页。

[24]《一代名医林文庆》,特刊小组委员会:《新加坡林氏大宗祠九龙堂家族自治会75周年纪念特刊》,新加坡,2002年。

[25]《林文庆》,柯木林主编:《新加坡华人通史》,新加坡宗乡会馆联合总会,2015年,第745页。

[26]《从香港脚说到林文庆》,邱新民:《新加坡风物外纪》,新加坡胜友书局,1990年。

[27]《林文庆父子在医药上的贡献》，邱新民：《新加坡先驱人物》（增订本），新加坡胜友书局，1991年。

[28] 李元瑾：《林文庆与邱菽园：马来亚华族社会的两个改良主义者》，新加坡南洋大学荣誉学士论文，1971年。

[29] 李元瑾：《林文庆的思想：中西文化的汇流与矛盾》，新加坡南洋大学硕士学位论文，1974年。

[30] 李元瑾：《林文庆的儒家思想》，（新加坡）《亚洲文化》1987年第10期。

[31] 李元瑾：《根的失落与追寻——新加坡海峡华人与母族文化》，《总会三年》，新加坡宗乡会馆联合总会，1989年。

[32] 李元瑾：《新加坡海峡华人知识分子的女权与女学思想》，新加坡："东南亚华人文化、经济与社会国际学术研讨会"会议论文，1994年。

[33] 李元瑾：《林文庆走向厦门大学：一个新加坡海峡华人的寻根之路》，（新加坡）《南洋学报》第52卷，1998年8月。

[34] 李元瑾：《历史重演？新加坡两场跨世纪的华语运动》，陈照明：《二十一世纪的挑战》，新加坡联邦出版社，2000年。

[35] 李元瑾：《新马儒教运动（1894—1911）的现代意义：以1980年代新加坡儒学运动验证之》，李元瑾：《南大学人》，新加坡南洋理工大学中华语言文化中心，2001年。

[36] 李元瑾：《林文庆：中华文化复兴者与现代教育家》，何国忠：《承袭与抉择：马来西亚华人历史与人物文化篇》，马来西亚华社研究中心，2003年。

[37] 李元瑾：《从中西报章的报道窥探1900年康有为在新加坡的处境》，《亚洲文化》第7期，新加坡亚洲研究学会，1986年4月。

[38] 叶钟铃：《鲁迅和林文庆在厦大的一场冲突》，（新加坡）《人文与社会科学论文集》第4期，1984年。

[39] 叶钟铃：《林文庆、邱菽园与华人好学会（1896—1905）》，（新加坡）《亚洲文化》第27期，2003年6月。

[40] 叶钟铃:《林文庆是一位反基督教分子?——1896 年英华学校传教事件的探讨》,(新加坡)《亚洲文化》第 31 期,2007 年 6 月。

[41]《新加坡中华总商会史记》,《新加坡中华总商会七十五周年纪念特刊(1906—1981)》,新加坡中华总商会,1981 年。

[42] 颜清湟:《1899—1911 年新加坡和马来亚的孔教复兴运动》,颜清湟:《海外华人史研究》,新加坡亚洲研究学会,1992 年。

[43] 颜清湟:《林文庆与东南亚早期的孔教复兴运动》,李元瑾主编:《东西穿梭南北往返——林文庆的厦大情缘》,新加坡南洋理工大学中华语言文化中心、八方文化创作室,2009 年。

[44] 何国忠:《归来的局外人:在中国的马来亚人辜鸿铭和林文庆》,(新加坡)《亚洲文化》第 31 期,2007 年 6 月。

[45] 何国忠:《错误的文化热情——林文庆的中国路》,李元瑾主编:《东西穿梭南北往返——林文庆的厦大情缘》,新加坡南洋理工大学中华语言文化中心、八方文化创作室联合出版,2009 年。

[46] 黄慧敏:《新马峇峇文学的研究》,台湾政治大学硕士学位论文,2004 年。

[47] 傅吾康:《星马华文教育的问题》,《马来西亚教育学报》第 2 卷第 2 期,1965 年 12 月。

[48] 洪丝丝:《〈陈嘉庚兴学记〉序——关于鲁迅与陈嘉庚的一件事》,王增炳、余纲:《陈嘉庚兴学记》,福建教育出版社,1981 年。

[49]《私立厦门大学风潮记》,《教育杂志》第 16 卷第 7 号,商务印书馆,1924 年 7 月。

[50]《厦门大学第二次学潮之爆发》,《教育杂志》第 19 卷第 2 号,教育杂志社,1927 年 2 月。

[51]《厦门大学风潮之余波》,《教育杂志》第 19 卷第 3 号,教育杂志社,1927 年 3 月。

[52]《厦大学潮之尾声》,《教育杂志》第 19 卷第 4 号,教育杂志社,1927 年 4 月。

[53] 陈嘉庚：《辟诬》，（新加坡）《南洋商报》，1924年6月17日。

[54]《陈嘉庚先生在中华俱乐部欢迎林文庆先生之演说词（壹）》，（新加坡）《南洋商报》1926年2月1日。

[55] 陈嘉庚：《依赖外人出资兴学最为可耻——陈嘉庚先生在欢送厦门大学校长林文庆博士回国之演词》，原载（新加坡）《南洋商报》1935年3月7日，转引自杨进发：《战前的陈嘉庚言论史料与分析》，新加坡南洋学会，1980年。

[56]《陈嘉庚先生在道南学校演说词（三）：事关集美学校风潮之真相与高小毕业生升学之将来》，（新加坡）《新国民日报》1923年7月20日。

[57] 彭松涛：《中国军医制度创始人 林可胜博士活人无数》，（新加坡）《石叻周报》新一期（1974年10月12日）及新二期（1974年10月19日）。

[58] 曾郭棠：《随林校长南渡所得的感想》，《厦大周刊》第363期。

[59] 傅文楷：《南行募捐之经过》，《厦大周刊》第365、366期合刊。

[60] 张克宏：《康有为在新马》，新加坡国立大学中文系硕士学位论文，1998年。

[61] Dr. Lee Ting Hui: "The Historical Development of Confucianism in Singapore, 1819–1948",《亚洲文化》1988年第11期。

二、专著

[1]《林文庆传》。该书除了署名为"林文庆博士诞生百年纪念刊"之外，并无更多出版信息。实际上，该书系由马来亚大学的一篇荣誉学位论文《林文庆医生的公开生活》（Khor, Eng Hee: "The Public Life of Dr. Lim Boon Keng", Singapore: University of Malaya, 1958.）翻译而来。在陈育崧、李业霖等人的组织协调下，该论文被翻译成了中文，并改以《林文庆传》为书名，于1973年出版了一本仅有74页的小小的单行本。

[2] 李元瑾：《林文庆的思想——中西文化的汇流与矛盾》，新加坡亚洲研究学会，1991年。

[3] 李元瑾：《东西文化的撞击与新华知识分子的三种回应：邱菽园、林文庆、宋旺相的比较研究》，新加坡南洋理工大学中华语言文化中心，2001年。

[4] 李元瑾：《东西穿梭 南北往返：林文庆的厦大情缘》，新加坡南洋理工大学

中华语言文化研究中心、八方文化创作室，2009年。

[5] 新加坡国家图书馆：《林文庆：生平回顾[1869—1957]纪念书》，2007年。

[6] 新加坡国家图书馆：*Lim Boon Keng: A Life to Remember (1869-1957)*，2007年。

[7] 杨进发：《战前的陈嘉庚言论史料与分析》，新加坡南洋学会，1980年。

[8] 陈嘉庚：《南侨回忆录》，新加坡怡和轩印行，无出版日期。

[9] 陈嘉庚：《南侨回忆录》（新版），新加坡陈嘉庚国际学会、陈嘉庚基金会，1993年。

[10]《陈嘉庚言论集》，新加坡怡和轩俱乐部、新加坡陈嘉庚基金、中国厦门集美陈嘉庚研究会，2004年。

[11] 陈共存口授，洪永宏编撰：《陈嘉庚新传》，新加坡陈嘉庚国际学会、八方文化企业公司，2003年。

[12] 丘逢甲：《岭云海日楼诗钞》，上海古籍出版社，1982年。

[13] 蒋贵麟：《万木草堂遗稿外编（下）》，台湾成文出版社有限公司，1978年。

[14]（日）筱崎护著，陈加昌译：《新加坡沦陷三年半》（第三版），新加坡泛亚通讯社，无出版日期，但按"三版后语"后的日期，可推断出当出版于1982年。

[15]（日）宫崎滔天著，佚名译，林启彦改译、注释：《三十三年之梦》，三联书店香港分店，花城出版社，1981年。

[16] 许云樵：《新马华人抗日史料》，新加坡文史出版私人有限公司，1984年。

[17] 李业霖：《奉纳金资料选编》，马来西亚华社研究中心，2000年。

[18] 邱新民：《昭南时代史话》，新加坡青年书局，无出版日期。

[19] 吴体仁：《殖产橡胶拓荒人》，新加坡世界书局，1966年。

[20] 陈育崧：《椰阴馆文存》第1、3卷，新加坡南洋学会，无出版日期。

[21] 黄尧编：《星马华人志》，马来西亚元生基金会、马来西亚黄氏联合总会联合出版，2003年再版（香港明鉴出版社1967年初版）。

[22] 王赓武：《中国与海外华人》，商务印书馆（香港）有限公司，1994年。

[23] 曾讲来主编：《陈嘉庚研究文选（二）》，厦门大学出版社，2007年。

[24] 宋旺相著、叶书德译：《新加坡华人百年史》，新加坡中华总商会，1993年。

[25] 多拉三米（T.R.Doraisamy）：《新加坡一百五十年来的教育》，新加坡师资训练学院，1972年中文版。

[26] 郑良树：《马来西亚华文教育发展简史》，外语教学与研究出版社，2007年。

[27] 庄希泉、余佩皋：《南洋英属华侨教育之危机》，上海南洋教育社，1921年。

[28] 叶钟铃：《黄乃裳与南洋华人》，新加坡南洋学会，1979年。

[29] 罗家伦主编：《国父年谱》（上册），台湾中国国民党中央委员会党史史料编纂委员会，1969年增订版。

[30] 中国社会科学院近代史研究所中华民国史研究室、中山大学历史系孙中山研究室等：《孙中山全集》第2卷，中华书局，1982年。

[31] 张永福：《南洋与创立民国》，中华书局，1933年。

[32] 冯自由：《革命逸史》，中华书局，1981年。

[33] 冯自由：《中华民国开国前革命史》，广西师范大学出版社，2011年。

[34] 陈碧笙、陈毅明：《陈嘉庚年谱》，福建人民出版社，1986年。

[35] 冯仲汉：《居安思危——大战前后新马史料汇编》，新加坡亚太图书有限公司、新加坡中华总商会1999年联合出版。

[36] 林玉钻：《峇峇文化之旅》，新加坡亚太图书有限公司，2004年。

[37] 鲁迅：《鲁迅全集》第3卷、第11卷，人民文学出版社，2005年。

[38] 朱崇实：《南强之光——厦门大学知名校友传略》，厦门大学出版社，2001年。

[39] 厦门大学校友总会编：《厦大校友通讯丛书》第1集，1966年。

[40] 厦门大学校史编委会编：《厦门大学校史》第1卷，厦门大学出版社，1990年。

[41] 厦门大学校史编委会编：《厦大校史资料（第1辑）》，厦门大学出版社，1987年。

[42] 厦门大学校史编委会编：《厦大校史资料（第2辑）》，厦门大学出版社，1988年。

[43] 陈梦韶：《鲁迅在厦门》，作家出版社，1954年。

[44] 房向东：《鲁迅与他"骂"过的人》，上海书店出版社，1996年。

[45] 李恩涵：《东南亚华人史》，台湾五南图书出版股份有限公司，2003年。

[46] 崔贵强：《新加坡华人——从开埠到建国》，新加坡宗乡会馆联合总会、教育出版私营有限公司联合出版，1994年。

[47] 庄钦永：《新呷华人史新考》，新加坡南洋学会，1990年。

[48] 詹冠群：《黄乃裳传》，福建人民出版社，1992年。

[49] 梁元生：《宣尼浮海到南洲——儒家思想与早期新加坡华人社会史料汇编》，香港中文大学出版社，1995年。

[50] 颜清湟：《海外华人史研究》，新加坡亚洲研究学会，1992年。

[51]《蔡尚思全集》第一册，上海古籍出版社，2005年。

[52] 洪卜仁：《厦门名人故居》，厦门大学出版社，2007年。

[53] 浦江清：《清华园日记·西行日记》，生活·读书·新知三联书店，1987年。

[54] 新加坡国家档案馆：《昭南时代：新加坡沦陷三年零八个月（展览图集）》，新加坡国家档案馆，无出版日期，按照书中有关信息推测，应该出版于2009年前后。

[55] 施彦：《林可胜与民国现代医学的发展》，台湾梁序穆暨许织云教授基金会，2018年。

[56] Jürgen Rudolph, *Reconstructing Identities: A Social History of the Babas in Singapore*, England: Ashgate Publishing Ltd., 1998.

[57] Paul H. Kratoska, *The Japanese Occupation of Malaya: A Social and Economic History*, London: Hurst & Co. Publishers, 1998.

三、报刊

[1]（新加坡）《叻报》。

[2]（新加坡）《日新报》。

[3]（新加坡）《新国民日报》。

[4]（新加坡）《南洋商报》。

[5]（新加坡）《星洲日报》。

[6]（新加坡）《联合早报》。

[7]（新加坡）《南洋文摘》。

[8]（新加坡）《南洋学报》。

[9]（新加坡）《亚洲文化》。

[10]《厦大周刊》。

[11]《厦大校刊》。

[12]《厦大校友通讯》。

后记

本书是在原名《一生真伪有谁知：大学校长林文庆》一书基础上修订之后的结果。原书由福建教育出版社于2010年初次出版，自出版以来，受到了很多读者的好评，获得了些许荣誉。除入选"中华读书报2010年度图书之100佳"外，还受到了香港凤凰卫视中文台、新加坡广播电台等诸多媒体的推介。自然，笔者深切明白，广大读者对该书的肯定，首先是因为传主林文庆博士那曲折、丰富的传奇人生足以打动人心；其次，才是笔者本人在研究和写作过程中所付出的心血和努力。因此，就我个人来说，我以为该书所获得的最好赞美，是来自于新加坡国立大学中文系李志贤教授的一番话语。2011年，国大中文系请我就此书为该系师生做一个学术报告。为此，主办单位提前购买了一批图书提供给报告会的参与者，以便于报告后的交流。令我至今仍记忆犹新的是，当我到达中文系报告厅时，刚好遇到了李志贤教授，他很兴奋地跟我说："从拿到这本书起，就一直没有停下来，一口气读完了。已经好久没有这样读书了。"之所以把李教授的评论看成是对该书的最高赞美，是因为我对自己有这样的要求：我从事研究和写作的目的，是希望能有读者去阅读我写的书，并通过阅读获取智慧或知识，而不仅仅只是为了评评教授，或者孤芳自赏，之后就被束之高阁。因而，我在写作

的过程中,一直坚持把书的可读性放在首位。否则,如果辛辛苦苦写了书,最终却没有人愿意去阅读,那么,研究和写作的意义又将安在?当然了,强调书写的可读性,绝不是放弃了研究的严肃性而去凭空捏造历史,我只不过是以自己的方式,把前人的研究成果重新表述出来,尽可能做到不以辞害意,即"述而不作"仍然是我写作时所遵循的最高原则。借用一句广告词的话来说就是:我不生产故事,我只是历史的搬运工!

2007年4月份在北京师范大学举行博士论文毕业答辩的时候,答辩委员会的一个老师对我的论文提出了这样的批评:"你在论文当中使用了很多非学术性的语言!"实际上,在我的心中,我并不认可这样的批评。遥想当年诸子百家之作,既是思想火花的恣意豪放,也是脍炙人口的文学佳作。譬如《论语》,其朗朗上口的绝妙语句,曾经一度流行于大江南北的民间,甚至一个目不识丁、世居穷乡僻野的野夫村姑,都能脱口而出几句源自于《论语》当中的原汁原味的句子。正唯如此,才使儒家的修身齐家之说于耳濡目染间熏陶国人,从而人人咸知圣人之道及其做人的道理,甚至在国人踏出国门移民至异国他乡之后,也仍能从生活习性上保持住儒家的这份荣誉。再譬如《庄子》,其文也想象之奇幻,其笔也则汪洋之恣肆,早已被公认为是先秦诸子文章的典范之作。它不仅是哲学经典,更是文学、美学上的皇皇巨著。哲学思想方面的经典著作曾经是如此地贴近读者,历史学著作自然也不例外。譬如被鲁迅誉之为"史家之绝唱、无韵之离骚"、位列"二十四史"之首的《史记》,它不仅开创了中国的史学传统,更是千古一见的文学巨制。令人拍案叫绝的历史学巨作，当然不独专美于《史记》，君不见，"风萧萧兮易水寒，壮士一去兮不复还"吗？想彼之时，先哲们何曾想过"学术性语言"是个什么东西？

然而，曾几何时，原本为了更方便地进行思想文化交流而产生的语言文字，开始变得日益晦涩难懂起来，文章著作也变相僵化成了形形色色的新八股文。以前人们抱怨文言文难懂，不利于文化的传播与普及，于是，白话文大行其道，文言文式微。可是谁又曾想到，在白话文通行了一百多年之后的今天，用白话文撰写的文章书籍，居然又让人看不懂了。传播文化成了少数专家学者的特权专利，他们垄断了思想文化的话语权，在闭门造车杜撰了大量"曲高和寡"、常人难以企及的所谓"阳春白雪"的同时，却也辜负了文人学者原本所担负的教化民众的神圣使命。原本雅俗共赏、朗朗上口的经典作品，愣是被专家们解读成了玄之又玄、艰涩难懂的天书。于是，他们喋喋不休地抱怨没人能懂他们的心思，殊不知正是他们自己脱离了普罗大众。专家们一方面抱怨网红明星们炮制的心灵鸡汤曲解了经典，另一方面，能准确解读经典的专家们所说的话语，又几乎没人能听得懂。结果就是，在学术和社会之间产生了对经典理解上的一片真空地带。专家们不知道的是，炮制心灵鸡汤的网红明星们所赖以曲解经典的场所，正是专家们自己主动放弃了的阵地。专家们以堂堂的学术之名，粗暴地剥夺了凡夫俗子理解学术经典的权力，这到底是语言的堕落？还是自以为是的朽腐文人的故步自封？

随着年龄的增长和人生阅历的增加,我开始对从小就被灌输的那套理论产生了越来越多的怀疑。古人云:"我命由天不由己!"天命难违,恰是今天的我所无法回避的一个严肃问题。光阴如白驹过隙,自《一生真伪有谁知:大学校长林文庆》出版后,转眼间就过去了近十年的光景。正当我暗自思忖是否应将该书再版的时候,2019年3月初的一个中午,我忽然收到了来自于一个陌生手机号码发给我的信息,竟然是厦门大学出版社原社长蒋东明老师发来的!蒋老师告诉我:厦门大学"正在筹划百年校庆出版计划。其中林文庆校长传记"想请我执笔撰写……冥冥之中的如此"巧合",显然是不能仅仅用"偶然"两个简单的字眼就可以解释了的。在经过了与厦门大学有关方面充分沟通理解的基础上,最终确定下来在《一生真伪有谁知:大学校长林文庆》一书的基础上进行修订、新版《林文庆传》。《林文庆传》一书的出版,就这样自然而然地从设想变成了现实,使我不能不再次对命运有了更多的理解和敬畏。作为厦大曾经的一个学子,在厦大百年校庆之际,能以厦大"创校校长"《林文庆传》作者的身份共襄盛事,也实在是一份百年难得一遇的特殊荣誉!

　　古今中外对历史人物的最高评价,无非就是为其树碑立传。在林文庆的出生地新加坡,自然不乏纪念林文庆的各种"碑"和"传"。就前者而言,有大量跟林文庆有关的地名,如:文庆路、文庆路上段、文庆路上段巴刹与熟食中心、文庆村、文庆庄园、文庆地铁站以及新加坡华人女子学校的文庆图书馆等等;至于后者,林文庆不仅被写入新加坡的历史教科书,各种大大小小、长短不一的林文庆传记更是数不胜数。而此次《林文庆传》能在厦大百年校庆之际高调亮相出版面世，理所当然应被视为是校方对林文庆的全面肯定！

人作为一种社会存在物，无论取得多大的成就，自然都离不开一路扶持、帮助过自己的诸多良师益友。鉴于在《一生真伪有谁知：大学校长林文庆》后记中已有这方面的说明，在此就不再画蛇添足予以重复，唯有一事必须提及：在该书后记中，纯属脑短路，居然把新加坡南洋孔教会会长郭文龙先生的名讳写错了，现在虽已改正，但仍有必要借此机会向郭文龙会长致以歉意！此外，由林文庆当年直接推动成立、至今已走过了一百多年历史的新加坡南洋孔教会，也是《林文庆传》出版的主要支持单位，特此向南洋孔教会及郭文龙会长致谢！

感谢厦门大学蒋东明老师穿针引线达成了本书再版的机会！感谢本书责任编辑韩轲轲女士的辛勤付出！

此外，还要特别感谢一位小朋友：海南师范大学文学院的李叶宛愚同学。我在给他们班上"哲学导论"课的时候，照例是要布置作业写课程小论文的。鉴于以往难以避免总会有个别同学偷懒上网抄袭，我特意将自己的哲理性散文诗集《愚人的黄昏》分送给全班同学，让大家写读后感。因我的诗集自出版以来只是在朋友圈中小范围流传，迄今为止尚未有任何的社会影响，网上自然也就难以觅得关于它的任何评论文章。想不到宛愚同学做事极为认真，每字每句都认真阅读，并做了大量的眉批，指出了很多错别字。宛愚的严谨态度让我很感动，我随即决定请她

帮忙校对修订版的《林文庆传》。宛愚果然不负所托，对照原书逐句逐段地进行挑刺，结果真的发现了大量用错的标点符号和错别字，使得修订版中的错误得以降到最低。特此向李叶宛愚同学致谢！

最后，感谢厦门大学曾玲教授于百忙之中抽空为本书撰写了精彩绝伦的序言。实际上，本书正是笔者在厦门大学跟随曾老师从事博士后研究工作之后的出站报告。2007年笔者从北京师范大学博士毕业时，已经超过了厦门大学对进站博士后的年龄限制，多亏了曾老师的坚持才终于为笔者争取到了前往厦大做博士后的机会，否则，极有可能不会有本书面世的机会。本书初次出版时，因当时情况特殊，没能向曾老师求序，让笔者引以为憾，此次借修订再版之机，终于求得曾老师赐序，也算是为笔者在厦大期间的博士后研究生涯画上了一个完美的句号。

学术的承传离不开人生每一阶段上诸多良师益友的指引。笔者愿借此机会，即理清笔者自身的师承关系，更希望未来能将这份师承关系持续地传承下去：高中时的精神导师——当代知名作家、山东省日照市作协主席夏立君老师，硕士研究生导师——华中师范大学刘远传教授，博士研究生导师——北京师范大学郑万耕教授以及博士后合作导师——厦门大学曾玲教授。特此向曾给予我人生启迪的各位导师们，致以万分敬意！

当初出版《大学校长林文庆》的时候，为了保证书本的可读性，而部分地牺牲了所谓的"学术规范性"：书中很多地方并没有严格遵循一事注的"历史学研究方法"，以至于原书出版后，有人甚至将其视为一本"通俗读物"，而不是一本"严肃的学术著作"。其实，笔者并不介意有人将本书解读为一本通俗读物。就林文庆的传奇人生而言,其本身就是一件很接地气的事,如果能将林文庆的生平事迹以家喻户晓的语言,广泛地传播于社会民间,又何尝不是一件好事?笔者作为一个修习哲学的历史学者,深信"古之学者为己,今之学者为人"的道理,如果人人皆能从本意上做到"人不为己天诛地灭",又何须在乎有无引用和注释?笔者深信,假如司马迁能重生再世,他一定也会对当今的很多历史学著作不屑一顾、嗤之以鼻!太史公编撰《史记》的时候,眼中何曾有过引用和注释?

严春宝
2021 年 4 月
于曲阜师范大学孔子文化研究院